高职高专财务会计类专业系列教材

财务会计（下）

第3版

主　编　赵　燕
副主编　李　坤　李　英　孙　琳
参　编　李　群　孔德军

机械工业出版社

本书依据最新的企业会计准则，结合现阶段高职高专学生生源的多样性和对财务会计教学内容的新需求，遵循会计工作流程，按照学生的认知规律，分《财务会计》（上）、（下）进行编写，上册主要包括资产部分，下册包括负债、所有者权益、收入、费用、利润和财务报告等内容。其中，《财务会计》（下）具体内容包括：流动负债、非流动负债、所有者权益、收入、费用、利润、非货币性资产交换、债务重组和财务报告。本书紧紧围绕高职高专培养目标，努力培养学生的学习能力和业务技能，内容安排上突出高职高专的特点，力求做到由浅入深、循序渐进，体现会计工作流程；书中典型业务举例配有原始凭证，每章章末还有形式多样的习题，以满足培养高素质技术技能型人才的需要，从而使会计理论学习与实际操作能力培养相结合。为方便教学，本书还配有电子课件、习题答案等教学资源，索取方式见前言。

本书既可以作为高职高专院校财务会计课程的教材，也可以作为会计实务工作者继续教育和进修培训的参考用书。

图书在版编目（CIP）数据

财务会计. 下 / 赵燕主编. —3 版. —北京：机械工业出版社，2020.4（2024.7 重印）

高职高专财务会计类专业系列教材

ISBN 978-7-111-64932-8

Ⅰ.①财…　Ⅱ.①赵…　Ⅲ.①财务会计-高等职业教育-教材　Ⅳ.①F234.4

中国版本图书馆 CIP 数据核字（2020）第 035522 号

机械工业出版社（北京市百万庄大街 22 号　邮政编码 100037）

策划编辑：孔文梅　　责任编辑：孔文梅　乔　晨

封面设计：鞠　杨　　责任校对：黄兴伟

责任印制：刘　媛

涿州市般润文化传播有限公司印刷

2024 年 7 月第 3 版 · 第 5 次印刷

184mm×260mm · 19.25 印张 · 476 千字

标准书号：ISBN 978-7-111-64932-8

定价：58.00 元

电话服务	网络服务
客服电话：010-88361066	机　工　官　网：www.cmpbook.com
010-88379833	机　工　官　博：weibo.com/cmp1952
010-68326294	金　　书　　网：www.golden-book.com
封底无防伪标均为盗版	机工教育服务网：www.cmpedu.com

前 言

随着我国高等职业教育改革不断地深入推进，高职高专会计教育进入内涵发展阶段。如何按照最新的企业会计准则的要求，构建科学的会计专业课程体系，保证高职高专会计教育质量，成为现阶段高职高专会计教育的核心。这对会计教材建设提出了新的、更高的要求。

有鉴于此，在机械工业出版社的大力支持下，我们按照最新的企业会计准则，结合现阶段高职高专学生生源的多样性和对财务会计教学内容的新需求，发挥团队的智慧，遵循会计工作流程，按照学生的认知规律，分《财务会计》(上)、(下）两册进行编写，上册主要包括资产部分，下册包括负债、所有者权益、收入、费用、利润和财务报告等内容。本书紧紧围绕高职高专培养目标，努力培养学生的学习能力和业务技能，内容安排上突出高职高专的特点，力求做到由浅入深、循序渐进，体现会计工作流程；书中典型业务举例配有原始凭证，每章章末还有形式多样的习题，以满足培养高素质技术技能型人才的需要，从而使会计理论学习与实际操作能力培养相结合。为了方便教学，本书还配有电子课件、习题答案等教学资源。凡选用本书作为教材的教师均可登录机械工业出版社教育服务网 www. cmpedu. com 免费下载。如有问题请致电 010－88379375 联系营销人员，服务 QQ：945379158。

本书为江苏省高校品牌专业建设工程资助项目，由江苏财经职业技术学院赵燕任主编并负责总体组织策划，江苏财经职业技术学院李坤、淮安信息职业技术学院李英、四川财经职业学院孙琳任副主编。具体分工是：李群编写第一、五章，孔德军、孙琳编写第二章，赵燕编写第三、四章，李英编写第六、七章，李坤编写第八、九章。江苏中烟工业有限责任公司财务管理部副部长、高级会计师杨勇和江苏沙钢集团淮钢特钢股份有限公司副董事长、高级会计师王振林参与本书内容研讨。全书最后由赵燕总纂、修改和定稿。

江苏财经职业技术学院程淮中教授、张卫平教授担任本书主审，在此表示感谢。

由于编者水平有限，书中不足之处在所难免，恳请广大读者批评指正。

编 者

目 录

Contents

Contents

Contents

第一章

Chapter One

流动负债

本章学习目标

- 掌握流动负债的概念、特征及主要内容
- 掌握流动负债各项业务的核算方法
- 熟悉流动负债业务的账务处理流程，能根据原始凭证正确分析经济业务，能熟练进行流动负债业务的会计处理
- 具备相应的会计职业判断能力，学会流动负债在资产负债表中的披露方法

本章主要科目

- 短期借款
- 应付利息
- 应付账款
- 应付票据
- 预收账款
- 合同负债
- 应付职工薪酬
- 应交税费
- 应付股利
- 其他应付款

第一节 流动负债概述

负债是指企业过去的交易或事项形成的、预期会导致经济利益流出企业的现时义务。负债按其流动性分为流动负债和非流动负债。

一、流动负债的概念

流动负债是指预计在一年内或超过一年的一个正常营业周期内清偿的债务。流动负债主要包括短期借款、应付票据、应付账款、应付利息、预收账款、合同负债、应付职工薪酬、应交税费、应付股利、其他应付款、持有待售负债和一年内到期的非流动负债等。

二、流动负债的特点

与非流动负债相比，流动负债具有如下主要特点：

（1）偿还期限短。其到期日在一年或超过一年的一个营业周期内。

（2）筹资成本低。流动负债主要因企业日常生产经营活动而产生并为生产活动服务，能够在短期内为企业提供资金来源，发生频繁，周转较快，筹资利息支出较低。

（3）偿还方式灵活。流动负债到期偿还的方式一般为货币资金，在某些特殊情况下，如预收账款、产品质量担保等流动负债，可使用商品或劳务偿还。

三、流动负债的分类

流动负债从不同的角度有不同的分类方式。

1. 按照形成方式分类

（1）融资活动形成的流动负债。主要是指企业从银行或其他金融机构筹资时形成的流动负债项目，包括短期借款、交易性金融负债、应付利息。

（2）营业活动形成的流动负债。主要是指企业外部结算业务中形成的和内部往来形成的流动负债项目，包括应付票据、应付账款、预收账款、应付职工薪酬、应交税费等。

（3）收益分配形成的流动负债。主要是指企业在对所实现的净利润进行分配的过程中形成的流动负债项目，包括应付股利、应付利润等。

2. 按照偿付金额是否确定分类

（1）偿付金额确定的流动负债。即经济业务发生时直接可以确认应付金额。这类流动负债一般有明确的债权人和付款日期，包括短期借款、应付账款、应付票据和其他应付款等。

（2）偿付金额视经营情况而定的流动负债。即负债需待企业营业期末才能通过计算确定，在营业期结束前，负债金额不能以货币计算，包括应交税费、应付股利等。

四、流动负债的计价

由于流动负债涉及的时间短，其到期值和现值往往差别不大，在会计实务中，一般按照流动负债的未来应付额（面值）计价。

第二节　短期借款

一、短期借款的概念

短期借款是指企业向银行或其他金融机构等借入的期限在一年以下（含一年）的各种借款。短期借款一般是企业为了满足正常生产经营所需资金或为了抵偿某项债务而借入的款项，目前我国企业短期借款主要有流动资金借款、临时借款、结算借款和票据贴现借款等。

企业发生的短期借款业务一般都需要经过批准借款、签订借款合同或协议、取得借款、计算利息、偿还借款等一系列程序。企业短期借款必须按合法手续借入，并按规定用途使用，在使用中必须遵守各项法律法规和财经纪律。

二、短期借款核算账户

为了核算和监督企业短期借款及利息的增减变动及结余情况，企业应设置“短期借款”“应付利息”等科目。

（1）“短期借款”科目属于负债类科目，核算企业短期借款的取得、偿还等情况。贷方登记借入的短期借款本金数额，借方登记偿还的短期借款本金数额，期末余额在贷方，表示尚未偿还的短期借款。该科目可按贷款人、借款种类和币种进行明细核算。

（2）“应付利息”科目属于负债类科目，核算企业按照合同约定应支付的利息，包括吸收存款、分期付息到期还本的长期借款、企业债券等应支付的利息。贷方登记按照合同约定计算的应付利息，借方登记实际支付的利息，期末余额在贷方，表示按照合同约定应支付但尚未支付的利息。该科目可按存款人或债权人设置明细科目进行明细核算。

三、短期借款的核算

短期借款期限较短，归还借款时，不仅要归还借款本金，还应支付相应的利息。短期借款的核算涉及取得借款、借款利息和到期偿还借款三方面内容。

1. 取得短期借款的核算

企业从银行或其他金融机构取得短期借款时，会计人员根据审核无误的借款借据，借记“银行存款”科目，贷记“短期借款”科目。

2. 短期借款利息的核算

在实际工作中，银行一般于每季度末收取短期借款利息，企业的短期借款利息一般采用月末预提的方式进行核算。短期借款利息属于筹资费用，应当于发生时计入当期财务费用。

在资产负债表日，企业按照计算确定的短期借款利息费用，借记“财务费用”科目，贷记“应付利息”科目；实际支付利息时，借记“应付利息”科目，贷记“银行存款”科目。

提示 短期借款利息计算公式为

短期借款月利息＝短期借款本金×年利率÷12

＝短期借款本金×月利率

3. 偿还短期借款的核算

短期借款到期偿还本金时，企业应借记“短期借款”科目，贷记“银行存款”科目。

例 1－1 淮洲公司 2020 年 1 月 1 日向银行借入一笔生产经营用短期借款，共计 300 000元，期限为 6 个月，年利率为 5.6%，利息按月计提，按季支付。根据借款合同，银行已将款项划拨到账，借款借据如图 1－1 所示。

中国工商银行借款借据（收账通知）

2020 年 1 月 1 日　　凭证号码：0264875

<table>
<tr><td>借款人</td><td colspan="3">淮洲公司</td><td>账号</td><td colspan="9">1110010806482122456</td></tr>
<tr><td rowspan="2">贷款金额</td><td colspan="3" rowspan="2">人民币（大写）叁拾万元整</td><td>千</td><td>百</td><td>十</td><td>万</td><td>千</td><td>百</td><td>十</td><td>元</td><td>角</td><td>分</td></tr>
<tr><td></td><td>¥</td><td>3</td><td>0</td><td>0</td><td>0</td><td>0</td><td>0</td><td>0</td><td>0</td></tr>
<tr><td rowspan="2">用途</td><td rowspan="2">生产经营用借款</td><td colspan="2">期限</td><td colspan="4">约定还款日期</td><td colspan="6">2020 年 6 月 30 日</td></tr>
<tr><td colspan="2">6 个月</td><td>贷款利率</td><td colspan="3">5.6%（年）</td><td colspan="2">借款合同号码</td><td colspan="4">2020246001</td></tr>
<tr><td colspan="14">上列借款已批准发放，已转入你单位存款账户。
此致
单位
银行盖章
中国工商银行 淮安市清江支行 2020.01.01 转讫
年　月　日</td></tr>
</table>

图 1－1　中国工商银行借款借据

淮洲公司有关账务处理如下：

（1）2020 年 1 月 1 日，取得借款：

借：银行存款　　300 000

　贷：短期借款　　300 000

（2）2020 年 1 月末，计提 1 月份的短期借款利息，编制借款利息费用计算表（见表 1－1）。

表1-1　借款利息费用计算表

2020年1月31日　　　　（单位：元）

贷款银行	贷款种类	借款金额	年利率	本月应计利息额
工商银行淮安市清江支行	生产经营用借款	300 000	5.6%	1 400
合　　计				1 400

财会主管：周卫宏　　会计：闰芬　　复核：吴建春　　制表：杨晓红

借：财务费用　　1 400

　贷：应付利息　　1 400

（3）2020年2月末，计提短期借款利息：

借：财务费用　　1 400

　贷：应付利息　　1 400

（4）2020年3月末，支付第一季度短期借款利息（1、2月借款利息已计提）。银行计收利息清单如图1-2所示。

中国工商银行计收利息清单（第四联）

2020年3月31日

借款单位	淮洲公司	原借金额	300 000元	计息起讫日期或天数	一季度	付出利息账户账号	1110010806482122456
		还款金额					

放款账户	计息总积数：亿	千	百	十	万	千	百	十	元	角	分	年利率	利息金额：十	万	千	百	十	元	角	分	你单位左列应偿借款利息结算如上，业经付你单位账户　此致
01-×××				3	0	0	0	0	0	0	0	5.6%			4	2	0	0	0	0	
合计			¥	3	0	0	0	0	0	0	0	5.6%		¥	4	2	0	0	0	0	借款单位（银行盖章）
人民币（大写）肆仟贰佰元整																					

中国工商银行 淮安市清江支行 2020.03.31 转讫

图1-2　银行计收利息清单

借：财务费用　　1 400

　　应付利息　　2 800

　贷：银行存款　　4 200

（5）2020年4月末，计提4月份的短期借款利息：

借：财务费用　　1 400

　贷：应付利息　　1 400

（6）2020年5月末，计提5月份的短期借款利息：

借：财务费用　　1 400

　贷：应付利息　　1 400

（7）2020年6月末，借款到期，偿还借款本金和第二季度短期借款利息，计收利息清单同图1-2，银行还款凭证如图1-3所示。

（流动资金）还款凭证（回　单）

原借款凭证单位编号：　　日期：2020 年 6 月 30 日　　原借款凭证银行编号：

付款人	名称	淮洲公司	借款人	名称	淮洲公司
	往来户账号	1110010806482122456		放款户账号	1110010806482122456
	开户银行	工行淮安市清江支行		开户银行	工行淮安市清江支行
计划还款日期		2020 年 6 月 30 日	还款次序		第　次还款
借款金额		人民币（大写）叁拾万元整	千 百 十 万 千 百 十 元 角 分		¥ 3 0 0 0 0 0 0 0
还款内容		归还短期借款 300000 元			
			上述借款已从你单位往来账户内转还 此致 借款单位　（银行借款） 2020 年 6 月 30 日		

中国工商银行 淮安市清江支行 2020.06.30 转讫

此联转账后作回单，退借款单位并代往来户支款通知

图 1－3　银行还款凭证

借：短期借款　　300 000
　　财务费用　　1 400
　　应付利息　　2 800
　贷：银行存款　　304 200

注意　如企业借入的短期借款利息是按月支付的，或利息是在借款到期时与本金一起偿还但利息数额不大的，可以不采用预提的办法，而在实际支付或收到银行计息通知时，直接将利息计入当期损益，借记“财务费用”科目，贷记“银行存款”科目。

第三节　应付及预收款项

应付及预收款项核算的内容包括应付账款、应付票据和预收账款。

一、应付账款

（一）应付账款概述

应付账款是指企业因购买材料、商品或接受劳务供应等经营活动应支付给供应单位的款项。应付账款一般应在与所购入物资所有权相关的主要风险和报酬已经转移，或者接受劳务已发生时确认。实务中，当物资和发票账单同时到达时，一般在物资验收入库后，根据发票

账单登记入账，确认应付账款。在物资和发票账单不是同时到达的情况下，要区分不同情况分别处理：①在发票账单已到，其物资成本确定但物资未到的情况下，应当根据发票账单所列物资价款和运杂费等，计入有关物资的成本和应付账款；②在物资已验收入库，发票账单未到而无法确定物资实际成本的情况下，在月度终了，为了反映企业的负债情况，需要按照所购物资和相关的应付账款暂估入账，待下月初做方向相反的会计分录，将上月末暂估入账的应付账款予以冲销。

（二）应付账款核算

为了核算企业应付账款的发生、偿还、转销等情况，企业应当设置“应付账款”科目。该科目贷方登记企业购买材料、商品和接受劳务供应等而发生的应付账款，借方登记偿还的应付账款，或开出商业汇票抵付应付账款的款项，或冲销的无法支付的应付账款。余额一般在贷方，表示企业尚未支付的应付账款的余额。该科目一般应按照债权人设置明细科目进行明细核算。

1. 应付账款发生的核算

企业购入材料、商品或接受劳务等所产生的应付账款，应按应付金额入账。购入材料、商品等验收入库但货款尚未支付，根据有关凭证记载的实际价款或暂估价值，借记“材料采购”“在途物资”“原材料”等科目，按可抵扣的增值税，借记“应交税费——应交增值税（进项税额）”科目，按应付的价款，贷记“应付账款”科目。接受供应单位提供劳务而发生的应付未付款项，根据供应单位的发票账单，借记“生产成本”“管理费用”等科目，按照增值税专用发票上注明的可抵扣的增值税，借记“应交税费——应交增值税（进项税额）”科目，贷记“应付账款”科目。

2. 应付账款偿还的核算

企业偿还应付账款或开出商业票据抵付应付账款时，借记“应付账款”科目，贷记“银行存款”“应付票据”等科目。

提示 应付账款附有现金折扣条件的，应按照扣除现金折扣前的应付账款总额入账。在折扣期限内付款而获得的现金折扣，应在偿付应付账款时冲减财务费用。

3. 应付账款转销的核算

企业如有因债权单位撤销或其他原因而使应付账款无法偿还的，应将确实无法支付的应付账款予以转销，按其账面余额，借记“应付账款”科目，贷记“营业外收入”科目。

例 1-2 淮洲公司为增值税一般纳税人，材料按实际成本计价核算。2020 年 5 月发生下列经济业务：

（1）3 日，从开元公司购入一批甲材料并已验收入库。增值税专用发票上列明，该批材料的价款为 100 000 元，增值税为 13 000 元，对方代垫运费 2 000 元，增值税 180 元。材料已验收入库，所有款项尚未支付。相关原始凭证如图 1-4～图 1-8 所示。

江苏省增值税专用发票

发 票 联

国家税务局监制

NO. 24576241

开票日期：2020 年 05 月 03 日

购买方	名　　称：淮洲公司 纳税人识别号：112366005083349 地 址 、电 话：淮安市开发区枚乘路 8 号 0517-83068666 开户行及账号：工商银行淮安清江支行 110010806482122456	密码区	2302-7+0<6<92-9<23<36 08 * 837532-25758<> * 8105 * 01-⁄+0 * * <87-6683 * <41 * +- 016269-37-+7/8>>>9

货物或应税劳务、服务名称	规格型号	单位	数量	单价	金额	税率	税额
甲材料		公斤	1000	100	100000.00	13%	13000.00
合　计					¥100000.00		¥13000.00
价税合计（大写）	⊗壹拾壹万叁仟元整				（小写）¥113000.00		

销售方	名　　称：开元公司 纳税人识别号：32120152245876 地 址 、电 话：淮安市淮海路 124 号 0517-85124625 开户行及账号：工商银行淮安淮海支行 4222303031232586742	备注	开元公司 32120152245876 发票专用章

收款人：马晓林　　复核：杨文　　开票人：梁明远　　销售方：（章）

第三联：发票联　购买方记账凭证

图 1-4　增值税专用发票发票联

江苏省增值税专用发票

抵 扣 联

国家税务局监制

NO. 24576241

开票日期：2020 年 05 月 03 日

购买方	名　　称：淮洲公司 纳税人识别号：112366005083349 地 址 、电 话：淮安市开发区枚乘路 8 号 0517-83068666 开户行及账号：工商银行淮安清江支行 110010806482122456	密码区	2302-7+0<6<92-9<23<36 08 * 837532-25758<> * 8105 * 01-⁄+0 * * <87-6683 * <41 * +- 016269-37-+7/8>>>9

货物或应税劳务、服务名称	规格型号	单位	数量	单价	金额	税率	税额
甲材料		公斤	1000	100	100000.00	13%	13000.00
合　计					¥100000.00		¥13000.00
价税合计（大写）	⊗壹拾壹万叁仟元整				（小写）¥113000.00		

销售方	名　　称：开元公司 纳税人识别号：32120152245876 地 址 、电 话：淮安市淮海路 124 号 0517-85124625 开户行及账号：工商银行淮安淮海支行 4222303031232586742	备注	开元公司 32120152245876 发票专用章

收款人：马晓林　　复核：杨文　　开票人：梁明远　　销售方：（章）

第二联：抵扣联　购买方扣税凭证

图 1-5　增值税专用发票抵扣联

江苏省增值税专用发票

发 票 联

国家税务局监制

NO. 876498741

开票日期：2020年05月03日

购买方	名 称：淮洲公司 纳税人识别号：112366005083349 地址、电话：淮安市开发区枚乘路8号 0517-83068666 开户行及账号：工商银行淮安清江支行 1110010806482122456				密码区	略	
货物或应税劳务、服务名称	规格型号	单位	数 量	单 价	金 额	税率	税 额
运费					2000.00	9%	180.00
合计					¥2000.00		¥180.00
价税合计（大写）	⊗贰仟壹佰捌拾元整				（小写）¥2180.00		
销售方	名 称：长佳物流公司 纳税人识别号：321202844125746 地址、电话：淮安市大通路111号 0517-8512333 开户行及账号：工商银行淮安大通支行 4222303031232586742				备注	发货人名称：开元公司 纳税人识别号：32120152245876 淮安至淮安 长佳物流公司 321202844125746 发票专用章	

收款人： 复核： 开票人：王同 销售方：（章）

第三联：发票联 购买方记账凭证

图1-6 运输费增值税专用发票发票联

江苏省增值税专用发票

抵 扣 联

国家税务局监制

NO. 876498741

开票日期：2020年05月03日

购买方	名 称：淮洲公司 纳税人识别号：112366005083349 地址、电话：淮安市开发区枚乘路8号 0517-83068666 开户行及账号：工商银行淮安清江支行 1100010806482122456				密码区	略	
货物或应税劳务、服务名称	规格型号	单位	数 量	单 价	金 额	税率	税 额
运费					2000.00	9%	180.00
合计					¥2000.00		¥180.00
价税合计（大写）	⊗贰仟壹佰捌拾元整				（小写）¥2180.00		
销售方	名 称：长佳物流公司 纳税人识别号：321202844125746 地址、电话：淮安市大通路111号 0517-8512333 开户行及账号：工商银行淮安大通支行 4222303031232586742				备注	发货人名称：开元公司 纳税人识别号：32120152245876 淮安至淮安 长佳物流公司 321202844125746 发票专用章	

收款人： 复核： 开票人：王同 销售方：（章）

第二联：抵扣联 购买方扣税凭证

图1-7 运输费增值税专用发票抵扣联

收料单

供应单位：开元公司　　　　2020年5月3日　　　　编号：420147

材料编号	名称	单位	规格	数量		实际成本			
				应收	实收	单价	发票价格	运杂费	合计
	甲材料			1000	1000	100	100000	2000	102000

备注：

收料人：周虹霞　　　　交料人：卜洪涛

图1-8　收料单

(2) 8日，以银行存款支付上述材料及代垫运费等款项115 180元。相关原始凭证如图1-9所示。

中国工商银行
转账支票存根（苏）
EF 02 3272584

附加信息

出票日期 2020年5月8日

收款人：	开元公司
金　额：	¥115180.00
用　途：	货款
备　注：	

单位主管　　　　会计

图1-9　货款转账支票存根

(3) 16日，从宁陵公司购入一批乙材料，增值税专用发票上列明，该批材料的价款为160 000元，增值税为20 800元。按照购货协议的规定，淮洲公司如在10天内付清货款，将获得1%的现金折扣（假定计算现金折扣时不考虑增值税）。

(4) 24日，上述乙材料验收入库，淮洲公司按照扣除现金折扣后的金额，用银行存款付清了所欠宁陵公司货款。

(5) 30日，一笔应付昌海公司的货款20 000元确定为无法支付的款项，按规定予以转销。

根据上述经济业务，淮洲公司有关账务处理如下：

(1) 3日，购入甲材料：

借：原材料——甲材料　　　　102 000

　　应交税费——应交增值税（进项税额）　　　　13 180

　贷：应付账款——开元公司　　　　115 180

(2) 8 日，支付货款：

借：应付账款——开元公司　　115 180

　贷：银行存款　　115 180

(3) 16 日，购入乙材料：

借：在途物资——乙材料　　160 000

　应交税费——应交增值税（进项税额）　　20 800

　贷：应付账款——宁陵公司　　180 800

(4) 24 日，材料验收入库并支付货款：

获得的现金折扣 = 160 000×1% = 1 600（元）

实际支付的货款 = 180 800 − 1 600 = 179 200（元）

借：应付账款——宁陵公司　　180 800

　贷：银行存款　　179 200

　　财务费用　　1 600

借：原材料——乙材料　　160 000

　贷：在途物资——乙材料　　160 000

动脑筋

如果淮洲公司 5 月 28 日支付该笔货款，则该如何进行账务处理？

借：应付账款——宁陵公司　　180 800

　贷：银行存款　　180 800

(5) 30 日，转销无法支付的应付账款：

借：应付账款——昌海公司　　20 000

　贷：营业外收入　　20 000

二、应付票据

（一）应付票据概述

应付票据是指企业购买材料、商品和接受劳务供应等而开出、承兑的商业汇票。商业汇票是指收款人或付款人（或承兑申请人）签发，由承兑人承兑，并于到期日向收款人或被背书人支付款项的票据。只有真实的商品交易才可以签发商业汇票。商业汇票根据承兑人的不同分为银行承兑汇票和商业承兑汇票。

提示 我国商业汇票的付款期限最长不得超过 6 个月，因此，企业应将应付票据作为流动负债管理。

（二）应付票据核算

为了核算企业应付票据的发生、偿还等情况，企业应当设置“应付票据”科目。该科目贷方登记开出、承兑汇票的面值，借方登记到期承兑票据的金额或转出的金额，期末余额在贷方，表示尚未到期的商业汇票金额。

为了反映应付票据的具体情况，企业还应设置“应付票据备查簿”，详细登记商业汇票的种类、号数、出票日期、到期日、票面金额、票面利率、交易合同号、收款人姓名或单位名称等资料。应付票据到期结清时，应在备查簿内予以注销。

1. 应付票据发生的核算

企业因购买材料、商品和接受劳务供应等开出、承兑商业汇票或以承兑商业汇票抵付货款、应付账款等，应当按其票面金额作为应付票据的入账金额，借记“材料采购”“原材料”“库存商品”“应付账款”“应交税费——应交增值税（进项税额）”等科目，贷记“应付票据”科目。

企业支付的银行承兑汇票手续费，应当计入当期财务费用，借记“财务费用”科目，贷记“银行存款”科目。

提示《支付结算办法》第八十六条规定：“银行承兑汇票的承兑银行，应按票面金额向出票人收取万分之五的手续费。”

2. 应付票据到期的核算

企业应在签发的商业汇票到期时无条件支付票据款项，借记“应付票据”科目，贷记“银行存款”科目。

若不能及时筹措资金偿还到期的票据款项，分商业承兑汇票和银行承兑汇票两种情况分别处理：

（1）如采用商业承兑汇票结算，应在票据到期企业无力支付时，将“应付票据”账面余额转入“应付账款”科目。

（2）如采用银行承兑汇票结算，票据到期企业无力支付，承兑银行将代为支付票据款项，承兑银行将其转为对付款人的逾期贷款，企业应将“应付票据”账面余额转作“短期借款”科目。

提示《支付结算办法》第九十一条规定：“银行承兑汇票的出票人于汇票到期日未能足额交存票款时，承兑银行除凭票向持票人无条件付款外，对出票人尚未支付的汇票金额按照每天万分之五计收利息。”

例 1-3 淮洲公司为增值税一般纳税人，材料按实际成本计价核算。2020 年发生下列经济业务：

1）6 月 8 日，淮洲公司开出并经开户银行承兑不带息商业汇票一张，期限为 4 个月，面值为 339 000 元，同时缴纳承兑手续费 169.5 元。银行承兑汇票如图 1-10 所示。

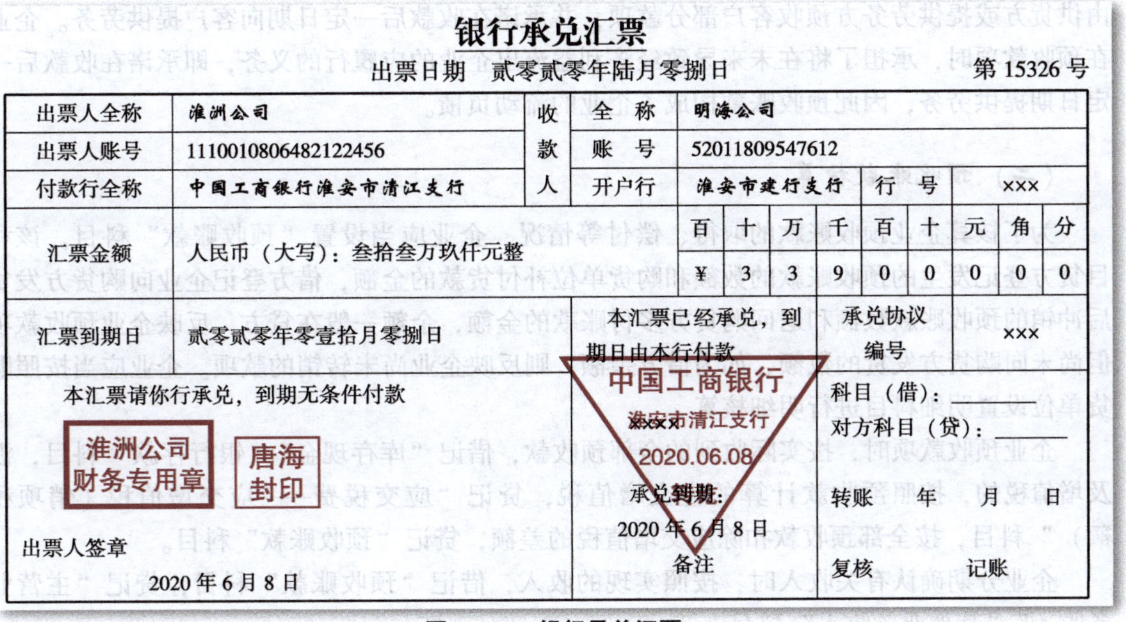

银行承兑汇票

出票日期　贰零贰零年陆月零捌日　　第 15326 号

出票人全称	淮洲公司	收款人	全　称	明海公司
出票人账号	111001080648212245 6		账　号	52011809547612
付款行全称	中国工商银行淮安市清江支行		开户行	淮安市建行支行　行　号　×××
汇票金额	人民币（大写）：叁拾叁万玖仟元整		百 十 万 千 百 十 元 角 分	¥ 3 3 9 0 0 0 0 0
汇票到期日	贰零贰零年零壹拾月零捌日		本汇票已经承兑，到期日由本行付款	承兑协议编号　×××
本汇票请你行承兑，到期无条件付款			承兑行签章	科目（借）： 对方科目（贷）：
出票人签章　2020 年 6 月 8 日			承兑日期：2020 年 6 月 8 日 备注	转账　年　月　日 复核　记账

图 1－10　银行承兑汇票

2）6 月 8 日，公司持上述商业汇票购买材料一批，增值税专用发票上注明的材料价款为 300 000 元，增值税额为 39 000 元，材料已验收入库。

3）10 月 8 日，该商业汇票到期，淮洲公司收到开户银行支付票款通知，如数支付票款。

根据上述经济业务，淮洲公司有关账务处理如下：

1）6 月 8 日，支付承兑手续费，取得银行承兑汇票：

借：财务费用　　169.5

　　贷：银行存款　　169.5

2）6 月 8 日，持银行承兑汇票购买材料：

借：原材料　　300 000

　　应交税费——应交增值税（进项税额）　　39 000

　　贷：应付票据　　339 000

3）10 月 8 日，企业如数支付票款：

借：应付票据　　339 000

　　贷：银行存款　　339 000

动脑筋　如果 10 月 8 日淮洲公司无力支付票款，则应如何进行账务处理？

借：应付票据　　339 000

　　贷：短期借款　　339 000

三、预收账款

（一）预收账款概述

预收账款是指企业按照合同规定向购货单位预收的款项。它是根据买卖双方协议商定，由供货方或提供劳务方预收客户部分款项，并承诺在收款后一定日期向客户提供劳务。企业在预收款项时，承担了将在未来导致经济利益流出企业的应履行的义务，即承诺在收款后一定日期提供劳务，因此预收账款构成了企业的流动负债。

（二）预收账款核算

为了核算企业预收账款的取得、偿付等情况，企业应当设置“预收账款”科目。该科目贷方登记发生的预收账款的数额和购货单位补付货款的金额，借方登记企业向购货方发货后冲销的预收账款数额和退回购货方多付账款的金额，余额一般在贷方，反映企业预收款项但尚未向购货方发货的数额，如为借方余额，则反映企业尚未转销的款项。企业应当按照购货单位设置明细科目进行明细核算。

企业预收款项时，按实际收到的全部预收款，借记“库存现金”“银行存款”科目，涉及增值税的，按照预收款计算的应交增值税，贷记“应交税费——应交增值税（销项税额）”科目，按全部预收款扣除应交增值税的差额，贷记“预收账款”科目。

企业分期确认有关收入时，按照实现的收入，借记“预收账款”科目，贷记“主营业务收入”“其他业务收入”科目。

企业收到客户补付款项时，借记“库存现金”“银行存款”科目，贷记“预收账款”“应交税费——应交增值税（销项税额）”科目；退回客户多预付的款项时，借记“预收账款”科目，贷记“库存现金”“银行存款”科目。涉及增值税的，还应进行相应的会计处理。

注意 预收货款业务不多的企业，可以不单独设置“预收账款”科目，其所发生的预收货款，可通过“应收账款”科目核算。

例 1-4 清江公司为增值税一般纳税人，适用的增值税税率为 13%。某年 7 月 1 日清江公司与乙公司签订经营租赁（非主营业务）拖车合同，向乙公司出租拖车三台，期限为 6 个月，三台拖车租金（含税）共计 101 700 元。合同约定，合同签订日预付租金（含税）33 900 元，合同到期结清全部租金余款。合同签订日，清江公司收到租金并存入银行，开具的增值税专用发票注明租金 30 000 元、增值税 3 900 元。租赁期满日，清江公司收到租金余款及相应的增值税。清江公司有关账务处理如下：

（1）7 月 1 日收到乙公司预付租金：

借：银行存款　　33 900
　贷：预收账款——乙公司　　30 000
　　　应交税费——应交增值税（销项税额）　　3 900

（2）每月末确认租金收入：

借：预收账款——乙公司　　15 000
　贷：其他业务收入　　15 000

（3）租赁期满收到租金余款及增值税：

借：银行存款　　67 800

贷：预收账款——乙公司　　60 000
　　应交税费——应交增值税（销项税额）　　7 800

例 1-5 承例 1-4，假设清江公司不设置“预收账款”科目，其预收的款项通过“应收账款”科目核算。清江公司有关账务处理如下：

(1) 7月1日收到乙公司预付租金：

借：银行存款　　33 900
　贷：应收账款——乙公司　　30 000
　　　应交税费——应交增值税（销项税额）　　3 900

(2) 每月末确认租金收入：

借：应收账款——乙公司　　15 000
　贷：其他业务收入　　15 000

(3) 租赁期满收到租金余款及增值税：

借：银行存款　　67 800
　贷：应收账款——乙公司　　60 000
　　　应交税费——应交增值税（销项税额）　　7 800

注意 企业已收或应收客户对价而应向客户转让商品的义务属于合同负债，因此企业因转让商品而收到的预收款在适用收入准则进行会计处理时，不再使用“预收账款”科目核算，而是通过“合同负债”科目进行核算。

第四节 应付职工薪酬

一、职工薪酬的概念

职工薪酬是指企业为获得职工提供的服务或解除劳动关系而给予的各种形式的报酬或补偿。

提示《企业会计准则第9号——职工薪酬》第三条规定：“本准则所称‘职工’，是指与企业订立劳动合同的所有人员，含全职、兼职和临时职工，也包括虽未与企业订立劳动合同但由企业正式任命的人员。未与企业订立劳动合同或未由其正式任命，但向企业所提供服务与职工所提供服务类似的人员，也属于职工的范畴，包括通过企业与劳务中介公司签订用工合同而向企业提供服务的人员。”

注意 企业提供给职工配偶、子女、受赡养人、已故员工遗属及其他受益人等的福利，也属于职工薪酬。

二、职工薪酬的内容

职工薪酬主要包括短期薪酬、离职后福利、辞退福利和其他长期职工福利四方面的内容。

1. 短期薪酬

短期薪酬是指企业在职工提供相关服务的年度报告期间结束后十二个月内需要全部予以支付的职工薪酬，因解除与职工的劳动关系给予的补偿除外。短期薪酬具体包括：

（1）职工工资、奖金、津贴和补贴，是指企业按照构成工资总额的计时工资、计件工资，支付给职工的超额劳动报酬和增收节支的劳动报酬，为了补偿职工特殊或额外的劳动消耗和因其他特殊原因支付给职工的津贴，以及为了保证职工工资水平不受物价影响支付给职工的物价补贴等。其中，企业按照短期奖金计划向职工发放的奖金属于短期薪酬，按照长期奖金计划向职工发放的奖金属于其他长期职工福利。

（2）职工福利费，是指企业向职工提供的生活困难补助、丧葬补助费、抚恤费、职工异地安家费、防暑降温费、职工因公外地就医费用、职工疗养费用等职工福利支出。

（3）医疗保险费、工伤保险费和生育保险费等社会保险费，是指企业按照国家规定的基准和比例计算，向社会保险经办机构缴存的医疗保险费、工伤保险费和生育保险费等社会保险费。

（4）住房公积金，是指企业按照国家规定的基准和比例计算，向住房公积金管理机构缴存的住房公积金。

（5）工会经费和职工教育经费，是指企业为了改善职工文化生活、为职工学习先进技术和提高文化水平和业务素质，用于开展工会活动和职工教育及职业技能培训等的相关支出。

（6）短期带薪缺勤，是指职工虽然缺勤但企业仍向其支付报酬的安排，包括年休假、病假、短期伤残、婚假、产假、丧假、探亲假等。长期带薪缺勤属于其他长期职工福利。

（7）短期利润分享计划，是指因职工提供服务而与职工达成的基于利润或其他经营成果提供薪酬的协议。长期利润分享计划属于其他长期职工福利。

（8）非货币性福利，是指企业以自己的产品或外购商品发放给职工作为福利，企业提供给职工无偿使用自己拥有的资产或租赁资产供职工无偿使用等。

（9）其他短期薪酬，是指除上述薪酬以外的其他为获得职工提供的服务而给予的短期薪酬。

2. 离职后福利

离职后福利是指企业为获得职工提供的服务而在职工退休或与企业解除劳动关系后，提供的各种形式的报酬和福利，属于短期薪酬和辞退福利的除外。

离职后福利计划是指企业与职工就离职后福利达成的协议，或者企业为向职工提供离职后福利制定的规章或办法等。离职后福利计划按其特征可以分为设定提存计划和设定受益计划。其中，设定提存计划是指向独立的基金缴存固定费用后，企业不再承担进一步支付义务的离职后福利计划；设定受益计划是指除设定提存计划以外的离职后福利计划。

3. 辞退福利

辞退福利是指企业在职工劳动合同到期之前解除与职工的劳动合同关系，或者为鼓励职工自愿接受裁减而给予职工的补偿。辞退福利主要包括：

(1) 在职工劳动合同尚未到期前，不论职工本人是否愿意，企业决定解除与职工的劳动关系而给予的补偿。

(2) 在职工劳动合同尚未到期前，为鼓励职工自愿接受裁减而给予的补偿，职工有权利选择继续在职或接受补偿离职。

4. 其他长期职工福利

其他长期职工福利是指除短期薪酬、离职后福利、辞退福利之外所有的职工薪酬，包括长期带薪缺勤、长期残疾福利、长期利润分享计划等。

三、应付职工薪酬核算的账户设置

为了核算和监督企业应付职工薪酬的提取、结算、使用等情况，企业应当设置“应付职工薪酬”科目。该科目贷方登记已分配计入有关成本费用项目的职工薪酬的数额，借方登记实际发放职工薪酬的数额，包括扣还的款项；该科目期末贷方余额，反映企业应付未付的职工薪酬。

“应付职工薪酬”科目应当按照“工资、奖金、津贴和补贴”“职工福利费”“非货币性福利”“社会保险费”“住房公积金”“工会经费和职工教育经费”“带薪缺勤”“利润分享计划”“设定提存计划”“设定受益计划”“辞退福利”等职工薪酬项目设置明细账进行明细核算。

四、短期薪酬的核算

企业应当在职工为其提供服务的会计期间，将实际发生的短期薪酬确认为负债，并按照受益对象计入当期损益或相关资产成本。

（一）货币性职工薪酬

1. 工资、奖金、津贴和补贴

对于职工工资、奖金、津贴和补贴等货币性职工薪酬，企业应当在职工为其提供服务的会计期间，将实际发生的职工工资、奖金、津贴和补贴等，根据职工提供服务的受益对象，将应确认的职工薪酬，借记“生产成本”“制造费用”“合同履约成本”“管理费用”“销售费用”等科目，贷记“应付职工薪酬——工资、奖金、津贴和补贴”科目。

例 1－6 2020 年 3 月，淮洲公司应付工资总额 846 000 元，工资费用分配汇总表中列示的产品生产人员工资为 520 000 元，车间管理人员工资为 169 000 元，行政管理人员工资为 112 000 元，专设销售机构人员工资为 45 000 元。职工工资结算汇总表见表 1－2。

表1-2 职工工资结算汇总表

2020年3月 （单位：元）

部门	基本工资	津贴	应发工资	代扣款项		实发工资
				个税	房租	
生产产品工人	410 000	110 000	520 000	31 200	5 500	483 300
车间管理人员	100 000	69 000	169 000	12 140	1 600	155 260
行政管理人员	80 000	32 000	112 000	8 960	1 400	101 640
销售人员	30 000	15 000	45 000	5 700	500	38 800
合 计	620 000	226 000	846 000	58 000	9 000	779 000

财会主管：周卫宏　会计：闵芬　复核：吴建春　制表：杨晓红

有关账务处理如下：

借：生产成本——基本生产成本　520 000
　　制造费用　169 000
　　管理费用　112 000
　　销售费用　45 000
　贷：应付职工薪酬——工资、奖金、津贴和补贴　846 000

企业根据“职工工资结算汇总表”中的实发工资总额，通过开户银行支付给职工或从开户银行提取现金，然后向职工发放。

企业按照有关规定向职工支付工资、奖金、津贴和补贴等，借记“应付职工薪酬——工资、奖金、津贴和补贴”科目，贷记“银行存款”“库存现金”等科目；企业从应付职工薪酬中扣还的各种款项（代垫的家属药费、个人所得税等），借记“应付职工薪酬——工资、奖金、津贴和补贴”科目，贷记“银行存款”“库存现金”“其他应收款”“应交税费——应交个人所得税”等科目。

例1-7 承例1-6，淮洲公司根据“职工工资结算汇总表”结算本月应付职工工资总额846 000元，其中代扣职工个人所得税58 000元，代垫职工房租费9 000元，实发工资779 000元。淮洲公司开出现金支票委托银行发放工资。有关账务处理如下：

（1）发放工资：

借：应付职工薪酬——工资、奖金、津贴和补贴　779 000
　贷：银行存款　779 000

（2）代扣款项：

借：应付职工薪酬——工资、奖金、津贴和补贴　67 000
　贷：应交税费——应交个人所得税　58 000
　　　其他应收款——代垫房租费　9 000

2. 职工福利费

企业发生的职工福利费，应当在实际发生时根据实际发生额计入当期损益或相关资产成本，借记“生产成本”“制造费用”“管理费用”“销售费用”等科目，贷记“应付职工薪酬——职工福利费”科目。

例 1-8 恒源公司下设一所职工食堂，公司按月对每个职工给予食堂160元伙食补贴。公司在岗职工共计220人，其中生产工人190人，车间管理部门15人，行政管理部门15人。公司支付35 200元补贴给食堂。有关账务处理如下：

（1）确认本月职工福利：

借：生产成本——基本生产成本　30 400
　　制造费用　2 400
　　管理费用　2 400
　　贷：应付职工薪酬——职工福利费　35 200

（2）支付补贴给食堂：

借：应付职工薪酬——职工福利费　35 200
　　贷：银行存款　35 200

3. 国家规定计提标准的职工薪酬

对于国家规定了计提基础和计提比例的医疗保险费、工伤保险费、生育保险费等社会保险费和住房公积金，以及按规定提取的工会经费和职工教育经费，企业应当在职工为其提供服务的会计期间，根据规定的计提基础和计提比例计算确定相应的职工薪酬金额，并确认相应负债，计入当期损益或相关资产成本，借记"生产成本""制造费用""管理费用""销售费用"等科目，贷记"应付职工薪酬——社会保险费、住房公积金、工会经费和职工教育经费"科目。

提示 根据《工会法》的规定，企业按每月全部职工工资总额的2%向工会拨缴经费，并在成本费用中列支，主要用于为职工服务和工会活动。职工教育经费一般由企业按照每月工资总额的8%计提，主要用于职工接受岗位培训、继续教育等方面的支出。

例 1-9 2020年3月，淮洲公司根据国家规定的计提标准计算公司本月应向社会保险经办机构缴纳职工医疗保险费共计76 140元，其中，应计入基本生产成本的金额为46 800元，应计入制造费用的金额为15 210元，应计入管理费用的金额为10 080元，应计入销售费用的金额为4 050元。公司以银行存款缴纳医疗保险费76 140元。有关账务处理如下：

（1）确认本月应缴纳职工医疗保险费：

借：生产成本——基本生产成本　46 800
　　制造费用　15 210
　　管理费用　10 080
　　销售费用　4 050
　　贷：应付职工薪酬——社会保险费——基本医疗保险　76 140

（2）用银行存款缴纳医疗保险费：

借：应付职工薪酬——社会保险费——基本医疗保险　76 140
　　贷：银行存款　76 140

例 1-10 2020 年 3 月，淮洲公司根据国家有关规定，分别按照职工工资总额的 2%、8% 的计提标准，确认应付工会经费和职工教育经费。

> **提示** 本例中，应确认工会经费的金额 = 846 000×2% = 16 920（元）
>
> 应确认职工教育经费的金额 = 846 000×8% = 67 680（元）
>
> 应记入“生产成本”科目的金额 = 520 000×(2%+8%) = 52 000（元）
>
> 应记入“制造费用”科目的金额 = 169 000×(2%+8%) = 16 900（元）
>
> 应记入“管理费用”科目的金额 = 112 000×(2%+8%) = 11 200（元）
>
> 应记入“销售费用”科目的金额 = 45 000×(2%+8%) = 4 500（元）

有关账务处理如下：

借：生产成本——基本生产成本　　52 000

　　制造费用　　16 900

　　管理费用　　11 200

　　销售费用　　4 500

　贷：应付职工薪酬——工会经费和职工教育经费——工会经费　　16 920

　　　　——工会经费和职工教育经费——职工教育经费　　67 680

4. 短期带薪缺勤

对于职工带薪缺勤，企业应当根据其性质及职工享有的权利，分为累积带薪缺勤和非累积带薪缺勤两类。

> **注意** 如果带薪缺勤属于长期带薪缺勤，企业应当将其作为其他长期职工福利处理。

（1）累积带薪缺勤是指带薪权利可以结转下期的带薪缺勤，本期尚未用完的带薪缺勤权利可以在未来期间使用。

企业应当在职工提供了服务从而增加了其未来享有的带薪缺勤权利时，确认与累积带薪缺勤相关的职工薪酬，并以累积未行使权利而增加的预期支付金额计量。确认累积带薪缺勤时，借记“生产成本”“制造费用”“管理费用”等科目，贷记“应付职工薪酬——带薪缺勤——短期带薪缺勤——累积带薪缺勤”科目。

例 1-11 恒源公司从 2020 年 1 月起实行累积带薪缺勤制度。制度规定：每个职工每年可享受 5 个工作日的带薪年假，未使用完的年假只能向后结转一个公历年度，超过 1 年未使用的权利作废，在职工离开公司时也无权获得现金支付。职工休年假时，首先使用当年可享受的权利，再从上年结转的带薪年假中扣除。

2020 年 12 月 31 日，公司每个职工当年平均未使用带薪年假为 2 天。公司 220 名职工中，预计 2021 年有 205 名职工将享受不超过 5 天的带薪年假，不需要考虑累积带薪缺勤。剩余 15 名职工每人将平均享受 7 天年休假，假定这 15 名职工全部为各部门经理，该公司平均每名职工每个工作日工资为300元。不考虑其他因素，2020年12月31日，有关账务处理如下：

借：管理费用　　9 000

　贷：应付职工薪酬——带薪缺勤——短期带薪缺勤——累积带薪缺勤　　9 000

提示 2020年12月31日应预计由于职工累积未使用的带薪年假权利而导致的预期支付的金额＝15×(7−5)×300＝9 000（元）

例1－12 承例1－11，假定2021年12月31日，上述15名部门经理享受了7天年休假，并随同正常工资以银行存款支付。有关账务处理如下：

借：应付职工薪酬——带薪缺勤——短期带薪缺勤——累积带薪缺勤　　9 000

　贷：银行存款　　9 000

动脑筋 若2021年12月31日，上述15名部门经理只有10名享受了7天年休假，有关账务处理如下：

实际支付短期带薪缺勤的金额＝10×(7−5)×300＝6 000（元）

应冲回未使用短期带薪缺勤的金额＝5×(7−5)×300＝3 000（元）

借：应付职工薪酬——带薪缺勤——短期带薪缺勤——累积带薪缺勤　　6 000

　贷：银行存款　　6 000

借：应付职工薪酬——带薪缺勤——短期带薪缺勤——累积带薪缺勤　　3 000

　贷：管理费用　　3 000

例1－13 承例1－11，如果恒源公司的带薪缺勤制度规定：职工累积未使用的带薪缺勤权利可以无限期结转，且可以于职工离开企业时以现金支付。公司220名职工中，生产工人190人，车间管理部门15人，行政管理部门15人。2020年12月31日，公司每个职工当年平均未使用带薪年假为2天。2020年12月31日，有关账务处理如下：

借：生产成本——基本生产成本　　114 000

　　制造费用　　9 000

　　管理费用　　9 000

　贷：应付职工薪酬——带薪缺勤——短期带薪缺勤——累积带薪缺勤　　132 000

提示 本例中，2020年12月31日应预计由于职工累积未使用的带薪年假权利而导致的预期支付的金额＝220×(7−5)×300＝132 000（元）

应记入"生产成本"科目的金额＝190×(7−5)×300＝114 000（元）

应记入"制造费用"科目的金额＝15×(7−5)×300＝9 000（元）

应记入"管理费用"科目的金额＝15×(7−5)×300＝9 000（元）

> **注意** 如果职工在离开企业时能够获得现金补偿，企业就应当确认企业必须支付的、职工全部累积未使用权利的金额。如果职工在离开企业时不能获得现金补偿，则企业应当根据资产负债表日因累积未使用权利而导致的预期支付的追加金额，作为累积带薪缺勤费用进行预计。

（2）非累积带薪缺勤是指带薪缺勤权利不能结转下期的带薪缺勤，本期尚未用完的带薪缺勤权利将予以取消，并且职工离开企业时也无权获得现金补偿。我国企业职工休婚假、产假、丧假、探亲假、病假期间的工资通常属于非累积带薪缺勤。由于职工提供服务本身不能增加其能够享受的福利金额，企业在职工未缺勤时不应当计提相关费用和负债，而应当在职工实际发生缺勤的会计期间确认与非累积带薪缺勤相关的职工薪酬。

企业确认职工享有的与非累积带薪缺勤权利有关的薪酬，视同职工出勤确认的当期损益或相关资产成本。通常情况下，与非累积带薪缺勤相关的职工薪酬已经包括在企业每期向职工发放的工资等薪酬中，因此，不必额外做相应的账务处理。

（二）非货币性职工薪酬

企业向职工提供职工福利费为非货币性福利的，应当按照公允价值计量。

（1）企业以其自产的产品作为非货币性福利提供给职工的，应当根据受益对象，按照该产品的公允价值计入相关资产成本或当期损益，同时确认应付职工薪酬，借记“生产成本”“制造费用”“管理费用”等科目，贷记“应付职工薪酬——非货币性福利”科目。同时，相关收入的确认、销售成本的结转以及相关税费的处理，与企业正常商品销售的会计处理相同。企业以自产产品作为职工薪酬发放给职工时，应确认主营业务收入，借记“应付职工薪酬——非货币性福利”科目，贷记“主营业务收入”科目，同时结转相关成本，涉及增值税销项税额的，还应进行相应的处理。

例 1－14 恒源公司共有220名职工，其中生产工人190人，车间管理部门15人，行政管理部门15人。2020年4月，公司以其生产的每台成本为700元的产品作为中秋节福利发放给公司每名职工。该批产品市场售价为每台1 000元，该公司适用的增值税税率为13%。有关账务处理如下：

1）确认应付职工薪酬：

借：生产成本——基本生产成本	214 700	
制造费用	16 950	
管理费用	16 950	
贷：应付职工薪酬——非货币性福利		248 600

提示 本例中，应确认的应付职工薪酬＝220×1 000×(1+13%)＝248 600（元）

其中，应记入“生产成本”科目的金额＝190×1 000×(1+13%)＝214 700（元）

应记入“制造费用”科目的金额＝15×1 000×(1+13%)＝16 950（元）

应记入“管理费用”科目的金额＝15×1 000×(1+13%)＝16 950（元）

2）恒源公司向职工发放本公司产品作为福利，应确认为收入，同时根据相关税收规定，视同销售计算增值税销项税额：

应确认的主营业务收入＝220×1 000＝220 000（元）

应确认的增值税销项税额＝220×1 000×13%＝28 600（元）

借：应付职工薪酬——非货币性福利　248 600

　贷：主营业务收入　220 000

　　应交税费——应交增值税（销项税额）　28 600

同时，结转成本：

应结转的销售成本＝220×700＝154 000（元）

借：主营业务成本　154 000

　贷：库存商品　154 000

（2）企业将拥有的房屋等资产无偿提供给职工使用的，应当根据受益对象，将该住房每期应计提的折旧计入相关资产成本或当期损益，同时确认应付职工薪酬，借记“生产成本”“制造费用”“管理费用”等科目，贷记“应付职工薪酬——非货币性福利”科目，同时借记“应付职工薪酬——非货币性福利”科目，贷记“累计折旧”科目。企业每期应计提的折旧，借记“应付职工薪酬——非货币性福利”科目，贷记“累计折旧”等科目。

例 1－15　淮洲公司为部门经理级别以上管理人员每人提供一辆汽车免费使用，该公司共有部门经理以上管理人员 5 名，假定每辆汽车每月计提折旧 1 000 元。有关账务处理如下：

1）确认应付职工薪酬：

借：管理费用　5 000

　贷：应付职工薪酬——非货币性福利　5 000

2）按月计提汽车折旧：

借：应付职工薪酬——非货币性福利　5 000

　贷：累计折旧　5 000

（3）企业将租赁住房等资产供职工无偿使用的，应当根据受益对象，将每期应付的租金计入相关资产成本或当期损益，并确认应付职工薪酬，借记“生产成本”“制造费用”“管理费用”等科目，贷记“应付职工薪酬——非货币性福利”科目。难以认定受益对象的非货币性福利，直接计入当期损益和应付职工薪酬。企业支付供职工无偿使用的租赁资产租金时，借记“应付职工薪酬——非货币性福利”科目，贷记“银行存款”等科目。

例 1－16　淮洲公司为部门经理级别以上管理人员每人租赁一套住房供其免费使用，该公司共有部门经理以上管理人员 5 名，住房月租金每套 4 000 元。公司按月支付租金。有关账务处理如下：

1）确认应付职工薪酬：

借：管理费用　20 000

　贷：应付职工薪酬——非货币性福利　20 000

2）按月支付租金时：

借：应付职工薪酬——非货币性福利　20 000

　贷：银行存款　20 000

五、设定提存计划的核算

对于设定提存计划，企业应当根据在资产负债表日为换取职工在会计期间提供的服务而应向单独主体缴存的提存金，如养老保险金、失业保险金，确认为应付职工薪酬，并计入当期损益或相关资产成本，借记“生产成本”“制造费用”“管理费用”等科目，贷记“应付职工薪酬——设定提存计划”科目。

例 1－17 承例 1－6，2020 年 3 月，淮洲公司按照职工工资总额的 12%计提基本养老保险，缴存社会保险经办机构。本月应付工资总额 846 000 元，职工工资结算汇总表中列示的产品生产人员工资为 520 000 元，车间管理人员工资为169 000元，行政管理人员工资为 112 000 元，专设销售机构人员工资为 45 000 元。有关账务处理如下：

借：生产成本——基本生产成本　　62 400
　　制造费用　　20 280
　　管理费用　　13 440
　　销售费用　　5 400
　　贷：应付职工薪酬——设定提存计划——基本养老保险费　　101 520

提示 本例中，应确认的应付职工薪酬＝846 000×12%＝101 520（元）

其中，应记入“生产成本”科目的金额＝520 000×12%＝62 400（元）
　　　应记入“制造费用”科目的金额＝169 000×12%＝20 280（元）
　　　应记入“管理费用”科目的金额＝112 000×12%＝13 440（元）
　　　应记入“销售费用”科目的金额＝45 000×12%＝5 400（元）

第五节 应交税费

一、应交税费的内容

企业根据税法规定应缴纳的各种税费包括：增值税、消费税、城市维护建设税、资源税、企业所得税、环境保护税、土地增值税、房产税、车船税、城镇土地使用税、教育费附加、矿产资源补偿费、印花税、耕地占用税、契税、车辆购置税等。

为了核算和监督各种税费的应缴、缴纳等情况，企业应设置“应交税费”科目。该科目贷方登记应缴纳的各种税费等，借方登记实际缴纳的税费。期末余额一般在贷方，反映企业尚未缴纳的税费；期末余额如在借方，反映企业多缴或尚未抵扣的税费。企业应按照应缴纳的税费项目进行明细核算。

注意 企业缴纳的印花税、耕地占用税等不需要预计应缴数的税金，不通过“应交税费”科目核算。

二、应交增值税的核算

（一）增值税概述

增值税是以商品（含应税劳务、应税行为）在流转过程中产生的增值额作为计税依据而征收的一种流转税。我国增值税相关法规规定，在我国境内销售货物、加工修理修配劳务、服务、无形资产和不动产，以及进口货物的企业单位和个人为增值税的纳税人。

提示 根据《关于全面推开营业税改征增值税试点的通知》（财税〔2016〕36号），销售服务是指提供交通运输服务、邮政服务、电信服务、建筑服务、金融服务、现代服务、生活服务。该文件自2016年5月1日起实施。

根据经营规模大小及会计核算健全程度，增值税纳税人分为一般纳税人和小规模纳税人。计算增值税的方法分为一般计税方法和简易计税方法。

增值税的一般计税方法，是先按当期销售额和适用税率计算出销项税额，然后以该销项税额对当期购进项目向对方支付的税款（即进项税额）进行抵扣，从而间接算出当期的应纳税额。其计算公式为

当期应纳税额=当期销项税额-当期进项税额

提示 公式中的“当期销项税额”是指纳税人当期销售货物、加工修理修配劳务、服务、无形资产和不动产时按照销售额和增值税率计算并收取的增值税额。其中，销售额是指纳税人销售货物、加工修理修配劳务、服务、无形资产和不动产向购买方收取的全部价款和价外费用，但是不包括收取的销项税额。

提示 公式中的“当期进项税额”是指纳税人购进货物、加工修理修配劳务、服务、无形资产或者不动产，支付或者负担的增值税额。下列进项税额准予从销项税额中抵扣：①从销售方取得的增值税专用发票（含税控机动车销售统发票，下同）上注明的增值税额。②从海关进口增值税专用缴款书上注明的增值税额。③购进农产品，除取得增值税专用发票或者海关进口增值税专用缴款书外，按照农产品收购发票或者销售发票上注明的农产品买价和9%的扣除率计算的进项税额；如用于生产销售或委托加工13%税率的农产品，按照农产品收购发票或者销售发票上注明的农产品买价和10%的扣除率计算的进项税额。④从境外单位或者个人购进服务、无形资产或者不动产，从税务机关或者扣缴义务人取得的解缴税款的完税凭证上注明的增值税额。⑤一般纳税人支付的道路、桥、闸通行费，凭取得的通行费发票上注明的收费金额和规定的方法计算的可抵扣的增值税进项税额。⑥纳税人购进国内旅客运输服务的增值税进项税额。

当期销项税额小于当期进项税额，不足抵扣时，其不足部分可以结转下期继续抵扣。

一般纳税人采用的税率分为13%、9%、6%和零税率四种。一般纳税人增值税税率表见表1-3。

表1-3　一般纳税人增值税税率表

<table>
<tr><th>类别</th><th colspan="3">应税行为</th><th>增值税税率</th></tr>
<tr><td rowspan="2">1. 销售货物</td><td colspan="3">销售或者进口货物（另有列举的货物除外）</td><td>13%</td></tr>
<tr><td colspan="3">销售或者进口农产品（含粮食）、自来水、暖气、石油液化气、天然气、食用植物油、冷气、热水、煤气、居民用煤炭制品、食用盐、农机、饲料、农药、农膜、化肥、沼气、二甲醚、图书、报纸、杂志、音像制品、电子出版物</td><td>9%</td></tr>
<tr><td colspan="4">2. 销售加工修理修配劳务</td><td>13%</td></tr>
<tr><td rowspan="10">3. 销售服务</td><td>交通运输服务</td><td colspan="2">陆路运输服务、水路运输服务、航空运输服务、管道运输服务</td><td>9%</td></tr>
<tr><td>邮政服务</td><td colspan="2">邮政普遍服务、邮政特殊服务、其他邮政服务</td><td>9%</td></tr>
<tr><td rowspan="2">电信服务</td><td colspan="2">基础电信服务</td><td>9%</td></tr>
<tr><td colspan="2">增值电信服务</td><td>6%</td></tr>
<tr><td>建筑服务</td><td colspan="2">工程服务、安装服务、修缮服务、装饰服务、其他建筑服务</td><td>9%</td></tr>
<tr><td>金融服务</td><td colspan="2">贷款服务、直接收费金融服务、保险服务、金融商品转让</td><td>6%</td></tr>
<tr><td rowspan="3">现代服务</td><td colspan="2">研发和技术服务、信息技术服务、文化创意服务、物流辅助服务、鉴证咨询服务、广播影视服务、商务辅助服务、其他现代服务</td><td>6%</td></tr>
<tr><td rowspan="2">租赁服务</td><td>有形动产租赁服务</td><td>13%</td></tr>
<tr><td>不动产租赁服务</td><td>9%</td></tr>
<tr><td>生活服务</td><td colspan="2">文化体育服务、教育医疗服务、旅游娱乐服务、餐饮住宿服务、居民日常服务、其他生活服务</td><td>6%</td></tr>
<tr><td rowspan="3">4. 销售无形资产</td><td colspan="3">技术、商标、著作权、商誉、其他权益性无形资产</td><td>6%</td></tr>
<tr><td rowspan="2">自然资源使用权</td><td colspan="2">海域使用权、探矿权、采矿权、取水权、其他自然资源使用权</td><td>6%</td></tr>
<tr><td colspan="2">土地使用权</td><td>9%</td></tr>
<tr><td>5. 销售不动产</td><td colspan="3">建筑物、构筑物</td><td>9%</td></tr>
<tr><td colspan="4">6. 一般纳税人出口货物、境内单位或个人发生的跨境应税行为符合条件的</td><td>零税率</td></tr>
</table>

增值税的简易计税方法，是按照不含税的销售额和征收率计算应纳税额。应纳税额计算公式为

$$应纳税额=销售额×征收率$$

提示 增值税一般纳税人计算增值税大多采用一般计税方法，小规模纳税人一般采用简易计税方法；一般纳税人发生财政部和国家税务总局规定的特定应税销售行为，也可以选择简易计税方法，但不得抵扣进项税额。

提示 小规模纳税人增值税征收率为3%；应税行为中按简易计税方法计税的销售不动产、不动产经营租赁服务的征收率为5%，其他情况征收率为3%。

（二）一般纳税人的账务处理

一般纳税人为了核算企业应缴纳增值税的发生、抵扣、缴纳、退税及转出等情况，应当在“应交税费”科目下设置“应交增值税”“未交增值税”“预交增值税”“待抵扣进项税额”“待认证进项税额”“待转销项税额”“简易计税”“转让金融商品应交增值税”“代扣代交增值税”等明细科目。一般纳税人增值税相关科目核算内容见表1－4。

表1－4 一般纳税人增值税相关科目核算内容

1. 应交税费——应交增值税：下设以下专栏：	
（1）进项税额	记录一般纳税人购进货物、加工修理修配劳务、服务、无形资产或不动产而支付或负担的、准予从当期销项税额中抵扣的增值税额
（2）销项税额抵减	记录一般纳税人按照现行增值税制度规定因扣减销售额而减少的销项税额
（3）已交税金	记录一般纳税人当月已缴纳的应交增值税额
（4）转出未交增值税	记录一般纳税人月度终了转出当月应缴未缴的增值税额
（5）转出多交增值税	记录一般纳税人月度终了转出当月多缴的增值税额
（6）减免税款	记录一般纳税人按现行增值税制度规定准予减免的增值税额
（7）出口抵减内销产品应纳税额	记录实行“免、抵、退”办法的一般纳税人按规定计算的出口货物的进项税抵减内销产品的应纳税额
（8）销项税额	记录一般纳税人销售货物、加工修理修配劳务、服务、无形资产或不动产应收取的增值税额
（9）出口退税	记录一般纳税人出口货物、加工修理修配劳务、服务、无形资产按规定退回的增值税额
（10）进项税额转出	记录一般纳税人购进货物、加工修理修配劳务、服务、无形资产或不动产等发生非正常损失以及其他原因而不应从销项税额中抵扣、按规定转出的进项税额
2. 应交税费——未交增值税：核算一般纳税人月度终了从“应交增值税”或“预交增值税”明细科目转入当月应缴未缴、多缴或预缴的增值税额，以及当月缴纳以前期间未缴的增值税额	

（续）

3. 应交税费——预交增值税：核算一般纳税人转让不动产、提供不动产经营租赁服务、提供建筑服务、采用预收款方式销售自行开发的房地产项目等，以及其他按现行增值税制度规定应预缴的增值税额
4. 应交税费——待抵扣进项税额：核算一般纳税人已取得增值税扣税凭证并经税务机关认证，按照现行增值税制度规定准予以后期间从销项税额中抵扣的进项税额
5. 应交税费——待认证进项税额：核算一般纳税人由于未经税务机关认证而不得从当期销项税额中抵扣的进项税额，包括：一般纳税人已取得增值税扣税凭证、按照现行增值税制度规定准予从销项税额中抵扣，但尚未经税务机关认证的进项税额；一般纳税人已申请稽核但尚未取得稽核相符结果的海关缴款书进项税额
6. 应交税费——待转销项税额：核算一般纳税人销售货物、加工修理修配劳务、服务、无形资产或不动产，已确认相关收入（或利得）但尚未发生增值税纳税义务而需于以后期间确认为销项税额的增值税额
7. 应交税费——简易计税：核算一般纳税人采用简易计税方法发生的增值税计提、扣减、预缴、缴纳等业务
8. 应交税费——转让金融商品应交增值税：核算增值税纳税人转让金融商品发生的增值税额
9. 应交税费——代扣代交增值税：核算纳税人购进在境内未设经营机构的境外单位或个人在境内的应税行为代扣代缴的增值税

1. 取得资产或接受劳务等业务的账务处理

（1）采购等业务进项税额允许抵扣的账务处理。一般纳税人购进货物、加工修理修配劳务、服务、无形资产或不动产，应进行如下账务处理：按应计入相关成本费用或资产的金额，借记“在途物资”“原材料”“库存商品”“生产成本”“无形资产”“固定资产”“管理费用”等科目；按当月已认证的可抵扣增值税额，借记“应交税费——应交增值税（进项税额）”科目；按当月未认证的可抵扣增值税额，借记“应交税费——待认证进项税额”科目；按应付或实际支付的金额，贷记“应付账款”“应付票据”“银行存款”等科目。发生退货的，如原增值税专用发票已做认证，应根据税务机关开具的红字增值税专用发票做相反的会计分录；如原增值税专用发票未做认证，应将发票退回并做相反的会计分录。

企业购进农产品，除取得增值税专用发票或者海关进口增值税专用缴款书外，按照农产品收购发票或者销售发票上注明的农产品买价和9%的扣除率计算的进项税额，购进用于生产销售或委托加工13%税率的农产品，按照农产品收购发票或者销售发票上注明的农产品买价和10%的扣除率计算的进项税额，借记“应交税费——应交增值税（进项税额）”科目；按农产品买价扣除进项税额后的差额，借记“材料采购”“在途物资”“原材料”“库存商品”等科目；按照应付或实际支付的价款，贷记“应付账款”“应付票据”“银行存款”等科目。

（2）采购等业务进项税额不得抵扣的账务处理。一般纳税人购进货物、加工修理修配劳务、服务、无形资产或不动产，用于简易计税方法计税项目、免征增值税项目、集体福利或个人消费等，即使取得的增值税专用发票上已注明增值税进项税额，该税额按照现行增值税制度规定也不得从销项税额中抵扣。取得增值税专用发票时，应将待认证的目前不可抵扣的增值税进项税额，借记“应交税费——待认证进项税额”科目，贷记“银行存款”“应付账款”等科目。经税务机关认证为不可抵扣的增值税进项税额时，借记“应交税费——应交增值税（进项税额）”科目，贷记“应交税费——待认证进项税额”科目；同时，将增值税进项税额转出，借记相关成本费用或资产科目，贷记“应交税费——应交增值税（进项税额转出）”科目。

提示 自2019年4月1日起，纳税人取得不动产或不动产在建工程的进项税额不再分2年进行抵扣。

（3）货物等已验收入库但尚未取得增值税扣税凭证的账务处理。一般纳税人购进的货物等已到达并验收入库，但尚未收到增值税扣税凭证并未付款的，应在月末按货物清单或相关合同协议上的价格暂估入账，不需要将增值税的进项税额暂估入账。下月初，用红字冲销原暂估入账金额，待取得相关增值税扣税凭证并经认证后，按应计入相关成本费用或资产的金额，借记“原材料”“库存商品”“固定资产”“无形资产”等科目，按可抵扣的增值税额，借记“应交税费——应交增值税（进项税额）”科目，按应付金额，贷记“应付账款”等科目。

2. 销售等业务的账务处理

（1）销售业务的账务处理。企业销售货物、加工修理修配劳务、服务、无形资产或不动产，应当进行如下账务处理：按应收或已收的金额，借记“应收账款”“应收票据”“银行存款”等科目；按取得的收入金额，贷记“主营业务收入”“其他业务收入”“固定资产清理”“工程结算”等科目；按现行增值税制度规定计算的销项税额（或采用简易计税方法计算的应纳增值税额），贷记“应交税费——应交增值税（销项税额）”或“应交税费——简易计税”科目（小规模纳税人应贷记“应交税费——应交增值税”科目）。发生销售退回的，应根据按规定开具的红字增值税专用发票做相反的会计分录。

按照国家统一的会计制度确认收入或利得的时点早于按照增值税制度确认增值税纳税义务发生时点的，应将相关销项税额计入“应交税费——待转销项税额”科目，待实际发生纳税义务时再转入“应交税费——应交增值税（销项税额）”或“应交税费——简易计税”科目。

按照增值税制度确认增值税纳税义务发生时点早于按照国家统一的会计制度确认收入或利得的时点的，应将应纳增值税额，借记“应收账款”科目，贷记“应交税费——应交增值税（销项税额）”或“应交税费——简易计税”科目，按照国家统一的会计制度确认收入或利得时，应按扣除增值税销项税额后的金额确认收入。

（2）视同销售的账务处理。企业有些交易和事项从会计角度看不属于销售行为，不能确认销售收入，但按照税法规定，应视同对外销售处理，计算应交增值税。视同销售需要缴纳增值税的事项有：企业将自产或委托加工的货物用于非应税项目、集体福利或个人消费，将自产、委托加工或购买的货物作为投资、分配给股东或投资者、无偿赠送他人等。在这些情况下，企业应当根据视同销售的具体内容，按照现行增值税制度规定计算销项税额（或采用简易计税方法计算的应纳增值税额），并借记"在建工程""长期股权投资""应付职工薪酬""利润分配""营业外支出"等科目，贷记"应交税费——应交增值税（销项税额）"或"应交税费——简易计税"科目。

3. 进项税额抵扣情况发生改变的账务处理

因发生非正常损失或改变用途等，原已计入进项税额、待抵扣进项税额或待认证进项税额，但按现行增值税制度规定不得从销项税额中抵扣的，应将进项税额转出，借记"待处理财产损溢""应付职工薪酬""固定资产""无形资产"等科目，贷记"应交税费——应交增值税（进项税额转出）""应交税费——待抵扣进项税额"或"应交税费——待认证进项税额"科目；原不得抵扣且未抵扣进项税额的固定资产、无形资产等，因改变用途等用于允许抵扣进项税额的应税项目的，应按允许抵扣的进项税额，借记"应交税费——应交增值税（进项税额）"科目，贷记"固定资产""无形资产"等科目。固定资产、无形资产等经上述调整后，应按调整后的账面价值在剩余尚可使用寿命内计提折旧或摊销。

提示 这里所说的"非正常损失"，是指因管理不善造成被盗、丢失、霉烂变质的损失，以及被执法部门依法没收或者强令自行销毁的货物。

4. 月末转出多缴增值税和未缴增值税的账务处理

月度终了，企业应当将当月应缴未缴或多缴的增值税自"应交增值税"明细科目转入"未交增值税"明细科目。对于当月应缴未缴的增值税，借记"应交税费——应交增值税（转出未交增值税）"科目，贷记"应交税费——未交增值税"科目；对于当月多缴的增值税，借记"应交税费——未交增值税"科目，贷记"应交税费——应交增值税（转出多交增值税）"科目。

5. 缴纳增值税的账务处理

（1）缴纳当月应缴增值税的账务处理。企业缴纳当月应缴的增值税，借记"应交税费——应交增值税（已交税金）"科目（小规模纳税人应借记"应交税费——应交增值税"科目），贷记"银行存款"科目。

（2）缴纳以前期间未缴增值税的账务处理。企业缴纳以前期间未缴的增值税，借记"应交税费——未交增值税"科目，贷记"银行存款"科目。

（3）预缴增值税的账务处理。企业预缴增值税时，借记"应交税费——预交增值税"科目，贷记"银行存款"科目。月末，企业应将"预交增值税"明细科目余额转入"未交增值税"明细科目，借记"应交税费——未交增值税"科目，贷记"应交税费——预交增值税"科目。房地产开发企业等在预缴增值税后，应直至纳税义务发生时方可从"应交税费——预交增值税"科目结转至"应交税费——未交增值税"科目。

（4）减免增值税的账务处理。对于当期直接减免的增值税，借记"应交税金——应交增值税（减免税款）"科目，贷记损益类相关科目。

6. 增值税税控系统专用设备和技术维护费用抵减增值税额的账务处理

按现行增值税制度规定，企业初次购买增值税税控系统专用设备支付的费用以及缴纳的技术维护费允许在增值税应纳税额中全额抵减。增值税税控系统专用设备，包括增值税防伪税控系统设备（如金税卡、IC 卡、读卡器或金税盘和报税盘）、货物运输业增值税专用发票税控系统设备（如税控盘和报税盘）、机动车销售统一发票税控系统和公路、内河货物运输业发票税控系统的设备（如税控盘和传输盘）。

企业初次购入增值税税控系统专用设备，按实际支付或应付的金额，借记“固定资产”科目，贷记“银行存款”“应付账款”等科目。按规定抵减的增值税应纳税额，借记“应交税费——应交增值税（减免税款）”科目，贷记“管理费用”等科目。

企业发生增值税税控系统专用设备技术维护费，应按实际支付或应付的金额，借记“管理费用”科目，贷记“银行存款”等科目。按规定抵减的增值税应纳税额，借记“应交税费——应交增值税（减免税款）”科目，贷记“管理费用”等科目。

例 1-18 淮洲公司为增值税一般纳税人，适用增值税税率为 13%，原材料按计划成本核算。8 月初，“应交税费——应交增值税”科目月初借方余额为 7 200 元，为上月尚未抵扣的增值税。本月相关增值税业务如下：

（1）3 日，购入原材料一批，增值税专用发票上注明的价款为 100 000 元，增值税为 13 000元，发生运输费用 4 000 元，增值税额 360 元。材料尚未到达，款项以银行存款支付。有关账务处理如下：

借：材料采购	104 000	
应交税费——应交增值税（进项税额）	13 360	
贷：银行存款		117 360

提示 材料采购成本＝100 000+4 000＝104 000（元）
进项税额＝13 000+360＝13 360（元）

（2）6 日，购入生产用不需安装的设备一台，增值税专用发票上注明的价款为 160 000 元，增值税为 20 800 元，款项以银行存款支付。该设备达到预定可使用状态交付使用。有关账务处理如下：

借：固定资产	160 000	
应交税费——应交增值税（进项税额）	20 800	
贷：银行存款		180 800

（3）6 日，购进一办公场所，于当月投入使用，增值税专用发票上注明的价款为 600 000元，增值税为 54 000 元，款项以银行存款支付。有关账务处理如下：

借：固定资产	600 000	
应交税费——应交增值税（进项税额）	54 000	
贷：银行存款		654 000

（4）7 日，购入农产品一批，农产品收购发票上注明买价为 130 000 元，扣除率为 9%，

货物尚未到达，货款已用银行存款支付。有关账务处理如下：

借：材料采购　　118 300
　　应交税费——应交增值税（进项税额）　　11 700
　　贷：银行存款　　130 000

（5）14日，生产车间委托外单位修理机器设备，增值税专用发票上注明设备修理费用40 000元，增值税5 200元，款项已用银行存款支付。有关账务处理如下：

借：管理费用　　40 000
　　应交税费——应交增值税（进项税额）　　5 200
　　贷：银行存款　　45 200

（6）16日，公司因保管不善毁损库存材料一批，有关增值税专用发票确认的成本为30 000元，应转出增值税3 900元。有关账务处理如下：

借：待处理财产损溢——待处理流动资产损溢　　33 900
　　贷：原材料　　30 000
　　　　应交税费——应交增值税（进项税额转出）　　3 900

（7）18日，公司不动产建造项目领用原材料一批，成本为80 000元，购入原材料时支付的增值税为10 400元。有关账务处理如下：

借：在建工程　　80 000
　　贷：原材料　　80 000

（8）20日，公司销售产品一批，价款900 000元，增值税117 000元，提货单和增值税专用发票已交给买方，收到一张面值为1 017 000元的商业承兑汇票。有关账务处理如下：

借：应收票据　　1 017 000
　　贷：主营业务收入　　900 000
　　　　应交税费——应交增值税（销项税额）　　117 000

（9）21日，公司为外单位代加工原料一批，收取加工费50 000元，增值税专用发票上注明的价款为6 500元，款项已收到存入银行。有关账务处理如下：

借：银行存款　　56 500
　　贷：主营业务收入　　50 000
　　　　应交税费——应交增值税（销项税额）　　6 500

（10）25日，公司将自己生产的产品无偿捐赠给希望工程。该批产品的成本为50 000元，计税价格为70 000元，增值税税率为13%。有关账务处理如下：

借：营业外支出　　59 100
　　贷：库存商品　　50 000
　　　　应交税费——应交增值税（销项税额）　　9 100

提示 将自己生产的产品无偿捐赠给希望工程，应视同销售，按产品计税价（公允价或市场价）计算应缴的增值税额。销项税额=70 000×13%=9 100（元）。

（11）30日，计算本月应缴纳的增值税。

本月进项税额＝13 360+20 800+54 000+11 700+5 200＝105 060（元）

本月销项税额＝117 000+6 500+9 100＝132 600（元）

本月进项税额转出＝3 900（元）

月初尚未抵扣的增值税＝7 200（元）

应纳税额＝当期销项税额－当期进项税额+当期进项税额转出－期初尚未抵扣的增值税

＝132 600－105 060+3 900－7 200＝24 240（元）

（12）用银行存款缴纳当月的增值税10 000元。有关账务处理如下：

借：应交税费——应交增值税（已交税金）　10 000

　贷：银行存款　10 000

（13）31日，结转当月应缴未缴的增值税。有关账务处理如下：

当月应缴未缴的增值税＝24 240－10 000＝14 240（元）

借：应交税费——应交增值税（转出未交增值税）　14 240

　贷：应交税费——未交增值税　14 240

（14）9月4日，用银行存款缴纳8月未缴增值税。有关账务处理如下：

借：应交税费——未交增值税　14 240

　贷：银行存款　14 240

注意　企业购入材料物资不能取得增值税专用发票的，发生的增值税应计入材料采购成本，借记“材料采购”“在途物资”等科目，贷记“银行存款”等科目。

例1－19　淮洲公司为增值税一般纳税人，初次购买数台增值税税控系统专用设备作为固定资产核算，取得增值税专用发票上注明的价款为25 000元，增值税额为3 250元，价款和税款以银行存款支付。公司应编制会计分录如下：

（1）取得设备，支付价款和税款时：

借：固定资产　28 250

　贷：银行存款　28 250

（2）按规定抵减增值税应纳税额时：

借：应交税费——应交增值税（减免税款）　28 250

　贷：管理费用　28 250

（三）小规模纳税人的账务处理

小规模纳税人一般采用简易计税方法，即购进货物、接受应税劳务和应税行为支付的增值税直接计入有关货物或劳务的成本。销售货物、提供应税劳务和应税行为时，按照不含税销售额和规定的增值税征收率计算应缴纳的增值税。

不含税销售额＝含税销售额÷(1+征收率)

应纳税额＝不含税销售额×征收率

> **注意** 小规模纳税人销售货物、提供应税劳务和应税行为时不得开具增值税专用发票。

小规模纳税人进行增值税账务处理时，只需在“应交税费”科目下设置“应交增值税”明细科目，不需要在“应交增值税”明细科目中设置专栏。“应交税费——应交增值税”科目贷方登记应缴纳的增值税，借方登记已缴纳的增值税，期末贷方余额反映尚未缴纳的增值税，借方余额反映多缴纳的增值税。

小规模纳税人购进货物或接受应税劳务和应税行为时支付的增值税，直接计入有关货物和劳务、服务的成本，借记“材料采购”“在途物资”等科目，贷记“银行存款”等科目；销售货物或提供应税劳务和应税行为时，按全部价款计入“银行存款”等科目，按不含税的销售额，贷记“主营业务收入”科目，按应缴纳的增值税额，贷记“应交税费——应交增值税”科目。

例 1-20 嘉美公司为增值税小规模纳税人，适用增值税征收率为3%，原材料按实际成本核算。8月，相关增值税业务如下：

（1）6日，购入原材料一批，增值税专用发票上注明的价款为50 000元，增值税为6 500元。材料尚未到达，款项以银行存款支付。有关账务处理如下：

借：在途物资	56 500	
贷：银行存款		56 500

（2）18日，销售产品一批，开出的普通发票上注明的价款为92 700元（含税）。产品已发出，款项已存入银行。有关账务处理如下：

借：银行存款	92 700	
贷：主营业务收入		90 000
应交税费——应交增值税		2 700

> **提示** 不含税销售额=含税销售额÷(1+征收率)=92 700÷(1+3%)=90 000（元）
>
> 应纳增值税额=不含税销售额×征收率=90 000×3%=2 700（元）

（3）31日，用银行存款缴纳增值税。有关账务处理如下：

借：应交税费——应交增值税	2 700	
贷：银行存款		2 700

（四）差额征税的账务处理

根据财政部和国家税务总局营改增相关规定，对于企业发生的某些业务（金融商品转让、经纪代理服务、融资租赁和融资性售后回租业务、一般纳税人提供客运场站服务、一般纳税人提供旅游服务、选择简易计税方法提供建筑服务等）无法通过抵扣机制避免重复征税的，应采用差额征税方式计算交纳增值税。

1. 按规定相关成本费用允许扣减销售额的账务处理

按现行增值税制度规定，企业发生相关成本费用允许扣减销售额的，发生成本费用时，按应付或实际支付的金额，借记“主营业务成本”等科目，贷记“应付账款”“应付票据”“银行存款”等科目。待取得合规增值税扣税凭证且纳税义务发生时，按照允许抵扣的税额，借记“应交税费——应交增值税（销项税额抵减）”或“应交税费——简易计税”科目（小规模纳税人应借记“应交税费——应交增值税”科目），贷记“主营业务成本”等科目。

例 1-21 清江旅行社为增值税一般纳税人，应交增值税采用差额征税方式核算。8 月份，该旅行社为甲公司提供职工境内旅游服务，向甲公司收取含税价款 371 000 元，其中增值税 21 000 元，全部款项已收妥入账。旅行社以银行存款支付其他接团旅游企业的旅游费用和其他单位相关费用共计 254 400 元，其中，因允许扣减销售额而减少的销项税额为 14 400元。清江旅行社应编制如下会计分录：

（1）确认旅游服务收入：

借：银行存款　　371 000

　贷：主营业务收入　　350 000

　　应交税费——应交增值税（销项税额）　　21 000

（2）支付旅游费用等：

借：主营业务成本　　254 400

　贷：银行存款　　254 400

（3）根据增值税扣税凭证抵减销项税额，并调整成本：

借：应交税费——应交增值税（销项税额抵减）　　14 400

　贷：主营业务成本　　14 400

提示 应调整销项税额 $=254\ 400\div(1+6\%)\times6\%=14\ 400$（元）

上述分录（2）、（3）也可合并编制如下会计分录：

借：主营业务成本　　240 000

　应交税费——应交增值税（销项税额抵减）　　14 400

　贷：银行存款　　254 400

2. 企业转让金融商品按规定以盈亏相抵后的余额作为销售额

按现行增值税制度规定，企业实际转让金融商品，月末如产生转让收益，则按应纳税额，借记“投资收益”等科目，贷记“应交税费——转让金融商品应交增值税”科目；如产生转让损失，则按可结转下月抵扣税额，借记“应交税费——转让金融商品应交增值税”，贷记“投资收益”等科目。缴纳增值税时，应借记“应交税费——转让金融商品应交增值税”科目，贷记“银行存款”科目。年末，“应交税费——转让金融商品应交增值税”科目如有借方余额，则借记“投资收益”等科目，贷记“应交税费——转让金融商品应交增值税”科目。

例 1-22 黄淮公司（一般纳税人）8 月 15 日以每股 8.48 元的价格购入中国建筑 3 万股股票。9 月 10 日以每股 7.95 元价格出售 1 万股，10 月 16 日以每股 9.54 元的价格出售 1 万股，11 月 15 日以每股 7.42 元的价格出售 1 万股。金融商品转让增值税税率为 6%，除该股票外，公司没有购买其他金融商品，假设不考虑相关费用以及该股票公允价值变动损益。黄淮公司相关会计分录如下：

(1) 8月15日，购买股票：

借：交易性金融资产——中国建筑——成本　　254 400

　贷：其他货币资金——存出投资款　　254 400

(2) 9月10日，出售1万股：

借：其他货币资金——存出投资款　　79 500

　投资收益　　5 300

　贷：交易性金融资产——中国建筑——成本　　84 800

月末，计提增值税：

借：应交税费——转让金融商品应交增值税　　300

　贷：投资收益　　300

提示 月末将产生的转让损失相关的增值税结转下月抵扣=(79 500−84 800)÷(1+6%)×6%=−300（元）。

(3) 10月16日，出售1万股：

借：其他货币资金——存出投资款　　95 400

　贷：交易性金融资产——中国建筑——成本　　84 800

　　投资收益　　10 600

月末，计算增值税：

借：投资收益　　600

　贷：应交税费——转让金融商品应交增值税　　600

提示 月末将产生的转让收益计提增值税=(95 400−84 800)÷(1+6%)×6%=600（元）

次月，缴纳增值税时：

借：应交税费——转让金融商品应交增值税　　300

　贷：银行存款　　300

(4) 11月15日，出售1万股：

借：其他货币资金——存出投资款　　74 200

　投资收益　　10 600

　贷：交易性金融资产——中国建筑——成本　　84 800

月末，计算增值税：

借：应交税费——转让金融商品应交增值税　　600

　贷：投资收益　　600

提示 月末将产生的转让损失相关的增值税结转下月抵扣=(74 200−84 800)÷(1+6%)×6%=−600（元）。

（5）本年12月末，结转“应交税费——转让金融商品应交增值税”科目借方余额：

借：投资收益　　600

　贷：应交税费——转让金融商品应交增值税　　600

提示 年末，如果“应交税费——转让金融商品应交增值税”科目有借方余额，说明本年度的金融商品转让损失无法弥补，且本年度的金融商品转让损失不可转入下年度继续抵减转让金融商品的收益。因此，应将“应交税费——转让金融商品应交增值税”科目借方余额600元转出，记入“投资收益”科目的借方。

三、应交消费税的核算

（一）消费税概述

消费税是指在我国境内生产、委托加工和进口应税消费品的单位和个人，按其流转额缴纳的一种税。消费税有从价定率、从量定额及从价定率和从量定额复合计税（以下简称复合计税）三种征收方法。应纳税额计算公式如下：

实行从价定率办法计算的应纳税额＝销售额×比例税率

实行从量定额办法计算的应纳税额＝销售数量×定额税率

实行复合计税办法计算的应纳税额＝销售额×比例税率+销售数量×定额税率

纳税人销售的应税消费品，以人民币计算销售额。纳税人以人民币以外的货币结算销售额的，应当折合成人民币计算。

提示 消费税税目包括烟、酒、高档化妆品、贵重首饰及珠宝玉石、鞭炮焰火、成品油、摩托车、小汽车、高尔夫球及球具、高档手表、游艇、木制一次性筷子、实木地板、电池及涂料。

（二）应交消费税的账务处理

为了核算和监督企业应纳消费税的发生、缴纳等情况，企业应在“应交税费”科目下设置“应交消费税”明细科目。该科目贷方登记应缴纳的消费税，借方登记已缴纳的消费税，期末贷方余额为尚未缴纳的消费税，借方余额为多缴纳的消费税。

1. 销售应税消费品

企业销售应税消费品应缴纳的消费税，应借记“税金及附加”科目，贷记“应交税费——应交消费税”科目。

2. 自产自用应税消费品

企业将生产的应税消费品用于在建工程等非生产机构时，按规定应缴纳的消费税，借记“在建工程”等科目，贷记“应交税费——应交消费税”科目。

3. 委托加工应税消费品

企业如有需要缴纳消费税的委托加工物资，一般应由受托方代收代缴消费税。委托加工物资收回后，直接用于销售的，应将受托方代收代缴的消费税计入委托加工物资的成本，借记“委托加工物资”等科目，贷记“应付账款”“银行存款”等科目；委托加工物资收回后用于连续生产应税消费品，按规定准予抵扣的，应按已由受托方代收代缴的消费税，借记“应交税费——应交消费税”科目，贷记“应付账款”“银行存款”等科目，待用委托加工的应税消费品生产出应纳消费税的产品销售时，再缴纳消费税。

提示 委托加工的应税消费品是指由委托方提供原料和主要材料，受托方只收取加工费和代垫部分辅助材料加工的应税消费品。

提示 委托方将收回的应税消费品，以不高于受托方的计税价格出售的，为直接出售，不再缴纳消费税；委托方以高于受托方的计税价格出售的，不属于直接出售，需按照规定申报缴纳消费税，在计税时准予扣除受托方已代收代缴的消费税。

4. 进口应税消费品

企业进口应税物资在进口环节应缴纳的消费税，计入该进口物资的成本，借记“材料采购”“固定资产”等科目，贷记“银行存款”等科目。

例 1-23 淮洲公司为增值税一般纳税人，适用的增值税税率为 13%，原材料按实际成本核算。发生以下有关消费税业务：

(1) 销售应税消费品，价款 100 000 元（不含增值税），适用的消费税税率为 30%。有关账务处理如下：

应纳消费税额 = 100 000×30% = 30 000（元）

借：税金及附加	30 000	
贷：应交税费——应交消费税		30 000

(2) 工程部门领用产品一批用于非增值税应税项目，该产品的账面价值为 32 000 元，市场价格为 50 000 元（不含增值税），适用的消费税税率为 10%，增值税税率为 13%。有关账务处理如下：

应纳消费税 = 50 000×10% = 5 000（元）

应纳增值税 = 50 000×13% = 6 500（元）

借：在建工程	43 500	
贷：库存商品		32 000
应交税费——应交增值税（销项税额）		6 500
——应交消费税		5 000

(3) 委托丙企业代为加工一批应缴消费税的材料（非金银首饰）。该批材料成本为 100 000 元，加工费为 8 000 元，增值税税率为 13%，由丙企业代收代缴消费税，消费税税

率为10%。材料已经加工完成并验收入库，加工费签发转账支票付讫，收回的委托加工物资用于继续生产应税消费品。有关账务处理如下：

提示 委托加工的应税消费品，按照受托方的同类消费品的销售价格计算纳税；没有同类消费品销售价格的，按照组成计税价格计算纳税。组成计税价格的确定方法如下：

实行从价定率办法计算纳税的组成计税价格计算公式为

组成计税价格=(材料成本+加工费)÷(1−比例税率)

实行复合计税办法计算纳税的组成计税价格计算公式为

组成计税价格=(材料成本+加工费+委托加工数量×定额税率)÷(1−比例税率)

组成计税价格=(100 000+8 000)÷(1−10%)=120 000（元）

应纳消费税=120 000×10%=12 000（元）

应纳增值税=8 000×13%=1 040（元）

发出用于加工的材料时：

借：委托加工物资　　100 000

　　贷：原材料　　100 000

支付加工费、增值税和消费税时：

借：委托加工物资　　8 000

应交税费——应交增值税（进项税额）　　1 040

　　　　——应交消费税　　12 000

　　贷：银行存款　　21 040

收回委托加工物资时：

借：原材料　　108 000

　　贷：委托加工物资　　108 000

若收回的委托加工物资直接用于对外销售，且售价不高于受托方的计税价格，有关账务处理如下：

发出用于加工的材料时：

借：委托加工物资　　100 000

　　贷：原材料　　100 000

支付加工费、增值税和消费税时：

借：委托加工物资　　20 000

应交税费——应交增值税（进项税额）　　1 040

　　贷：银行存款　　21 040

收回委托加工物资时：

借：原材料　　120 000

　　贷：委托加工物资　　120 000

（4）从国外进口一批需要缴纳消费税的原材料，材料价值500 000元，进口环节需要缴纳的消费税为100 000元，增值税为65 000元，采购的材料已验收入库，货款开出信用证支付，税款已用银行存款支付。有关账务处理如下：

借：原材料	600 000	
应交税费——应交增值税（进项税额）	65 000	
贷：其他货币资金——信用证存款		500 000
银行存款		165 000

四、其他应交税费的核算

其他应交税费是指除上述税费以外的其他应上缴国家的税费，包括应交资源税、城市维护建设税、土地增值税、房产税、土地使用税、车船税、教育费附加、矿产资源补偿费、企业所得税、个人所得税等，企业应当在“应交税费”科目下设置相应的明细科目进行明细核算。贷方登记应缴纳的有关税费，借方登记已缴纳的有关税费，期末贷方余额，表示尚未缴纳的有关税费。

（一）应交资源税

资源税是国家对在我国境内从事应税矿产品开采或者生产盐的单位和个人征收的一种税。包括原油、天然气、煤炭、其他非金属矿、金属矿、海盐等。资源税的应纳税额，按照从价定率或者从量定额的办法，分别以应税产品的销售额乘以纳税人具体适用的比例税率或者以应税产品的销售数量乘以纳税人具体适用的定额税率计算。

企业对外销售应税产品应缴纳的资源税，借记“税金及附加”科目，贷记“应交税费——应交资源税”科目；企业自产自用应税产品而应缴纳的资源税，借记“生产成本”“制造费用”等科目，贷记“应交税费——应交资源税”科目。

例1-24 某企业本期对外销售资源税应税矿产品2 000吨，将自产的资源税应税矿产品500吨用于企业的产品生产，税法规定每吨矿产品应缴纳资源税5元。有关账务处理如下：

（1）计算企业对外销售应税产品而应缴纳的资源税：

应纳资源税＝2 000×5＝10 000（元）

借：税金及附加	10 000	
贷：应交税费——应交资源税		10 000

（2）计算企业自产自用应税矿产品而应缴纳的资源税：

应纳资源税＝500×5＝2 500（元）

借：生产成本	2 500	
贷：应交税费——应交资源税		2 500

（3）缴纳资源税：

借：应交税费——应交资源税	12 500	
贷：银行存款		12 500

（二）应交城市维护建设税

城市维护建设税是以增值税、消费税为计税依据征收的一种税。其纳税人为缴纳增值税、消费税的单位和个人。城市维护建设税应根据应缴纳税人实际缴纳的增值税、消费税之和的一定比例计算缴纳，并与两项税金同时缴纳。城市维护建设税计算公式为

应纳城市维护建设税=(应纳增值税+应纳消费税)×适用税率

城市维护建设税适用税率按纳税人所在地区不同，分为以下三档差别比例税率，即纳税人所在地为城市市区的，税率为7%；纳税人所在地为县城、建制镇的，税率为5%；纳税人所在地不在市区、县城或者建制镇的，税率为1%。

企业应缴纳的城市维护建设税，借记“税金及附加”等科目，贷记“应交税费——应交城市维护建设税”科目；缴纳城市维护建设税时，借记“应交税费——应交城市维护建设税”科目，贷记“银行存款”科目。

例1-25 某企业本期实际缴纳增值税400 000元、消费税200 000元。该企业城市维护建设税税率是7%。有关账务处理如下：

（1）计算企业应缴纳的城市维护建设税：

应纳城市维护建设税=(400 000+200 000)×7%=42 000（元）

借：税金及附加　　42 000

　贷：应交税费——应交城市维护建设税　　42 000

（2）缴纳城市维护建设税：

借：应交税费——应交城市维护建设税　　42 000

　贷：银行存款　　42 000

（三）应交教育费附加

教育费附加是国家为了发展我国的教育事业、提高人民的文化素质而征收的一项附加费用，按照企业缴纳流转税的一定比例计征，并与流转税一起缴纳。教育费附加计算公式为

应纳教育费附加=(应纳增值税+应纳消费税)×附加率

企业应缴纳的教育费附加，借记“税金及附加”等科目，贷记“应交税费——应交教育费附加”科目；缴纳教育费附加时，借记“应交税费——应交教育费附加”科目，贷记“银行存款”科目。

例1-26 某企业本期实际缴纳增值税400 000元、消费税200 000元。该企业教育费附加征收率为3%。有关账务处理如下：

（1）计算企业应缴纳的教育费附加：

应纳教育费附加=(400 000+200 000)×3%=18 000（元）

借：税金及附加　　18 000

　贷：应交税费——应交教育费附加　　18 000

（2）缴纳教育费附加：

借：应交税费——应交教育费附加　　18 000

　　贷：银行存款　　18 000

（四）应交土地增值税

土地增值税是对转让国有土地使用权、地上建筑物及其附着物（以下简称转让房地产）并取得增值性收入的单位和个人所征收的一种税。土地增值税按照转让房地产所取得的增值额和规定的税率计算征收。其中“增值额”是转让收入减除规定扣除项目金额后的余额。

提示 转让收入包括货币收入、实物收入和其他收入。计算土地增值额的主要扣除项目有：取得土地使用权所支付的金额、房地产开发的成本与费用、与转让房地产有关的税金、旧房及建筑物的评估价格、财政部规定的其他扣除项目等。土地增值税采用四级超率累进税率，其中最高税率为60%，最低税率为30%。

企业应缴纳的土地增值税视情况记入不同科目：企业转让的土地使用权连同地上建筑物及其附着物一并在“固定资产”科目核算的，转让时按应缴纳的土地增值税，借记“固定资产清理”科目，贷记“应交税费——应交土地增值税”科目。土地使用权在“无形资产”科目核算的，按实际收到的金额，借记“银行存款”“累计摊销”“无形资产减值准备”科目；按应缴纳的土地增值税，贷记“应交税费——应交土地增值税”科目，同时冲销土地使用权的账面价值，贷记“无形资产”科目；按其差额，借记或贷记“资产处置损益”科目。房地产开发经营企业销售房地产应缴纳的土地增值税，借记“税金及附加”科目，贷记“应交税费——应交土地增值税”科目。缴纳土地增值税时，借记“应交税费——应交土地增值税”科目，贷记“银行存款”科目。

例1-27 某企业对外转让一栋厂房，根据税法规定计算的应缴纳土地增值税为26 500元。有关账务处理如下：

（1）企业计算应缴纳的土地增值税：

借：固定资产清理　　26 500

　　贷：应交税费——应交土地增值税　　26 500

（2）缴纳土地增值税：

借：应交税费——应交土地增值税　　26 500

　　贷：银行存款　　26 500

（五）应交房产税、城镇土地使用税、车船税、矿产资源补偿费

房产税是国家对在城市、县城、建制镇和工矿区征收的由产权所有人缴纳的一种税。房产税依照房产原值一次减除10%~30%后的余额计算缴纳。没有房产原值作为依据的，由房产所在地税务机关参考同类房产核定。房产出租的，以房产租金收入为房产税的计税依据。

城镇土地使用税是以城市、县城、建制镇和工矿区范围内使用土地的单位和个人为纳税人，以其实际占用的土地面积为计税依据，依照规定税额计算征收。

车船税是以车辆、船舶（简称车船）为课税对象，向车船的所有人或者管理人征收的一种税。

矿产资源补偿费是对在我国领域和管辖海域开采矿产资源而征收的一项费用。矿产资源补偿费按照矿产品销售收入的一定比例计征，由采矿权享有人缴纳。

企业应缴纳的房产税、城镇土地使用税、车船税、矿产资源补偿费，借记“税金及附加”科目，贷记“应交税费——应交房产税（或应交城镇土地使用税、应交车船税、应交矿产资源补偿费）”科目。

例1-28 某企业按税法规定本期应缴纳房产税85 000元、城镇土地使用税26 000元、车船税32 000元。有关账务处理如下：

（1）企业计算应缴纳的房产税、城镇土地使用税、车船税：

借：税金及附加	143 000	
贷：应交税费——应交房产税		85 000
——应交城镇土地使用税		26 000
——应交车船税		32 000

（2）缴纳房产税、城镇土地使用税、车船税：

借：应交税费——应交房产税	85 000	
——应交城镇土地使用税	26 000	
——应交车船税	32 000	
贷：银行存款		143 000

（六）应交个人所得税

个人所得税是对个人（自然人）取得的各项应税所得征收的一种税。企业职工按规定应缴纳的个人所得税通常由单位代扣代缴。企业按规定计算的代扣代缴的职工个人所得税，借记“应付职工薪酬”科目，贷记“应交税费——应交个人所得税”科目。企业缴纳个人所得税时，借记“应交税费——应交个人所得税”科目，贷记“银行存款”科目。

例1-29 某企业结算本月应付职工工资总额280 000元，代扣职工个人所得税共计4 000元，实发工资276 000元。有关账务处理如下：

（1）企业计算代扣个人所得税：

借：应付职工薪酬——工资、奖金、津贴和补贴	4 000	
贷：应交税费——应交个人所得税		4 000

（2）缴纳个人所得税：

借：应交税费——应交个人所得税	4 000	
贷：银行存款		4 000

第六节 其他流动负债

一、应付股利的核算

应付股利是指企业根据股东大会或类似机构审议批准的利润分配方案确定分配给投资者的现金股利或利润。应付股利包括应付给投资者的现金股利、应付给国家以及其他单位或个人的利润等。

为了核算和监督企业确定或宣告支付但尚未实际支付的现金股利或利润，企业应设置“应付股利”科目，贷方登记应支付的现金股利或利润，借方登记实际支付的现金股利或利润，期末余额在贷方，表示应付未付的现金股利或利润。该科目可按投资者设置明细科目进行明细核算。

企业根据股东大会或类似机构审议批准的利润分配方案，确认应付给投资者的现金股利或利润时，借记“利润分配——应付现金股利或利润”科目，贷记“应付股利”科目；向投资者实际支付现金股利或利润时，借记“应付股利”科目，贷记“银行存款”等科目。

注意 企业董事会或类似机构通过的利润分配方案中拟分配的现金股利或利润，不做账务处理，但应在附注中披露。企业分配的股票股利不通过“应付股利”科目核算。

提示 现金股利是指以现金形式分派给股东的股利。股票股利是指公司用无偿增发新股的方式支付股利。现金股利适用于现金较充足，分配股利后资产流动性能达到一定的标准，并且有有效、广泛的筹资渠道的企业。股票股利只要符合股利分配条件，即企业不管是否实际收到现金，只要账上能够赢利，就可以采用股票股利。两者在账务处理上的差别见表1－5。

表1－5 现金股利与股票股利账务处理的区别

做账时间	现金股利	股票股利
董事会通过利润分配方案	不做账务处理	不做账务处理
股东大会批准通过	借：利润分配——应付现金股利或利润 贷：应付股利	不做账务处理
实际分配股利	借：应付股利 贷：银行存款	借：利润分配——转作股本股利 贷：股本

例 1-30 某公司某年度实现净利润 8 000 000 元，经股东大会批准，决定分配现金股利 4 000 000 元，股利已用银行存款支付。有关账务处理如下：

（1）确认应付投资者利润：

借：利润分配——应付现金股利 4 000 000

　　贷：应付股利 4 000 000

（2）支付投资者利润：

借：应付股利 4 000 000

　　贷：银行存款 4 000 000

二、其他应付款的核算

其他应付款是指企业除应付票据、应付账款、预收账款、应付职工薪酬、应交税费、应付利息、应付股利等经营活动以外的其他各项应付、暂收其他单位或个人的款项，包括应付短期租赁固定资产租金、应付租入包装物租金、存入保证金和其他的应付、暂收款项。

提示 应付租入固定资产租金是指企业采用经营性租赁方式租入固定资产所应支付的租金，而不包括应付融资租入固定资产的租赁费。存入保证金是指其他单位或个人由于使用本企业的某项资产而交付的押金，待以后资产归还后还需退还的暂收款项。

为了核算其他应付款项的增减变动及其结存情况，企业应设置“其他应付款”科目。该科目贷方登记发生的各种应付、暂收款项，借方登记偿还或转销的各种应付、暂收款项，期末贷方余额，反映企业应付未付的其他应付款项。该科目应当按照其他应付款的项目和对方单位（或个人）进行明细核算。

企业发生其他各种应付、暂收款项时，借记“管理费用”等科目，贷记“其他应付款”科目；支付或退回其他各种应付、暂收款项时，借记“其他应付款”科目，贷记“银行存款”等科目。

例 1-31 某公司某年 7 月 1 日起以短期租赁方式租入一幢办公用房，合同规定租赁期为两年，每月租金 50 000 元，每季度末开出转账支票支付租金。有关账务处理如下：

（1）7 月 31 日确认当月的租金费用：

借：管理费用 50 000

　　贷：其他应付款 50 000

（2）8 月 31 日确认当月的租金费用：

借：管理费用 50 000

　　贷：其他应付款 50 000

（3）9 月 30 日开出转账支票支付租金时：

借：其他应付款 100 000

　　管理费用 50 000

　　贷：银行存款 150 000

本章内容在报表中的信息披露

资产负债表

资　　产	负债和所有者权益
流动资产：	流动负债：
……	短期借款（直接填列）
	应付票据（直接填列）
	应付账款（根据“应付账款”所属明细科目的贷方余额+“预付账款”所属明细科目的贷方余额）
	预收款项（根据“预收账款”所属明细科目的贷方余额+“应收账款”所属明细科目的贷方余额）
	合同负债（根据“合同负债”科目的明细科目期末余额分析填列）
	应付职工薪酬（根据“应付职工薪酬”科目的明细科目期末贷方余额分析填列）
	应交税费（根据“应交税费”科目的期末贷方余额填列，如“应交税费”科目期末为借方余额，应以“-”号填列。需要说明的是，“应交税费”科目下的“应交增值税”“未交增值税”“待抵扣进项税额”“待认证进项税额”“增值税留抵税额”等明细科目期末借方余额，应根据情况在资产负债表中的“其他流动资产”或“其他非流动资产”项目列示；“应交税费——待转销项税额”等科目期末贷方余额，应根据情况在资产负债表中的“其他流动负债”或“其他非流动负债”项目列示；“应交税费”科目下的“未交增值税”“简易计税”“转让金融商品应交增值税”“代扣代交增值税”等科目期末贷方余额应在资产负债表中的“应交税费”项目列示）
	其他应付款（根据“应付利息”“应付股利”“其他应付款”科目的期末余额合计数填列）
	持有待售负债（直接填列）
	一年内到期的非流动负债（根据有关科目的期末余额分析填列）
	流动负债合计
非流动资产：	非流动负债：
……	……
	所有者权益（或股东权益）：
	……

本章习题

一、单项选择题（下列答案中有一个答案是正确的，请将正确答案前的英文字母填入括号内）

1. 下列各项中，属于偿付金额视经营情况而定的流动负债是（ ）。
   A. 应付股利 B. 短期借款 C. 应付票据 D. 预收账款
2. 下列各项中，不属于流动负债的是（ ）。
   A. 应交税费 B. 应付票据 C. 预付账款 D. 预收账款
3. 企业对确实无法支付的应付账款，应转入的会计科目是（ ）。
   A. 其他业务收入 B. 资本公积 C. 盈余公积 D. 营业外收入
4. 银行承兑汇票到期，企业无力支付票款的，按应付票据的账面价值，借记“应付票据”科目，贷记“（ ）”科目。
   A. 应付账款 B. 短期借款 C. 其他应付款 D. 预付账款
5. 下列各项中，不应通过“应交税费”科目核算的是（ ）。
   A. 应缴的资源税 B. 应缴的教育费附加
   C. 应缴的消费税 D. 应缴的耕地占用税
6. 甲企业为增值税小规模纳税人（征收率为3%），本月购进材料的买价为10 000元，支付的增值税为1 300元，本月销售产品，取得含税销售收入1 030 000元，则甲企业本月应缴纳的增值税为（ ）元。
   A. 31 000 B. 30 000 C. 29 700 D. 28 700
7. 下列税金中，与企业计算损益无关的是（ ）。
   A. 消费税 B. 企业所得税 C. 增值税 D. 城市维护建设税
8. 下列各项中，不属于应付职工薪酬核算内容的是（ ）。
   A. 辞退福利 B. 离职后福利
   C. 职工因公出差的差旅费 D. 短期薪酬
9. 下列各项中，不应记入“税金及附加”科目的是（ ）。
   A. 消费税 B. 教育费附加
   C. 城市维护建设税 D. 增值税的销项税额
10. 某企业为增值税一般纳税人，购入原材料取得的增值税专用发票上注明：货款20 000元，增值税2 600元，在购入材料的过程中另支付运杂费1 000元。则该企业原材料的入账价值为（ ）元。
    A. 20 000 B. 21 000 C. 22 600 D. 24 400
11. 某企业为增值税小规模纳税人，购入原材料取得的增值税专用发票上注明：货款20 000

元，增值税2 600元，在购入材料的过程中另支付运杂费1 000元。则该企业原材料的入账价值为（　　）元。

A. 20 000　　B. 21 000　　C. 22 600　　D. 23 600

12. 甲公司结算本月管理部门人员应付职工工资共250 000元，代扣该部门职工个人所得税15 000元，实发工资235 000元，该企业会计处理中，不正确的是（　　）。

A. 借：管理费用　250 000
　贷：应付职工薪酬——工资、奖金、津贴和补贴　250 000

B. 借：应付职工薪酬——工资、奖金、津贴和补贴　15 000
　贷：应交税费——应交个人所得税　15 000

C. 借：其他应收款　15 000
　贷：应交税费——应交个人所得税　15 000

D. 借：应付职工薪酬——工资、奖金、津贴和补贴　235 000
　贷：银行存款　235 000

13. 某企业为增值税一般纳税人，某年实际缴纳税金情况如下：增值税850万元、消费税150万元、城市维护建设税70万元、车船税0.5万元、印花税1.5万元、所得税120万元。上述各项税金应记入“应交税费”科目借方的金额是（　　）万元。

A. 1 072　　B. 1 070.5　　C. 222　　D. 220.5

14. 某企业为增值税一般纳税人，适用增值税税率13%。年末将本企业生产的一批产品发放给职工作为福利。该批产品市场售价13万元（不含税），实际成本为9万元。该企业应确认的应付职工薪酬为（　　）万元。

A. 9　　B. 10.17　　C. 13　　D. 14.69

15. 某企业为增值税一般纳税人，适用增值税税率13%。在建工程领用自产柴油50 000元，应纳增值税6 500元，应纳消费税6 000元，则企业计入“在建工程”科目的金额为（　　）元。

A. 50 000　　B. 56 500　　C. 62 500　　D. 56 000

16. 委托加工的应税消费品收回后准备直接出售的，由受托方代扣代缴的消费税，委托方应借记的会计科目是（　　）。

A. 材料采购　　B. 委托加工物资

C. 应交税费——应交消费税　　D. 税金及附加

17. A企业为一般纳税人，委托C单位加工甲材料（非金银首饰），发出原材料价款20 000元，支付加工费10 000元，取得的增值税专用发票上注明增值税额为1 300元，由受托方代收代缴的消费税为1 000元，材料已加工完毕验收入库，款项均已支付。委托方收回后的甲材料用于继续生产应税消费品，则该材料收回时的成本为（　　）。

A. 22 300　　B. 30 000　　C. 31 000　　D. 32 300

18. 假设企业每月末计提利息，企业每季度末收到银行寄来的短期借款利息付款通知单时，应贷记“(　　)”科目。

A. 库存现金　B. 银行存款　C. 财务费用　D. 应付利息

19. 下列各项中，应通过“其他应付款”科目核算的是(　　)。

A. 租入包装物支付的押金　B. 应交城市维护建设税

C. 存入保证金　D. 应付销售人员工资

20. A公司建造办公楼领用外购原材料10 000元，原材料购入时支付的增值税为1 300元；因自然灾害毁损原材料一批，其实际成本20 000元，经确认损失材料的增值税2 600元。则A公司记入“应交税费——应交增值税（进项税额转出）”科目的金额为(　　)元。

A. 680　B. 1 300　C. 2 600　D. 3 900

二、多项选择题（下列答案中有多个答案是正确的，请将正确答案前的英文字母填入括号内）

1. 下列各项中，属于结算过程中形成的流动负债的有(　　)。

A. 短期借款　B. 应付账款　C. 应付票据　D. 预收账款

2. 下列各项中，属于流动负债的有(　　)。

A. 短期借款　B. 应付账款　C. 预收账款　D. 应付职工薪酬

3. 企业所发生的下列税费中，可以记入“税金及附加”科目的有(　　)。

A. 教育费附加　B. 房产税　C. 所得税　D. 消费税

4. 企业按规定缴纳增值税的项目有(　　)。

A. 销售原材料取得收入　B. 销售不动产取得收入

C. 出租无形资产取得收入　D. 提供运输等工业性劳务

5. 下列各项税金中，应计入有关资产成本的有(　　)。

A. 增值税一般纳税人购入材料已缴的增值税

B. 增值税一般纳税人购入消费品已缴的消费税

C. 增值税小规模纳税企业购入商品已缴的增值税

D. 进口商品缴纳的关税

6. 下列税费中，应记入“税金及附加”科目的有(　　)。

A. 房产税　B. 土地使用税

C. 城市维护建设税　D. 印花税

7. 下列各项中，应通过“应付职工薪酬”科目核算的有(　　)。

A. 工会经费　B. 带薪缺勤　C. 医疗保险费　D. 非货币性福利

8. 企业自产自用的应税矿产品应缴资源税的账务处理涉及“(　　)”等科目。

A. 制造费用　B. 生产成本

C. 主营业务成本　D. 税金及附加

9. 下列税金应计入企业固定资产价值的有(　　)。

A. 购入房屋缴纳的契税　　B. 车船税
C. 车辆购置税　　D. 土地使用税

10. 下列税金中，可能记入“税金及附加”科目的有（　　）。
A. 教育费附加　　B. 印花税　　C. 消费税　　D. 增值税

11. 企业按规定应缴纳消费税的项目有（　　）。
A. 销售应税消费品取得收入　　B. 销售不动产取得收入
C. 出租无形资产取得收入　　D. 企业自建厂房领用自产应税消费品

12. “预收账款”科目贷方登记（　　）。
A. 预收货款的数额
B. 企业向购货方发货后冲销的预收货款的数额
C. 收到购货单位补付货款的数额
D. 退回购货方多付货款的数额

13. 下列关于应付账款的处理中，正确的有（　　）。
A. 货物与发票账单同时到达，待货物验收入库后，按发票账单登记入账
B. 货物已到，但至月末时发票账单还未到达，应在月份终了时暂估入账
C. 应付账款一般按到期时应付金额的现值入账
D. 企业采购业务中形成的应付账款，在确认其入账价值时不需要考虑将要发生的现金折扣

14. 下列各项中，属于企业应付职工薪酬核算的有（　　）。
A. 工资、奖金、津贴和补贴　　B. 职工福利费
C. 社会保险费　　D. 非货币性福利

15. 下列各项中，属于视同销售行为的有（　　）。
A. 将自产的产品用于建造办公楼　　B. 将自产的产品分配给股东
C. 将外购的材料用于建造厂房　　D. 将自产的产品用于集体福利

三、判断题（正确的在括号内打“✓”，错误的打“×”）

1. 企业向银行或其他金融机构借入的各种款项所发生的利息应当记入“财务费用”科目。（　　）

2. 企业暂收个人的款项和经营租入固定资产和包装物的租金应通过“其他应付款”科目核算。（　　）

3. 企业按规定计算应缴城市维护建设税时，一般应借记“税金及附加”科目，贷记“应交税费——应交城市维护建设税”科目。（　　）

4. 企业因解除与职工的劳务关系应给予职工的补偿不应通过“应付职工薪酬”科目核算。（　　）

5. 委托加工的应税消费品收回后用于继续加工应税消费品的，委托方应将受托方代收代缴

的消费税计入委托加工后的应税消费品的成本。（　）

6. 企业将自产的产品无偿赠送他人时，会计核算时不做销售处理，不需缴纳增值税。（　）

7. 企业只有在对外销售消费税应税产品时才应缴纳消费税。（　）

8. 企业为小规模纳税人，销售产品一批，含税价格 92 700 元，增值税征收率 3%，则该批产品应缴增值税 2 700 元。（　）

9. 某企业生产车间生产多种产品，该车间管理人员的工资应该直接记入“生产成本”科目。（　）

10. 某企业是一般纳税人，缴纳以前各月未缴的增值税时，借记“应交税费——应增值税（已交税金）”科目，贷记“银行存款”科目。（　）

11. 企业转让的土地使用权连同地上建筑物及其附着物一并在“固定资产”科目核算的，转让时应缴的土地增值税借记“固定资产清理”科目，贷记“应交税费——应交土地增值税”科目。（　）

12. 预收账款与应付账款虽然均属于负债项目，但预收账款与应付账款不同，它通常不需要以货币偿付。（　）

13. “应付票据”科目核算企业购买材料、商品和接受劳务供应等而开出承兑的银行汇票。（　）

14. 预收货款业务不多的企业，可以不单独设置“预收账款”科目，其所发生的预收款项，可通过“应收账款”科目核算。（　）

15. 企业董事会或类似机构通过的利润分配方案中拟分配的现金股利或利润，不做账务处理，但应在附注中披露。（　）

四、计算及账务处理题

1. 甲企业某年 1 月 1 日借入一年期，到期还本付息的短期借款 300 000 元，合同约定年利率 4%。

要求： 编制该企业借入借款、每月末计提利息和到期还本付息的会计分录。

2. 甲企业为增值税一般纳税人，4 月 1 日购入材料一批，该批材料价款为 200 000 元，允许抵扣的增值税进项税额为 26 000 元，企业签发由银行承兑的期限为 4 个月的银行承兑汇票一张，通过银行转账支付银行承兑汇票的手续费 1 170 元。该批材料已验收入库，按实际成本核算。

要求：

（1）根据上述资料编制购入材料签发汇票、支付银行承兑汇票手续费、银行承兑汇票到期支付票款时的会计分录。

（2）若该银行承兑汇票到期而企业无力支付票款，企业应如何进行账务处理？

3. A 企业为增值税一般纳税人，适用的增值税税率为 13%。某年 5 月 1 日 A 企业与乙公司签订经营租赁（非主营业务）拖车合同，向乙公司出租拖车三台，期限为 6 个月，三台拖车租金（含税）共计 202 600 元。合同约定，合同签订日预付租金（含税）56 500 元，合同到期结清全部租金余款。合同签订日，A企业收到租金并存入银行，开具的增值税专用发票注明租金50 000元、增值税6 500元。租赁期满日，A企业收到租金余款及相应的增值税。

要求：根据上述经济业务编制会计分录。

4. 乙企业3月末计算确认本月应付行政管理人员工资总额40 000元，其中代扣代缴个人所得税600元，用银行存款发放工资39 400元。不考虑其他因素。

要求：根据上述经济业务编制会计分录。

5. 甲企业共有100名职工，其中生产工人80人，车间管理部门10人，行政管理部门10人。2月，公司以其生产的每台成本为400元的产品作为中秋节福利发放给公司每名职工。该批产品市场售价为每台800元，该企业适用的增值税税率为13%。

要求：根据上述经济业务编制会计分录。

6. 丙企业为部门经理级别以上管理人员提供自有住房免费使用，该企业共有部门经理以上管理人员6名，假定每套住房每月计提折旧500元。

要求：根据上述经济业务编制会计分录。

7. 甲企业为增值税一般纳税人，原材料按实际成本核算，某年6月发生下列有关业务：

（1）购入材料一批，增值税发票上注明原材料价款为200 000元，增值税为26 000元，运费2 000元，增值税为180元，材料已验收入库，价款已用银行存款支付。

（2）购置生产用不需要安装的设备一台，发票上注明价款20 000元，增值税为2 600元，款项已通过银行支付。

（3）因管理不善造成库存原材料霉烂变质，成本4 000元，购入时支付的增值税为520元。

（4）销售产品一批，开出增值税专用发票注明价款300 000元，增值税39 000元，款项已存入银行。

（5）在建仓库工程领用生产用原材料40 000元，购入时支付的增值税为5 200元。

（6）投资转入材料一批，不含税价格为80 000元，增值税10 400元。

（7）计算本月应缴增值税并以银行存款上缴。

要求：根据上述经济业务编制会计分录。

8. 甲企业为增值税一般纳税人，其适用的增值税税率为13%，6月发生如下经济业务：

（1）1日，购入一批工程用原材料（建造办公楼），价款为25万元，增值税为3.25万元，并开出一张3个月到期的商业承兑汇票。

（2）3日，企业收到乙公司预付款项20万元，提供一次性服务。

（3）10日，企业转让专利所有权，取得转让收入5万元，存入银行，该专利权账面原值8万元，已摊销2万元，计提减值准备3万元，该业务适用的增值税税率为6%。

（4）15日，企业向乙公司提供60万元的服务，乙公司开出增值税发票，支付了剩余款项及增值税47.8万元。

（5）28日，经过核算，该月应付生产工人工资15万元，车间管理人员工资8万元，厂部管理人员工资 2 万元，工程人员工资 1 万元。企业先到银行提现，然后全部以现金支付工资。

要求：根据上述经济业务编制会计分录。

9. 丙企业为增值税一般纳税人，适用的增值税税率为 13%，存货采用计划成本法核算。该企业 6 月初“应交税费”账户余额为零，当月发生下列相关业务：

（1）购入材料一批，价款 100 000 元，增值税 13 000 元，以银行存款支付，该材料计划成本 110 000 元，已验收入库。

（2）将一台两年前购入的设备对外出售，该设备原价 700 000 元，已提累计折旧 160 000 元，收到含税价款 660 000 元，存入银行。该设备适用增值税税率为 13%，并且没有计提减值准备。

（3）销售应税消费品一批，价款 300 000 元，增值税 39 000 元，收到货款并存入银行，消费税适用税率为 10%，该批商品的成本是 250 000 元。

要求：根据上述经济业务编制会计分录。

第二章

Chapter Two

非流动负债

本章学习目标

- 掌握非流动负债的概念、特点和主要内容
- 掌握长期借款取得、借款费用、计提利息、还本付息等业务的核算方法
- 掌握应付债券的发行、计提利息、到期归还等业务的核算方法
- 掌握长期应付款的核算方法
- 熟悉非流动负债会计核算岗位工作的职责和账务处理流程，能根据原始凭证正确分析经济业务，熟练进行非流动负债常见业务的会计处理
- 具备相应的会计职业判断能力，学会非流动负债在资产负债表中的披露方法

本章主要科目

- 长期借款
- 应付债券
- 长期应付款
- 其他权益工具
- 未确认融资费用

第一节 非流动负债概述

一、非流动负债的概念

非流动负债也称长期负债，是指流动负债以外的负债。偿还期限一般在一年或者超过一年的一个营业周期以上，是企业向债权人筹集但不需要即期偿还的债务资金，主要包括长期借款、应付债券、长期应付款等。

二、非流动负债的特点

非流动负债除了具有负债的共同特点外，还具有举借长期债务的金额一般都比较大、偿还期限较长等特点。因此，举借长期负债往往附有一定的条件，如需要企业指定某项资产作为还款的担保品，要求企业指定担保人等。

长期负债的偿还有以下几个特点：

（1）企业长期偿债能力是建立在短期偿债能力的基础上的。保证企业长期负债得以偿还的基本前提是短期偿债能力较强，这样企业才不至于破产清算。

（2）企业的长期偿债能力与获利能力密切相关。长期负债因为数额较大，其本金的偿还必须有一种积累的过程。从长期来看，所有真实的报告收益应最终反映为企业的现金净流入。

（3）增强企业的偿债能力能保持良好的资本结构。企业的长期负债数额大小关系到企业资本结构的合理性，所以对长期债务不仅要从偿债的角度考虑，还要从保持资本结构合理性的角度来考虑。

三、借款费用

（一）借款费用的范围

借款费用是企业因借入资金所付出的代价，包括借款利息、折价或者溢价的摊销、辅助费用以及因外币借款而发生的汇兑差额等。承租人确认的融资租赁发生的融资费用也属于借款费用。

（1）因借款而发生的利息，包括企业向银行或者其他金融机构等借入资金发生的利息、发行公司债券或企业债券发生的利息，以及为购建或者生产符合资本化条件的资产而发生的带息债务所承担的利息等。

（2）因借款而发生的折价或者溢价，主要是指发行债券等发生的折价或者溢价。发行债券中的折价或者溢价，其实质是对债券票面利息的调整（即将债券票面利率调整为实际利率），属于借款费用的范畴。

（3）因借款而发生的辅助费用，是指企业在借款过程中发生的诸如手续费、佣金等费用，由于这些费用是因安排借款而发生的，也属于借入资金所付出的代价，是借款费用的构成部分。

（4）因外币借款而发生的汇兑差额，是指由于汇率变动导致市场汇率与账面汇率出现差异，从而对外币借款本金及其利息的记账本位币金额所产生的影响金额。

提示 对于企业发生的权益性融资费用，不应包括在借款费用中。

（二）借款费用的确认

1. 借款费用的确认原则

借款费用的确认主要解决的是将每期发生的借款费用资本化、计入相关资产的成本，还是将有关借款费用费用化、计入当期损益的问题。借款费用确认的基本原则是：企业发生的借款费用可直接归属于符合资本化条件的资产购建或者生产的，应当予以资本化，计入相关资产成本；其他借款费用应当在发生时根据其发生额确认为费用，计入当期损益。

符合资本化条件的资产是指需要经过相当长时间的购建或者生产活动才能达到预定可使用或者可销售状态的固定资产、投资性房地产和存货等资产。建造合同成本、无形资产的开发支出等在符合条件的情况下，也可以认定为符合资本化条件的资产。其中，“相当长时间”是指资产的购建或者生产所必需的时间，通常为一年以上（含一年）。

在实务中，如果由于人为或者故意等非正常因素导致资产的购建或者生产时间相当长的，不属于符合资本化条件的资产。购入即可使用的资产，或者购入后需要安装但所需安装时间较短的资产，或者需要建造或生产但建造或生产时间较短的资产，均不属于符合资本化条件的资产。

例 2-1 淮洲公司向银行借入资金分别用于生产甲产品和乙产品，其中，甲产品的生产时间较短，为 1 个月；乙产品属于大型机器设备，生产周期较长，为 18 个月。淮洲公司对借款费用的处理如下：

为产品生产而借入的借款费用在符合资本化条件的情况下应当予以资本化。由于甲产品的生产时间较短，不属于需要经过相当长时间的生产才能达到预定可销售状态的资产，因此，为甲产品的生产而借入资金所发生的借款费用不应计入甲产品的生产成本，而应当计入当期财务费用。

乙产品的生产时间比较长，属于需要经过相当长时间的生产才能达到预定可销售状态的资产，因此，为乙产品的生产而借入资金所发生的借款费用符合资本化的条件，应计入乙产品的成本中。

2. 借款费用应予资本化的借款范围

借款包括专门借款和一般借款。专门借款是指为购建或者生产符合资本化条件的资产而专门借入的款项。专门借款通常应当有明确的用途，即为购建或者生产某项符合资本化条件的资产而专门借入，并通常应当具有标明该用途的借款合同。例如，某企业为了建造一条生产线向某银行专门贷款 8 000 万元，某房地产开发企业为了开发某住宅小区向某银行专门贷款 10 亿元等，均属于专门借款，其使用目的明确，而且其使用受到相关合同的限制。一般借款是指除专门借款之外的借款，相对于专门借款而言，一般借款在借入时其用途通常没有特指用于符合资本化条件的资产的购建或者生产。

借款费用应予资本化的借款范围，既包括专门借款，也包括一般借款。其中，对于一般借款，只有在购建或者生产某项符合资本化条件的资产占用了一般借款时，才应将与该部分一般借款相关的借款费用资本化；否则，所发生的借款费用应当计入当期损益。

3. 借款费用资本化期间的确定

借款费用资本化期间是指从借款费用开始资本化时点到停止资本化时点的期间，但不包括借款费用暂停资本化的期间。只有发生在资本化期间内的有关借款费用才允许资本化，资本化期间的确定是借款费用确认和计量的重要前提。

（1）借款费用开始资本化的时点。借款费用允许开始资本化必须同时满足三个条件，即资产支出已经发生、借款费用已经发生、为使资产达到预定可使用或者可销售状态所必要的购建或者生产活动已经开始。

提示 判断原则：①资产支出包括以支付现金、转移非现金资产和承担带息债务形式所发生的支出。②借款费用已经发生，是指企业已经发生了因购建或者生产符合资本化条件的资产而专门借入款项的借款费用，或者占用了一般借款的借款费用。

（2）借款费用暂停资本化的时点。符合资本化条件的资产在购建或者生产过程中发生非正常中断且中断时间连续超过3个月的，应当暂停借款费用的资本化。中断的原因必须是非正常中断，属于正常中断的，相关借款费用仍可资本化。在实务中，企业应当遵循“实质重于形式”等原则来判断借款费用暂停资本化的时间，如果相关资产购建或者生产的中断时间较长而且满足其他规定条件的，相关借款费用应当暂停资本化。

非正常中断，通常是由于企业管理决策上的原因或者其他不可预见的原因等所导致的中断。例如，企业因与施工方发生了质量纠纷，或者工程、生产用料没有及时供应，或者资金周转发生了困难，或者施工、生产发生了安全事故，或者发生了与资产购建、生产有关的劳动纠纷等原因，导致资产购建或者生产活动发生中断，均属于非正常中断。

（3）借款费用停止资本化的时点。购建或者生产符合资本化条件的资产达到预定可使用或者可销售状态时，借款费用应当停止资本化。在符合资本化条件的资产达到预定可使用或者可销售状态之后所发生的借款费用，应当在发生时根据其发生额确认为费用，计入当期损益。

提示 资产达到预定可使用或者可销售状态，是指所购建或者生产的符合资本化条件的资产已经达到建造方、购买方或者企业自身等预先设计、计划或者合同约定的可以使用或者可以销售的状态。企业在确定借款费用停止资本化的时点时需要运用职业判断，应当遵循实质重于形式原则。

第二节　长期借款

一、长期借款概述

长期借款是指企业向银行或其他金融机构借入的期限在一年以上（不含一年）的各种借款。一般用于固定资产的购建、改扩建工程、大修理工程、对外投资以及为了保持长期经营能力等方面。它是企业长期负债的重要组成部分，必须加强管理与核算。

与短期借款相比，长期借款除数额大、偿还期限较长外，其借款费用需要根据权责发生制的要求，按期预提计入所购建资产的成本或直接计入当期财务费用。

提示 由于长期借款的使用关系到企业的生产经营规模和效益，企业除了要遵守有关的贷款规定、编制借款计划并要有不同形式的担保外，还应监督借款的使用、按期支付长期借款的利息以及按规定的期限归还借款本金等。

长期借款按照付息方式与本金的偿还方式，可以分为分期付息到期还本长期借款、到期一次还本付息长期借款、分期偿还本息长期借款等。

长期借款按照所借币种，可以分为人民币长期借款和外币长期借款。

二、长期借款核算的账户设置

为了核算和监督长期借款的借入、利息的计提以及归还等情况，企业应设置“长期借款”科目。

“长期借款”属于负债类科目。该科目贷方登记长期借款本息的增加额，借方登记本息的减少额，期末贷方余额，表示企业尚未偿还的长期借款。该科目可按照贷款单位和贷款种类设置明细账，分“本金”“应计利息”“利息调整”等进行明细核算。

提示 分期付息到期还本长期借款的利息属于流动负债，应记入“应付利息”科目；到期一次还本付息长期借款的利息属于非流动负债，应通过“长期借款——应计利息”科目核算。

三、长期借款的核算

长期借款的核算涉及长期借款的取得、长期借款利息费用的确认和到期归还本息三方面内容。

（一）长期借款的取得

企业借入长期借款，应按实际收到的金额，借记“银行存款”科目，贷记“长期借款——本金”科目；如存在差额，还应借记“长期借款——利息调整”科目。

（二）长期借款利息费用的确认

长期借款利息费用应当在资产负债表日按照实际利率法计算确定，即按照长期借款的摊余成本和实际利率计算确定。长期借款按合同利率计算确定的应付未付利息，如果属于分期付息的，记入“应付利息”科目，如果属于到期一次还本付息的，记入“长期借款——应计利息”科目。

长期借款计算确定的利息费用，应当按以下原则计入有关成本、费用：属于筹建期间的，计入管理费用；属于生产经营期间的，计入财务费用。如果长期借款用于购建固定资产的，在固定资产尚未达到预定可使用状态前，所发生的应当资本化的利息支出数，计入在建工程成本；固定资产达到预定可使用状态后发生的利息支出，以及按规定不予资本化的利息支出，计入财务费用。

计提利息的账务处理方法为：按长期借款的摊余成本和实际利率计算确定的利息费用，借记“在建工程”“管理费用”“制造费用”“财务费用”“研发支出”等科目，按借款本金和合同利率计算确定的应付未付利息，贷记“应付利息”或“长期借款——应计利息”科目，按其差额，贷记“长期借款——利息调整”科目。

（三）到期归还本息

企业归还长期借款的本金时，应按归还的金额，借记“长期借款——本金”科目，贷记“银行存款”科目；按归还的利息，借记“应付利息”或“长期借款——应计利息”科目，贷记“银行存款”科目。

提示 如果归还时利息调整账户有余额，还需要转销利息调整的金额，贷记“长期借款——利息调整”科目，借记“在建工程”“财务费用”“制造费用”等科目。

例2-2 淮洲公司为增值税一般纳税人，2019年9月30日从银行借入资金5 000 000元，借款期限为2年，年利率为5.4%，到期一次还本付息，不计复利，所借款项存入银行。淮洲公司用该借款于当日购买不需安装的设备一台，价款4 000 000元，增值税税额520 000元，另支付保险等费用120 000元，设备已于当日投入使用。公司于每年年末计提长期借款利息。2021年9月30日，公司偿还该笔银行借款本息。相关原始凭证如图2-1~图2-3及表2-1所示。

（1）2019年9月30日，公司账务处理如下：

（非流动资金借款） **借款收据** 凭证 （入账通知） **5**

单位编号：2019992356　　借款日期 2019年9月30日　　合同编号：20199338

收款单位	名称	淮洲公司	借款单位	全称	淮洲公司
	结算户账号	110010806482122456		贷款户账号	110010806482122456
	开户银行	工商银行淮安清江支行		开户银行	工商银行淮安市清江支行

借款金额	人民币（大写）伍佰万元整	千	百	十	万	千	百	十	元	角	分
		¥	5	0	0	0	0	0	0	0	0

借款原因及用途	购置设备借款	批准借款利率	年利率5.4%

借款期限			
期次	计划还款日期	√	计划还款金额
1	2021年9月30日		
2			
3			
备注：			

你单位上列借款，已转入你单位结算账户内，借款到期时由我行按期自你单位结算户转还。

此致

借款单位

中国工商银行股份有限公司淮安市清江支行 2019年9月30日 转讫

（银行盖章）

图2-1 借款收据

1）借款：

借：银行存款　　5 000 000

　　贷：长期借款——本金　　5 000 000

2）购设备：

借：固定资产　　4 120 000

　　应交税费——应交增值税（进项税额）　　520 000

　　贷：银行存款　　4 640 000

（2）2019 年 12 月 31 日，计提利息：

表 2-1　**银行借款利息计算表**

2019 年 12 月 31 日

借款种类	借款金额	贷款年利率	月利息额	备注
2 年借款	5 000 000	5.4%	22 500	计提 3 个月

制单：李桦　　审核：周斌

借：财务费用　　67 500

　　贷：长期借款——应计利息　　67 500

提示 计提利息费用 = 5 000 000×5.4%÷12×3 = 67 500（元）

动脑筋 2020 年 12 月 31 日计提利息如何进行账务处理？

（3）2021 年 9 月 30 日，归还长期借款本息：

中国工商银行淮安分行贷款还款凭证

打印日期 2021 年 9 月 30 日

客户号：2019992356　　机构代码：501

借款单位：淮洲公司

贷款账号	归还金额	现有余额	备注
110010806482122456	5000000	0	合同号 20199338

金额合计　（大写）人民币伍佰万元整

　　　　　（小写）CNY5000000.00

付款账号：110010806482122456

合同编号：20199338

交易业务号：903KLL38542111

中国工商银行股份有限公司
淮安市清江支行
2021年9月30日
转
讫

图 2-2　贷款还款凭证

中国工商银行淮安分行贷款还息凭证

打印日期 2021 年 9 月 30 日

客户号：2019992356　　机构代码：501

借款单位：淮洲公司

贷款账号	还息金额	现有余额	备注
110010806482122456	540000	0	合同号 20199338

金额合计　（大写）人民币伍拾肆万元整

（小写）CNY540000.00

付款账号：110010806482122456

合同编号：20199338

交易业务号：903KLL38542112

中国工商银行股份有限公司 淮安市清江支行 2021年9月30日 转讫

图 2－3　贷款还息凭证

借：长期借款——本金　　5 000 000

——应计利息　　337 500

财务费用　　202 500

贷：银行存款　　5 540 000

提示 已经计提的借款利息＝67 500+5 000 000×5.4%＝337 500（元）

尚未计提的利息费用＝5 000 000×5.4%÷12×9＝202 500（元）

动脑筋 如果淮洲公司 2019 年 9 月 30 日的长期借款是每年年末付息，到期还本的借款，其他条件不变，又将如何进行账务处理？

例 2－3 淮洲公司为增值税一般纳税人，2019 年 1 月 1 日从银行借入一般借款 4 000 000元用于建造厂房。借款期限为 2 年，年利率为 6%，每年付息一次，到期一次归还本金，所借款项存入银行。2019 年 1 月，该公司以银行存款支付工程价款共计 2 500 000 元；2020 年 1 月，又以银行存款支付工程费用 1 500 000 元。该厂房于 2020 年 10 月 30 日完工，达到预定使用状态。假定不考虑闲置借款资金存款的利息收入或者投资收益，名义利率与实际利率相同，淮洲公司应做如下账务处理：

（1）2019 年 1 月 1 日，取得借款：

借：银行存款　　4 000 000

贷：长期借款——本金　　4 000 000

（2）2019 年 1 月，支付工程款：

借：在建工程——厂房　　2 500 000

贷：银行存款　　2 500 000

（3）2019 年 12 月 31 日，计提借款利息：

资本化的利息费用＝2 500 000×6%＝150 000（元）

费用化的利息费用＝1 500 000×6%＝90 000（元）

借：在建工程——厂房	150 000	
财务费用	90 000	
贷：应付利息		240 000

（4）2019 年 12 月 31 日，归还借款利息：

借：应付利息	240 000	
贷：银行存款		240 000

（5）2020 年 1 月，支付工程款：

借：在建工程——厂房	1 500 000	
贷：银行存款		1 500 000

（6）2020 年 10 月 30 日，工程完工：

计入厂房成本的利息＝4 000 000×6%÷12×10＝200 000（元）

厂房的成本＝2 500 000+1 500 000+150 000+200 000＝4 350 000（元）

借：在建工程——厂房	200 000	
贷：应付利息		200 000

同时：

借：固定资产——厂房	4 350 000	
贷：在建工程——厂房		4 350 000

（7）2020 年 12 月 31 日，计提 11—12 月份利息：

利息费用＝4 000 000×6%÷12×2＝40 000（元）

借：财务费用	40 000	
贷：应付利息		40 000

（8）2020 年 12 月 31 日，归还借款利息：

借：应付利息	240 000	
贷：银行存款		240 000

（9）2021 年 1 月 1 日，到期还本：

借：长期借款——本金	4 000 000	
贷：银行存款		4 000 000

第三节 应付债券

一、应付债券概述

应付债券是指企业为筹集（长期）资金而发行的债券。发行债券取得的资金，形成了企业一项非流动负债，企业会在未来某一特定日期按照债券所记载的利率、期限等约定还本付息。

提示 企业应当设置“企业债券备查簿”，详细登记每一笔企业债券的票面金额、债券票面利率、还本付息期限与方式、发行总额、发行日期和编号、委托代销单位、转换股份等资料。企业债券到期清算时，应当在备查簿内逐笔注销。

二、应付债券核算的账户设置

为了核算和监督应付债券发行、计提利息、还本付息等情况，企业应设置“应付债券”科目。

“应付债券”属于负债类科目。该科目贷方登记应付债券的本金和利息，借方登记归还的债券本金和利息，期末贷方余额，表示企业尚未偿还的长期债券。该科目可按照核算内容，分“面值”“应计利息”“利息调整”等进行明细核算。

三、应付债券的核算

企业根据国家有关规定，在符合条件的前提下，经批准可以发行公司债券、可转换公司债券、认股权和债券分离交易的可转换公司债券以及优先股、永续债（如长期限含权中期票据）等金融工具。本章在此以一般公司债券和可转换公司债券为例，说明应付债券的会计处理。

（一）一般公司债券

一般公司债券的核算涉及发行债券、债券利息费用计提和到期还本付息三方面内容。

1. 发行债券

(1) 债券发行价格的计算。企业债券发行价格的高低一般取决于债券票面金额、债券票面利率、发行当时的市场利率以及债券期限的长短等因素。债券发行有面值发行、溢价发行和折价发行三种情况。债券上标明的利率为应付债券的票面利率，而债券实际发行日金融市场的利率则为市场利率。当市场利率等于债券票面利率时，债券可按票面价格发行，即面值发行；如果市场利率小于债券票面利率，则债券可按超过债券面值的价格发行，即溢价发行，发行价格高于票面价值的部分为债券溢价；如果市场利率大于债券票面利率，则债券可按低于债券面值的价格发行，即折价发行，发行价格低于票面价值的部分为债券折价。溢价或折价并不是真正的溢、折价，而是发行债券企业在债券存续期间内对利息费用的一种调整。

债券发行价格是到期偿还的债券面值按发生时的市场利率折算的复利现值和债券按票面利率计算的各期利息按市场利率折算的年金现值之和。

分期付息债券发行价格的计算公式为

债券发行价格＝到期本金现值+每期债券利息按市场利率折算的年金现值

到期本金现值＝面值×市场利率的复利现值系数［$(P/S, i, n)$］

利息的年金现值＝每个付息期的利息额×市场利率的年金现值系数［$(P/A, i, n)$］

例 2-4 楚淮公司 2020 年 1 月 1 日，经批准发行 5 年期一次还本、分期付息的公司债券 10 000 万元，债券利息在每年 12 月 31 日支付，票面利率为 6%。假定债券发行时的市场利率分别为 5%、6%、7%，分别计算债券的发行价格，金额取整。

已知相关复利现值系数和年金现值系数分别为：

$(P/S, 5\%, 5)=0.7835$，$(P/S, 6\%, 5)=0.7473$，$(P/S, 7\%, 5)=0.7130$，

$(P/A, 5\%, 5)=4.3295$，$(P/A, 6\%, 5)=4.2124$，$(P/A, 7\%, 5)=4.1002$，

（1）当市场利率为 5%时：

$$\text{债券发行价格}=10\,000\times0.7835+10\,000\times6\%\times4.3295 \approx 10\,433\ (\text{万元})$$

（2）当市场利率为 6%时：

$$\text{债券发行价格}=10\,000\times0.7473+10\,000\times6\%\times4.2124 \approx 10\,000\ (\text{万元})$$

（3）当市场利率为 7%时：

$$\text{债券发行价格}=10\,000\times0.7130+10\,000\times6\%\times4.1002 \approx 9\,590\ (\text{万元})$$

（2）债券发行的核算。企业无论是按面值发行，还是溢价发行或折价发行债券，均应按实际收到的金额，借记“银行存款”等科目，按债券票面金额，贷记“应付债券——面值”科目；存在差额的，还应借记或贷记“应付债券——利息调整”科目。

提示 企业债券发行直接产生的发行费用扣除发行期间冻结资金所产生的利息收入，应当作为“利息调整”的一部分计入债券的初始确认金额，在债券存续期间于计提利息时摊销，并按借款费用的处理原则予以资本化或费用化。

例 2-5 淮洲公司 2020 年 12 月 31 日，经批准发行 3 年期、到期一次还本付息的公司债券，面值总额为 3 000 万元，票面利率 6%，债券按面值发行，假设支付的发行费用与发行期间冻结资金产生的利息收入相等。公司相关的账务处理如下：

借：银行存款	30 000 000	
贷：应付债券——面值		30 000 000

2. 债券利息费用计提

企业债券应按期计提利息，同时采用实际利率法进行摊销利息调整。

企业发行的债券通常分为到期一次还本付息和分期付息、到期还本两种，在资产负债表日，按摊余成本和实际利率计算确定的债券利息费用，应当按照与长期借款相一致的原则计入有关成本费用，借记“在建工程”“制造费用”“财务费用”“研发支出”等科目。其中，对于分期付息、到期一次还本的债券，企业按票面利率计算确定的应付未付利息，贷记“应付利息”科目，按其差额，借记或贷记“应付债券——利息调整”科目。

对于一次还本付息的债券，在资产负债表日，按摊余成本和实际利率计算确定的债券利息费用，应当按照与长期借款相一致的原则计入有关成本费用，借记“在建工程”“制造费用”“财务费用”“研发支出”等科目，其按票面利率计算确定的应付未付利息，贷记“应

付债券——应计利息”科目，按其差额，借记或贷记“应付债券——利息调整”科目。

提示 企业溢价或折价发行的债券，其债券发行价格与债券面值的差额为利息调整，应当在债券存续期间分期摊销。摊销方法采用实际利率法。当实际利率与票面利率差异不大时，也可以采用票面利率计算确定利息费用。

例 2-6 承例 2-5，淮洲公司发行债券所筹资金用于建造固定资产，至 2021 年 12 月 31 日工程完工达到预定可使用状态，公司于每年年末计提应付债券利息。按照《企业会计准则第 17 号——借款费用》的规定，该期债券产生的实际利息费用应全部资本化，作为在建工程成本。公司相关的账务处理如下：

2021 年 12 月 31 日，计提利息：

借：在建工程	1 800 000	
贷：应付债券——应计利息		1 800 000

提示 计提利息费用 = 30 000 000×6% = 1 800 000（元）

动脑筋 2022 年、2023 年年末计提利息如何进行账务处理？

3. 到期还本付息

企业长期债券到期，支付债券本息时，借记“应付债券——面值”“应付债券——应计利息”或“应付利息”等科目，贷记“银行存款”科目。

例 2-7 承例 2-6，2023 年 12 月 31 日，淮洲公司偿还债券本金和利息。公司相关的账务处理如下：

借：应付债券——面值	30 000 000	
——应计利息	5 400 000	
贷：银行存款		35 400 000

提示 已经计提的债券利息 = 1 800 000×3 = 5 400 000（元）

例 2-8 2019 年 1 月 1 日，江淮公司经批准发行 5 年期一次还本、分期付息的公司债券 20 000 000 元，债券利息在每年 12 月 31 日支付，票面利率为 6%。债券发行时的市场利率为 5%。支付的发行费用与发行期间冻结资金产生的利息收入相等。公司相关的账务处理如下：

（1）计算债券实际发行价格：

提示 利率为 5%的 5 年期复利现值系数（P/S，5%，5）为 0.783 5，利率为 5%的 5 年期年金现值系数（P/A，5%，5）为 4.329 5。

发行价格 = 20 000 000×(P/S，5%，5) + 20 000 000×6%×(P/A，5%，5)

= 20 000 000×0.783 5 + 20 000 000×6%×4.329 5 = 20 865 400（元）

收到债券发行款时账务处理为：

借：银行存款　　20 865 400

　贷：应付债券——面值　　20 000 000

　　　　　　——利息调整　　865 400

（2）年末，江淮公司根据上述资料，采用实际利率法和摊余成本计算确定的利息费用，见表2－2。

表2－2　公司债券利息费用计算表

2019年12月31日至2023年12月31日　　（单位：元）

日期	应付利息 ①=面值×6%	实际利息费用 ②=期初④×5%	摊销的利息调整 ③=①-②	期末摊余成本 ④=期初④-③
2019. 1. 1				20 865 400
2019. 12. 31	1 200 000	1 043 270	156 730	20 708 670
2020. 12. 31	1 200 000	1 035 433. 50	164 566. 50	20 544 103. 50
2021. 12. 31	1 200 000	1 027 205. 18	172 794. 82	20 371 308. 68
2022. 12. 31	1 200 000	1 018 565. 43	181 434. 57	20 189 874. 11
2023. 12. 31	1 200 000	1 010 125. 89①	189 874. 11	20 000 000
小计	6 000 000		865 400	

① 尾数调整：20 000 000+1 200 000−20 189 874. 11=1 010 125. 89（元）

根据表2－2的资料，江淮公司相关的账务处理如下：

1）2019年12月31日，计算利息费用时：

借：财务费用（或在建工程）　　1 043 270

　　应付债券——利息调整　　156 730

　贷：应付利息　　1 200 000

支付利息时：

借：应付利息　　1 200 000

　贷：银行存款　　1 200 000

2）2020年12月31日，计算利息费用时：

借：财务费用（或在建工程）　　1 035 433. 50

　　应付债券——利息调整　　164 566. 50

　贷：应付利息　　1 200 000

支付利息时：

借：应付利息　　1 200 000

　贷：银行存款　　1 200 000

2021年、2022年确认利息费用的会计分录与2019年相同，金额与利息费用计算表的对应金额一致，此处不再赘述。

（3）2023年12月31日，归还债券本金及最后一期利息费用时：

借：财务费用（或在建工程） 1 010 125.89

　　应付债券——面值 20 000 000

　　　　　　——利息调整 189 874.11

　贷：银行存款 21 200 000

由上述例题计算可以看出，在溢价发行债券的情况下，随着摊销的利息调整，应付债券的摊余成本逐渐减少，至债券到期时，所有的债券溢价金额摊销完毕，应付债券的摊余成本等于面值，“应付债券——利息调整”科目的余额为零。

（二）可转换公司债券

1. 可转换公司债券的分拆

我国发行可转换公司债券采取记名式无纸化发行方式。企业发行的可转换公司债券，既含有负债成分又含有权益成分，根据《企业会计准则第 37 号——金融工具列报》的规定，应当在初始确认时将负债和权益成分进行分拆，分别进行处理。企业在进行分拆时，应当先确定负债成分的公允价值并以此作为其初始确认金额，并确认为应付债券；再按照该可转换公司债券整体的发行价格扣除负债成分初始确认金额后的金额确认权益成分的初始确认金额，并确认为其他权益工具。负债成分的公允价值是合同规定的未来现金流量按一定利率折现的现值。其中，利率根据市场上具有可比信用等级并在相同条件下提供几乎相同的现金流量，但不具有转换权的工具的适用利率确定。发行该可转换公司债券发生的交易费用，应当在负债成分和权益成分之间按照其初始确认金额的相对比例进行分摊。负债、权益成分初始确认金额的公式为

负债成分初始确认金额＝负债成分的公允价值

　　　　　　　　　　＝合同规定的未来现金流量按一定利率折现的现值

权益成分初始确认金额＝债券发行价格－负债成分初始确认金额

例 2-9 W 公司经批准于 2019 年 1 月 1 日以 10 000 000 元的价格（不考虑相关税费）发行面值总额为 10 000 000 元的可转换公司债券。该可转换公司债券期限为 5 年，票面年利率为 5%，每年 1 月 1 日付息。债券发行 1 年后可转换为 W 公司普通股股票，W 公司发行可转换公司债券时二级市场上与之类似的没有转换权的债券市场利率为 6%。已知：(*P/S*, 6%, 5) = 0.747 3, (*P/A*, 6%, 5) = 4.212 4。W 公司在初始确认时将负债和权益成分进行分拆如下：

负债成分公允价值＝10 000 000×0.747 3+10 000 000×5%×4.212 4

　　　　　　　　＝9 579 200（元）

权益成分公允价值＝10 000 000−9 579 200＝420 800（元）

2. 可转换公司债券的核算

企业发行的可转换公司债券在“应付债券”科目下设置“可转换公司债券”明细科目核算。企业应按实际收到的款项，借记“银行存款”等科目，按可转换公司债券包含的负债成分面值，贷记“应付债券——可转换公司债券——面值”科目，按权益成分的公允价

值，贷记“其他权益工具”科目；按其差额，借记或贷记“应付债券——可转换公司债券——利息调整”科目。

对于可转换公司债券的负债成分，在转换为股份前，其会计处理与一般公司债券相同，即按照实际利率和摊余成本确认利息费用，按照面值和票面利率确认应付债券或应付利息，差额作为利息调整。

可转换公司债券持有人行使转换权利，将其持有的债券转换为股票的，按可转换公司债券的余额，借记“应付债券——可转换公司债券——面值”科目，借记或贷记“应付债券——可转换公司债券——利息调整”科目；按其权益成分的金额，借记“其他权益工具”科目；按股票面值和转换的股数计算的股票面值总额，贷记“股本”科目；按其差额，贷记“资本公积——股本溢价”科目。如用现金支付不可转换股票的部分，还应贷记“库存现金”“银行存款”等科目。

例 2-10 淮海股份有限公司经批准于2020年1月1日按每份面值100元发行100万份5年期一次还本、分期付息的可转换公司债券，共计100 000 000元，款项已经收存银行，债券票面年利率为6%。债券发行1年后可转换为淮海股份有限公司普通股股票，转股时每份债券可转10股，股票面值为每股1元。假定2021年1月1日债券持有人将持有的可转换公司债券全部转换为淮海股份有限公司普通股股票。淮海股份有限公司发行可转换公司债券时二级市场上与之类似的没有转换权的债券市场利率为8%。该可转换公司债券发生的利息费用不符合资本化条件。已知：$(P/S, 8\%, 5)=0.680\,6$；$(P/A, 8\%, 5)=3.992\,7$。淮海股份有限公司有关该可转换公司债券的账务处理如下：

（1）2020年1月1日，发行可转换公司债券时：

可转换公司债券负债成分的公允价值

$=100\,000\,000\times(P/S, 8\%, 5)+100\,000\,000\times6\%\times(P/A, 8\%, 5)$

$=100\,000\,000\times0.680\,6+100\,000\,000\times6\%\times3.992\,7$

$=92\,016\,200$（元）

可转换公司债券权益成分的公允价值 $=100\,000\,000-92\,016\,200$

$=7\,983\,800$（元）

借：银行存款　　100 000 000

　　应付债券——可转换公司债券——利息调整　　7 983 800

　贷：应付债券——可转换公司债券——面值　　100 000 000

　　　其他权益工具——可转换公司债券　　7 983 800

（2）2020年12月31日，确认利息费用时：

应计入财务费用的利息 = 摊余成本×实际利率

$=(100\,000\,000-7\,983\,800)\times8\%$

$=7\,361\,296$（元）

当期应付未付的利息费用 = 面值×票面利率

$=100\,000\,000\times6\%=6\,000\,000$（元）

借：财务费用　　7 361 296

贷：应付利息　　6 000 000

　　应付债券——可转换公司债券——利息调整　　1 361 296

支付利息时：

借：应付利息　　6 000 000

　贷：银行存款　　6 000 000

(3) 2021 年 1 月 1 日，债券持有人行使转换权时：

转换的股份数 = 1 000 000×10 = 10 000 000（股）

利息调整余额 = 7 983 800−1 361 296 = 6 622 504（元）

借：应付债券——可转换公司债券——面值　　100 000 000

　　其他权益工具——可转换公司债券　　7 983 800

　贷：股本　　10 000 000

　　应付债券——可转换公司债券——利息调整　　6 622 504

　　资本公积——股本溢价　　91 361 296

企业发行附有赎回选择权的可转换公司债券，其在赎回日可能支付的利息补偿金，应当在债券发行日至债券约定赎回届满日期间计提应付利息，计提的应付利息分别计入相关资产成本或财务费用。

第四节 长期应付款

一、长期应付款的概念

长期应付款是指企业除长期借款和应付债券以外的其他各种长期应付款项，包括应付融资租入固定资产的租赁费、具有融资性质的延期付款购买资产发生的应付款项等。

企业通过长期应付款取得固定资产时，不必在取得固定资产的同时支付款项，这样可以减少长期投资所承担的风险。

二、长期应付款核算的账户设置

为了核算和监督企业融资租入固定资产和以分期付款方式购入固定资产时应付的款项及偿还等情况，企业应设置“长期应付款”“未确认融资费用”等科目。

(1)“长期应付款”科目属于负债类科目。贷方登记应付的长期应付款项，借方登记偿还的长期应付款项，期末贷方余额，表示企业应付未付的长期应付款项。该科目可按长期应付款的种类和债权人设置明细科目进行明细核算。

(2)“未确认融资费用”科目是“长期应付款”科目的调整科目。该科目核算企业融资租入固定资产所发生的应在租赁期内各个期间进行分摊的未实现的融资费用。借方登记企业融资租入的固定资产，在租赁期开始日，应计入固定资产成本的金额与最低租赁付款额的差额；以及具有融资性质的购入有关资产，购买价款的现值与应支付金额的差额。贷方登记采用实际利率法分期摊销的未确认融资费用。期末借方余额，反映企业未确认融资费用的摊余价值。该科目可按债权人和长期应付款项目进行明细核算。

三、长期应付款的核算

（一）融资租赁的认定

租赁是指在约定的期间内，出租人将资产使用权让与承租人，以获得租金的协议。租赁的主要特征是转移资产的使用权，而不是转移资产的所有权，并且这种转移是有偿的，取得使用权以支付租金为代价，从而使租赁有别于资产购置和不把资产的使用权从合同的一方转移给另一方的服务性合同，如劳务合同、运输合同、保管合同、仓储合同等，以及无偿提供使用权的借用合同。

承租人和出租人应当在租赁开始日将租赁分为融资租赁和经营租赁。企业对租赁进行分类时，应当全面考虑租赁期届满时租赁资产所有权是否转移给承租人、承租人是否有购买租赁资产的选择权、租赁期占租赁资产使用寿命的比例等各种因素。具体地说，满足下列标准之一的，应当认定为融资租赁：

（1）在租赁期届满时，租赁资产的所有权转移给承租人。

（2）承租人有购买租赁资产的选择权，所订立的购买价款预计将远低于行使选择权时租赁资产的公允价值，因而在租赁开始日就可以合理确定承租人将会行使这种选择权。

（3）即使资产的所有权不转移，但租赁期占租赁资产使用寿命的大部分。这里的“大部分”是指在租赁期占租赁开始日租赁资产使用寿命的75%以上（含75%）。

需要注意的是，这条标准强调的是租赁期占租赁资产使用寿命的比例，而非租赁期占该项资产全部可使用年限的比例。如果固定资产是旧资产，在租赁前已使用年限超过资产自全新时起算可使用年限的75%（含75%）时，则这条判断标准不适用，不能使用这条标准确定租赁的分类。

（4）承租人在租赁开始日的最低租赁付款额现值，几乎相当于租赁开始日租赁资产公允价值。这里的“几乎相当于”是指在90%（含90%）以上。

最低租赁付款额是指在租赁期内，承租人应支付或可能被要求支付的款项（不包括或有租金和履约成本），加上由承租人或与其有关的第三方担保的资产余值。

（5）租赁资产性质特殊，如果不做较大改造，只有承租人才能使用。这条标准是指租赁资产是出租人根据承租人对资产型号、规格等方面的特殊要求专门购买或建造的，具有专购、专用性质。这些租赁资产如果不做较大的重新改制，其他企业通常难以使用。这种情况下，该项租赁也应当认定为融资租赁。

（二）应付融资租赁款的核算

应付融资租赁款是指企业融资租入固定资产而形成的非流动负债。企业融资租入的固定资产，在租赁有效期限内，其所有权仍归出租方，但承租方获得了租赁资产的实质控制权，享有了资产在有效使用期限内带来的各种经济利益，同时，作为取得这项权利的代价，需要支付大致相等于该项资产的公允价值的金额，这些款项在支付前，构成了应付融资租赁款。

1. 租赁期开始日的会计处理

租赁期开始日是指承租人有权行使其使用租赁资产权利的开始日，表明租赁行为的开始。在租赁期开始日，承租人应当对租入资产、最低租赁付款额和未确认融资费用进行初始确认。

企业采用融资租赁方式租入的固定资产，应在租赁期开始日，按应计入固定资产成本的金额（租赁开始日租赁资产公允价值与最低租赁付款额现值两者中较低者，加上初始直接费用），借记“在建工程”或“固定资产”科目；按最低租赁付款额，贷记“长期应付款”科目；按发生的初始直接费用，贷记“银行存款”等科目；按其差额，借记“未确认融资费用”科目。按期支付融资租赁费时，借记“长期应付款——应付融资租赁款”科目，贷记“银行存款”科目。

初始直接费用是指在租赁谈判和签订租赁协议的过程中发生的可直接归属于租赁项目的费用。承租人发生的初始直接费用，通常有印花税、佣金、律师费、差旅费、谈判费等。承租人发生的初始直接费用，应当计入租入资产价值。

企业在计算最低租赁付款额的现值时，能够取得出租人租赁内含利率的，应当采用租赁内含利率作为折现率；否则，应当采用租赁合同规定的利率作为折现率。企业无法取得出租人租赁内含利率且租赁合同没有规定利率的，应当采用同期银行贷款利率作为折现率。其中，租赁内含利率是指在租赁开始日，使最低租赁收款额的现值与未担保余值的现值之和等于租赁资产公允价值与出租人的初始直接费用之和的折现率。

未担保余值是指租赁资产余值中扣除就出租人而言的担保余值以后的资产余值。

2. 未确认融资费用的分摊

在融资租赁下，承租人向出租人支付的租金中，包含了本金和利息两部分。承租人支付租金时，一方面应减少长期应付款，另一方面应同时将未确认的融资费用按一定的方法确认为当期融资费用。

在分摊未确认的融资费用时，根据租赁准则的规定，承租人应当采用实际利率法。根据租赁开始日租赁资产和负债的入账价值基础不同，融资费用分摊率的选择也不同。未确认融资费用的分摊率的确定具体分为下列几种情况：

（1）以出租人的租赁内含利率为折现率将最低租赁付款额折现，且以该现值作为租赁资产入账价值的，应当将租赁内含利率作为未确认融资费用的分摊率。

（2）以合同规定利率为折现率将最低租赁付款额折现，且以该现值作为租赁资产入账价值的，应当将合同规定利率作为未确认融资费用的分摊率。

（3）以银行同期贷款利率为折现率将最低租赁付款额折现，且以该现值作为租赁资产入账价值的，应当将银行同期贷款利率作为未确认融资费用的分摊率。

（4）以租赁资产公允价值为入账价值的，应当重新计算分摊率。该分摊率是使最低租赁付款额的现值等于租赁资产公允价值的折现率。

存在优惠购买选择权的，在租赁期届满时，未确认融资费用应全部摊销完毕，租赁负债应当减少至优惠购买金额。在承租人或与其有关的第三方对租赁资产提供了担保的情况下，在租赁期届满时，未确认融资费用应当全部摊销完毕，租赁负债还应减少至担保余值。

担保余值，就承租人而言，是指由承租人或与其有关的第三方担保的资产余值。其中，资产余值是指在租赁开始日估计的租赁期届满时租赁资产的公允价值。为了促使承租人谨慎地使用租赁资产，尽量减少出租人自身的风险和损失，租赁协议有时要求承租人或与其有关的第三方对租赁资产的余值进行担保，此时的担保余值是针对承租人而言的。除此以外，担保人还可能是与承租人和出租人均无关，但在财务上有能力担保的第三方，如担保公司，此时的担保余值是针对出租人而言的。

3. 履约成本的会计处理

履约成本是指租赁期内为租赁资产支付的各种使用费用，如技术咨询和服务费、人员培训费、维修费、保险费等。承租人发生的履约成本通常应计入当期损益。

4. 或有租金的会计处理

或有租金是指金额不固定、以时间长短以外的其他因素（如销售量、使用量、物价指数等）为依据计算的租金。

由于或有租金的金额不固定，无法采用系统合理的方法对其进行分摊，因此，或有租金在实际发生时，计入当期损益。其账务处理为：借记“销售费用”等科目，贷记“银行存款”等科目。

5. 租赁期届满时的会计处理

租赁期届满时，承租人通常对租赁资产的处理有三种情况，即返还、优惠续租和留购。

（1）返还。租赁期届满，承租人向出租人返还租赁资产的，通常借记“长期应付款——应付融资租赁款”“累计折旧”科目，贷记“固定资产——融资租入固定资产”科目。

（2）优惠续租。如果承租人行使优惠续租选择权，则应视同该项租赁一直存在而做出相应会计处理。如果承租人在租赁期届满时没有续租，根据租赁协议规定向出租人支付违约金时，应当借记“营业外支出”科目，贷记“银行存款”等科目。

（3）留购。在承租人享有优惠购买选择权的情况下，支付购买价款时，借记“长期应付款——应付融资租赁款”科目，贷记“银行存款”等科目；同时，将固定资产从“融资租入固定资产”明细科目转入有关明细科目。

例2-11 淮洲公司与光大公司签订了一份生产流水线租赁合同。租赁期开始日为2019年1月1日，租赁期3年，自租赁期开始日起每年年末支付租金600 000元。该生产流水线在2019年1月1日的公允价值为1 700 000元。租赁合同规定的利率为6%。该生产流水线为全新设备，估计使用年限为5年，不需要安装调试，采用直线法计提折旧。淮洲公司在租赁谈判和签订租赁合同过程中发生可归属于租赁项目的手续费、差旅费14 200元。

合同约定，2020年和2021年，淮洲公司每年按该生产流水线所生产产品的年销售收入的5%向光大公司支付经营分享收入。2020年和2021年，淮洲公司使用该生产流水线生产产品的销售收入分别为10 000 000元和12 000 000元。

2020年12月31日，淮洲公司以银行存款支付该生产流水线的维护费25 000元。2021年12月31日，合同到期，淮洲公司将该生产流水线退还光大公司。

淮洲公司（承租人）的账务处理如下：

(1) 2019年1月1日，租赁开始日的账务处理：

最低租赁付款额=各期租金之和+承租人担保的资产余值

=600 000×3+0 =1 800 000（元）

最低租赁付款额的现值=600 000×(*P/A*，6%，3) =600 000×2.673 0

=1 603 800（元）<租赁资产公允价值1 700 000元

最低租赁付款额的现值为1 603 800元，大于租赁资产公允价值的90%，即1 530 000元（1 700 000×90%），满足融资租赁的判断标准，因此，淮洲公司应当将该项租赁认定为融资租赁。

租赁资产的入账价值=最低租赁付款额的现值+初始直接费用

=1 603 800+14 200=1 618 000（元）

未确认融资费用=最低租赁付款额-最低租赁付款额现值

=1 800 000-1 603 800=196 200（元）

租赁账务处理为：

借：固定资产——融资租入固定资产——生产流水线 1 618 000

未确认融资费用 196 200

贷：长期应付款——光大公司——应付融资租赁款 1 800 000

银行存款 14 200

(2) 每年年末，淮洲公司根据上述资料，采用实际利率法和摊余成本计算确定融资费用，见表2-3所示。

表2-3 **未确认融资费用计算表**

2019年12月31日至2021年12月31日 （单位：元）

日期	租金 ①	确认的融资费用 ②=期初④×6%	应付本金减少额 ③=①-②	应付本金余额 ④=期初④-③
2019.1.1				1 603 800
2019.12.31	600 000	96 228	503 772	1 100 028
2020.12.31	600 000	66 001.68	533 998.32	566 029.68
2021.12.31	600 000	33 970.32*	566 029.68	0
小计	1 800 000	196 200	1 603 800	-

*尾数调整：600 000-566 029.68=33 970.32（元）

根据表2-3的资料，淮洲公司相关的账务处理如下：

1) 从2019年2月至2021年12月，每月计提折旧：

每月计提折旧额=1 618 000÷35=46 228.57（元）

借：制造费用 46 228.57

贷：累计折旧 46 228.57

2) 从2019年12月31日，每年支付租金时：

借：长期应付款——光大公司——应付融资租赁款　600 000
　　贷：银行存款　600 000

3）2019 年 12 月 31 日，分摊未确认融资费用时：

借：财务费用　96 228
　　贷：未确认融资费用　96 228

2020 年 12 月 31 日，分摊未确认融资费用时：

借：财务费用　66 001.68
　　贷：未确认融资费用　66 001.68

2021 年 12 月 31 日，分摊未确认融资费用时：

借：财务费用　33 970.32
　　贷：未确认融资费用　33 970.32

（3）履约成本的账务处理：

2020 年 12 月 31 日，发生生产流水线的维护费 25 000 元：

借：管理费用　25 000
　　贷：银行存款　25 000

（4）或有租金的账务处理：

1）2020 年 12 月 31 日，应支付经营分享收入：

10 000 000×5%＝500 000（元）

借：销售费用　500 000
　　贷：其他应付款——光大公司　500 000

2）2021 年 12 月 31 日，应支付经营分享收入：

12 000 000×5%＝600 000（元）

借：销售费用　600 000
　　贷：其他应付款——光大公司　600 000

（5）2021 年 12 月 31 日，租赁期满，淮洲公司退还生产流水线：

借：累计折旧　1 618 000
　　贷：固定资产——融资租入固定资产——生产流水线　1 618 000

（三）具有融资性质的延期付款核算

企业购买资产有可能延期支付有关价款。如果延期支付的购买价款超过正常信用条件，实质上具有融资性质的，所购资产的成本应当以延期支付购买价款的现值为基础确定。实际支付的价款与购买价款的现值之间的差额，应当在信用期间内采用实际利率法进行摊销，计入相关资产成本或当期损益。具体来说，企业购入资产超过正常信用条件延期付款实质上具有融资性质时，应按购买价款的现值，借记“固定资产”“在建工程”等科目；按应支付的价款总额，贷记“长期应付款”科目；按其差额，借记“未确认融资费用”科目。

本章内容在报表中的信息披露

资产负债表

资　　产	负债和所有者权益
流动资产：	流动负债：
……	……
	一年内到期的非流动负债（=一年内到期的长期借款部分+一年内到期的应付债券部分+一年内到期的长期应付款部分）+专项应付款
	……
非流动资产：	非流动负债：
……	长期借款（=长期借款-一年内到期的长期借款部分）
	应付债券（=应付债券-一年内到期的应付债券部分）
	长期应付款（=长期应付款-未确认融资费用-一年内到期的长期应付款部分）+专项应付款
	……

本章习题

一、单项选择题（下列答案中有一个答案是正确的，请将正确答案前的英文字母填入括号内）

1. 下列负债中，属于非流动负债的是（　　）。
   A. 应付利息　B. 应付股利　C. 应付债券　D. 应付票据
2. 长期借款所发生的利息支出，不可能借记的科目是（　　）。
   A. 长期待摊费用　B. 财务费用　C. 管理费用　D. 在建工程
3. 甲公司于某年1月1日从银行借入资金1 000万元，借款期限为2年，年利率为5%，年末计息，下年年初支付利息，到期时归还本金及最后一年利息，所借款项已存入银行。当年12月31日该长期借款的账面价值为（　　）万元。
   A. 1 050　B. 1 100　C. 1 000　D. 100
4. 企业每期期末计提一次还本付息的长期借款利息，对其中应当予以资本化的部分，下列会计处理正确的是（　　）。
   A. 借记“财务费用”科目，贷记“长期借款”科目
   B. 借记“财务费用”科目，贷记“应付利息”科目
   C. 借记“在建工程”科目，贷记“长期借款”科目

D. 借记“在建工程”科目，贷记“应付利息”科目

5. 下列项目中，不属于借款费用的是（　　）。
A. 外币借款发生的汇兑收益　　B. 借款的手续费和佣金
C. 支付公司股票的股利　　D. 发行公司债券的印刷费

6. 生产经营期间，如果某项固定资产的构建发生非正常中断，并且中断时间连续超过 3 个月，应当将中断所发生的借款费用，记入“（　　）”科目。
A. 长期待摊费用　　B. 在建工程　　C. 财务费用　　D. 营业外支出

7. 下列借款费用应予以资本化的是（　　）。
A. 为建造固定资产而发生的长期借款费用，在固定资产交付使用前发生的
B. 为建造固定资产而发生的长期借款费用，在固定资产支付使用后发生的
C. 未动用的一般借款当期发生的利息费用
D. 属于长期借款性质但不用于购建资产的借款费用

8. 企业发行债券实际取得的金额超过其票面价值时，其超额部分应记入“（　　）”科目。
A. 财务费用　　B. 资本公积　　C. 长期股权投资　　D. 应付债券

9. 应付债券票面利率会影响债券的发行价格，假如债券是溢价发行，则票面利率（不考虑其他因素）（　　）。
A. 等于实际利率　　B. 高于市场利率　　C. 低于实际利率　　D. 无法得出结论

10. 2019 年 7 月 1 日，甲企业按面值发行 3 年期、到期一次还本付息、年利率 6%（不计复利）、面值总额为 5 000 万元的债券。2020 年 12 月 31 日“应付债券”科目的账面余额为（　　）万元。
A. 5 150　　B. 5 600　　C. 5 000　　D. 5 450

11. 甲企业 2020 年 7 月 1 日按面值发行 5 年期债券 2 000 万元。该债券一次还本付息，票面利率为 5%，实际利率也为 5%。甲企业 2020 年应确认的财务费用为（　　）万元。
A. 0　　B. 50　　C. 100　　D. 500

12. 甲企业 2020 年 7 月 1 日按面值发行 5 年期债券 1 000 万元。该债券一次还本付息，票面利率为 5%。甲企业 2020 年 12 月 31 日应付债券的账面余额为（　　）万元。
A. 1 000　　B. 1 025　　C. 1 050　　D. 1 075

13. A 公司 2020 年 6 月 1 日发行 4 年期债券 200 万元。该债券到期一次还本、每年期末分期支付利息，票面年利率为 6%。A 公司 2020 年 12 月 31 日应付债券的账面余额为（　　）万元。
A. 200　　B. 206　　C. 210　　D. 250

14. 甲公司 2020 年 1 月 1 日按面值发行 5 年期、到期一次还本付息的公司债券（不考虑发行费用），该债券面值总额为 2 000 万元，票面利率为 6%。自发行日起计息。假定票面利率与实际利率一致，不考虑相关税费，2020 年 12 月 31 日该债券的账面余额为

(　　)万元。

A. 2 265　　B. 2 060　　C. 2 000　　D. 2 120

15. 企业为建造固定资产而发行长期债券，在该固定资产完工交付使用后，债券的利息费用应记入“(　　)”科目。

A. 财务费用　　B. 管理费用　　C. 在建工程　　D. 固定资产

16. 企业以溢价方式发行债券时，每期实际负担的利息费用是(　　)。

A. 按实际利率计算的利息费用

B. 按实际利率计算的应计利息减去应摊销的溢价

C. 按实际利率计算的应计利息加上应摊销的溢价

D. 按票面利率计算的应计利息加上应摊销的溢价

17. 下列关于可转换公司债券（不考虑发行费用）的会计处理中，正确的是(　　)。

A. 发行时，按实际收到的款项记入“应付债券”科目

B. 转换为股票时，按应付债券的账面价值与可转换的股票票面价值的差额记入“资本公积——股本溢价”科目

C. 未转换为股票之前，按债券摊余成本和市场实际利率确认利息费用

D. 存续期间，按债券面值和票面利率计算的应付利息记入“应付利息”科目

18. 2020 年 5 月 1 日，甲企业采用分期付款方式购入大型设备一套，当日投入使用。合同约定的价款为 3 600 万元，分 3 年等额支付；该分期支付购买价款的现值为 2 750 万元。假定不考虑其他因素，甲企业该设备的入账价值为(　　)万元。

A. 810　　B. 2 750　　C. 2 400　　D. 3 600

19. 某公司采用分期付款方式于年初购入大型设备一套，当日投入使用。合同约定的价款为 3 000 万元，分 3 年等额每年年初支付；第一年于购买时即支付了 1 000 万元；第二年、第三年支付的价款现值分别为 930 万元、810 万元。假定不考虑其他因素，该公司设备的入账价值为(　　)万元。

A. 910　　B. 2 740　　C. 1 000　　D. 3 000

20. 某项融资租赁，租赁开始日租赁资产公允价值为 2 800 万元，最低租赁付款额现值为 2 900万元，承租人发生的初始直接费用为 5 万元。承租人租赁期开始日融资租入固定资产的入账价值为(　　)万元。

A. 2 800　　B. 2 900　　C. 2 805　　D. 2 905

二、多项选择题（下列答案中有多个答案是正确的，请将正确答案前的英文字母填入括号内）

1. 企业的下列筹资方式中，属于非流动负债的包括(　　)。

A. 发行 3 年期公司债券　　B. 发行 9 个月的公司债券

C. 发行普通股票　　D. 融资租入固定资产的融资租赁费

2. 长期借款所发生的利息支出、汇兑损失、辅助费用等借款费用，可能记入“(　　)”

科目。

A. 制造费用　B. 在建工程　C. 财务费用　D. 管理费用

3. 下列对长期借款利息费用的会计处理，正确的有（　）。

A. 一次还本付息的，计提的利息应记入“长期借款——应计利息”科目。

B. 筹建期间不符合资本化条件的借款利息计入财务费用

C. 日常生产经营活动的借款利息计入财务费用

D. 符合资本化条件的借款利息计入相关产品成本

4. 企业在生产经营期间按面值发行债券，按期计提利息时，可能涉及的会计科目有“（　）”。

A. 财务费用　B. 在建工程　C. 应付债券　D. 应付利息

5. 影响债券发行价格的因素有（　）。

A. 债券面值　B. 债券利率　C. 市场利率　D. 债券期限

6. 应付债券的明细科目有“（　）”。

A. 面值　B. 利息调整　C. 应计利息　D. 应付利息

7. 企业按面值发行一次还本付息债券，按期计提利息时，可能涉及的会计科目有“（　）”。

A. 财务费用　B. 在建工程　C. 应付债券　D. 应付利息

8. 对于分期付息、一次还本的应付债券，应于资产负债表日按摊余成本和实际利率计算确定的债券利息，可能借记的会计科目有“（　）”。

A. 制造费用　B. 财务费用　C. 研发支出　D. 销售费用

9. “应付债券”科目的借方反映的内容有（　）。

A. 债券溢价的摊销　B. 债券折价的摊销

C. 期末计提的应付债券利息　D. 归还债券本金

10. 下列各项中属于“应付债券”科目贷方反映的内容有（　）。

A. 债券溢价的摊销　B. 债券发行时产生的债券溢价

C. 债券发行时产生的债券折价　D. 一次还本付息债券期末计提的应付债券利息

11. 企业发行可转换公司债券的核算，下列表述中正确的有（　）。

A. 可转换公司债券初始确认时要将负债成分和权益成分进行分拆

B. 负债成分的初始确认金额与发行价之间的差额应确认为权益成分

C. 可转换公司债券未转换为股份前，要按照实际利率和期初摊余成本确认利息费用

D. 可转换公司债券转换为股份时，初始确认的权益成分也应相应结转

12. 确定融资租入资产入账价值时应考虑的因素有（　）。

A. 租赁开始日租赁资产的公允价值

B. 承租人在租赁谈判和签订租赁合同过程中发生的，可归属于租赁项目的手续费、律师费、差旅费、印花税等初始直接费用

C. 租赁资产预计使用年限

D. 最低租赁付款额现值

13. 下列各项中，属于“长期应付款”科目核算内容的有（　　）。
A. 应付融资租入固定资产租赁费
B. 无法支付的应付账款
C. 应付租入包装物的租金
D. 具有融资性质，以分期付款方式购入固定资产的应付款项

14. 承租人在计算最低租赁付款额的现值选择何种折现率时，应考虑的因素有（　　）。
A. 出租人租赁内含利率　　B. 租赁合同规定的利率
C. 同期银行贷款利率　　D. 承租人租赁内含利率

三、判断题（正确的在括号内打“✓”，错误的打“×”）

1. 非流动负债的利息既可能是分期支付，也可能是到期还本时一次支付。非流动负债的应付未付利息本身既可能是流动负债，也可能是非流动负债。（　　）
2. 长期借款利息费用应当在资产负债表日按照实际利率法计算确定。（　　）
3. 非流动负债包括：长期借款、应付债券、长期应付款。（　　）
4. 长期借款所产生的利息支出，如果不满足借款利息资本化条件，则一律计入财务费用。（　　）
5. 应付债券利息不会计入在建工程。（　　）
6. 当可转换公司债券持有人行使转换权利时，应减少“资本公积——其他资本公积”科目中属于该项可转换公司债券的权益成分的金额。（　　）
7. 未确认融资费用应作为非流动资产在资产负债表中列示。（　　）
8. 企业购入不需要安装的生产设备，购买价款超过正常信用条件延期支付，实质上具有融资性质的，应当以购买价款的现值为基础确定其成本。（　　）
9. 企业采用融资租赁方式租入的固定资产，应按最低租赁付款额，确认应付账款。（　　）
10. 企业延期付款购买资产，如果延期支付的购买价款超过正常信用条件，实质上具有融资性质的，所购资产的成本应当以延期支付购买的价款的总额为基础确定。（　　）
11. 在融资租赁下，承租人向出租人支付的租金中，包含了本金和利息两部分。（　　）
12. 资产负债表中的“长期应付款”项目直接按照“长期应付款”科目的期末余额填列。（　　）

四、计算及账务处理题

1. A企业于2020年1月1日从银行借入专门借款400万元用于购建生产经营用固定资产，借款期限为3年，年利率为5%，分期付息，到期一次还本。次年1月6日支付利息。所借款项已存入银行。A企业用该借款于当日购买需安装的设备一台，价款300万元，增值税额为39万元，设备已于当日投入安装并支付安装费用100万元。2020年12月31日安装完毕达到预定可以使用状态。该固定资产预计使用10年，预计净残值为5万元，采用

双倍余额递减法计算折旧。该企业为一般纳税企业，增值税税率为13%。

要求：

(1) 编制取得长期借款的会计分录。

(2) 编制支付设备款的会计分录。

(3) 编制支付安装费的会计分录。

(4) 编制2020年12月31日计提长期借款利息的会计分录。

(5) 计算固定资产的入账价值并编制会计分录。

(6) 计算固定资产的折旧额。

(7) 编制到期归还本金及利息的会计分录。

2. 某企业经批准从2020年起按面值发行3年期每张面值为100元的债券2万张，债券年利率为6%，每半年计息一次，该债券所筹资金全部用于新生产线的建设，该生产线于2021年6月底完工交付使用，债券到期后一次支付本金和利息。

要求： 编制该企业从债券发行到债券到期的全部会计分录（答案中的金额单位用万元表示）。

3. 2019年12月31日，甲公司经批准发行5年期一次还本、分期付息的企业债券10 000 000元，债券利息在每年12月31日支付，票面利率为6%。假定债券发行时的市场利率为5%。相关现值系数为：(P/S, 6%, 5) = 0.747 3；(P/S, 5%, 5) = 0.783 5；(P/A, 6%, 5) = 4.212 4；(P/A, 5%, 5) = 4.329 5。

要求：

(1) 计算债券发行价格，编制收到债券发行款时的会计分录。

(2) 采用实际利率法和摊余成本计算确定的利息费用并编制相应的会计分录。

(3) 编制归还债券本金及最后一次利息费用的会计分录。

4. 甲公司2020年1月1日按每份面值100元发行了300万份可转换公司债券，取得总收入30 000万元。该债券期限为3年，票面利率为6%，利息按年支付；每份债券均可在债券发行1年后转换为80股该公司普通股。该公司发行该债券时，二级市场上与之类似但没有转股权的债券的市场利率为9%。假定不考虑其他相关因素，发行可转换债券所筹集的资金用于补充流动资金。2021年4月1日某债券持有者将面值为30 000万元的可转换公司债券申请转换股份，并于当日办妥相关手续。假定未支付的应付利息不再支付。

要求： 做出相关账务处理，(P/S, 9%, 3) = 0.772 2，(P/A, 9%, 3) = 2.531 3（答案以万元为单位，保留两位小数）。

5. 2020年1月1日，甲公司与乙公司签订一项购货合同，甲公司从乙公司购入一台需要安装的特大型设备。合同约定，甲公司采用分期付款方式支付价款。该设备价款共计9 000 000元（不考虑增值税），在2020年至2024年的5年内每半年支付900 000元，每年的付款日期分别为当年6月30日和12月31日，并均用银行存款支付。2020年1月1日，设备如期运抵甲公司并开始安装。2020年12月31日，设备达到预定可使用状态，发生安装费398 530.60元，已用银行存款付讫。假定甲公司适用的半年折现率为10%。

要求：

(1) 编制购买当日的会计分录。

(2) 计算未确认融资费用的分摊额。

(3) 编制未确认融资费用的分摊额符合资本化条件的会计分录。

(4) 编制未确认融资费用的分摊额不再符合资本化条件的会计分录。

第三章

Chapter Three

所有者权益

本章学习目标

- 理解所有者权益的概念及相关法律规定
- 掌握接受投资、增减资变动等业务的核算方法
- 理解资本公积的来源，掌握资本溢价、其他资本公积等业务的核算方法
- 理解其他综合收益的含义、种类，掌握其他综合收益的核算方法
- 理解留存收益的含义，掌握利润分配的顺序及核算方法
- 熟悉所有者权益会计核算岗位的工作职责和账务处理流程，能根据原始凭证正确分析经济业务，熟练进行所有者权益业务的会计处理
- 具备相应的会计职业判断能力，学会所有者权益在资产负债表中的披露方法

本章主要科目

- 实收资本
- 资本公积
- 其他综合收益
- 库存股
- 盈余公积
- 利润分配

第一节　所有者权益概述

所有者权益资金是企业最基本和最主要的资金来源，它不仅代表所有者对企业净资产的所有权，还代表所有者对企业拥有的经营管理权和利润分配权。所有者凭借所有者权益能够参与企业利润的分配。

一、所有者权益的概念

（一）所有者权益的定义

所有者权益是指企业资产扣除负债后由所有者享有的剩余权益。公司的所有者权益又称为股东权益。所有者权益包括实收资本（或者股本）、其他权益工具、资本公积、其他综合收益、专项储备、盈余公积和未分配利润等。其中，盈余公积和未分配利润统称为留存收益。

（二）所有者权益的特征

与负债相比，所有者权益具有以下特征：

（1）除非发生减资、清算或分派现金股利，否则企业不需要偿还所有者权益。所有者权益在企业经营期内可供企业长期、持续地使用，企业不必向投资人返还资本金，而负债则须按期返还给债权人，成为企业的债务。

（2）企业清算时，只有在清偿所有的负债后，所有者权益才返还给所有者。

（3）所有者凭借所有者权益能够参与企业利润的分配。企业所有者凭其对企业投入的资本，享受分配税后利润的权利。所有者权益是企业分配税后净利润的主要依据，而债权人除按规定取得利息外，无权分配企业的盈利。同时，企业的所有者对企业的债务和亏损负有无限的或有限的责任，而债权人与企业的其他债务不发生关系，一般也不承担企业的亏损。

（三）所有者权益的确认

所有者权益体现的是所有者在企业中的剩余权益，因此，所有者权益的确认主要依赖于其他会计要素，尤其是资产和负债的确认；所有者权益金额的确定也是主要取决于资产和负债的计量。

所有者权益反映的是企业所有者对企业净资产的索取权，负债反映的是企业债权人对企业资产的索取权，两者在性质上有本质的区别，因此企业在会计确认、计量和报告中应当严格区分负债和所有者权益，以如实反映企业的财务状况，尤其是企业的偿债能力和产权比率等。

二、所有者权益的分类

（1）所有者权益按其来源划分，可分为所有者投入资本、其他综合收益和留存收益等。

（2）所有者权益按经济内容划分，可分为实收资本（或股本）、其他权益工具、资本公积、其他综合收益、专项储备、盈余公积和未分配利润等。

第二节 实收资本

一、实收资本的概念

（一）实收资本的含义

实收资本是指企业按照章程规定或合同、协议约定，接受投资者投入企业的资本。实收资本的构成比例或股东的股份比例，是确定所有者在企业所有者权益中份额的基础，也是企业进行利润或股利分配的主要依据。

《中华人民共和国公司法》（以下简称《公司法》）规定，公司注册资本应为在工商行政管理机关登记的实收资本总额。因此，在投资者足额缴纳资本之后，企业的实收资本应该等于企业的注册资本。

提示 注册资本是指企业在设立时向工商行政管理部门登记的资本总额，也就是全部出资者设定的出资额之和。企业对资本的筹集，应该按照法律、法规、合同和章程的规定及时进行。如果是一次筹集的，投入资本应等于注册资本；如果是分期筹集的，在所有者最后一次缴入资本以后，投入资本应等于注册资本。注册资本是企业的法定资本，是企业承担民事责任的财力保证。

（二）投入资本的分类

在不同类型的企业中，投入资本的表现形式有所不同。在股份有限公司，投入资本表现为实际发行股票的面值，也称为股本；在其他企业，投入资本表现为所有者在注册资本范围内的实际出资额，也称为实收资本。

（1）按照所有者的性质不同，投入资本可以分为：国家投入资本、法人投入资本、个人投入资本、外方投入资本。

（2）按照形式不同，投入资本可以分为：货币投资、实物投资、无形资产投资。

二、实收资本的计价

企业应当对作为出资的非货币财产评估作价，核实财产，不得高估或者低估作价。法律、行政法规对评估作价有规定的，从其规定。股东应当按期足额缴纳公司章程中规定的各自所认缴的出资额。股东以货币出资的，应当将货币出资足额存入有限责任公司在银行开设的账户；以非货币财产出资的，应当依法办理其财产权的转移手续。

企业收到的投入资本形式可以多样，但都应该按实际投资额入账。具体包括：以货币资金投资的，应按照实际收到的款项作为投资者的投资入账；以房屋、建筑物、机器设备等固定资产投资的，应按照投资合同或协议约定价值确定的固定资产价值入账；以材料物资投资的，应按照投资合同或协议约定价值确定的材料物资价值入账；以无形资产投资的，应按照投资合同或协议约定价值确定的无形资产价值入账。

提示 股东不按照前款规定缴纳出资的，除应当向公司足额缴纳外，还应当向已按期足额缴纳出资的股东承担违约责任。企业收到所有者投入企业的资本后，应根据有关原始凭证（如投资清单、银行通知单等），分不同的出资方式进行会计处理。

三、实收资本核算的账户设置

为了核算和监督企业接受投资者投入资本的增减变动情况，企业应当设置“实收资本”“资本公积”“库存股”等科目。

“实收资本”科目属于所有者权益类科目，核算企业接受投资增减变动情况。该科目贷方登记企业接受投资者投入的资本，股东大会批准的利润分配方案中分配的股票股利，用资本公积、盈余公积转增资本等实收资本的增加额；借方登记企业按法定程序报经批准减少注册资本及企业根据合同规定在合作期间归还投资者的投资等实收资本的减少额；期末余额在贷方，反映企业实收资本总额。企业可按投资者进行明细核算。

提示 股份有限公司应将该科目改为“股本”。

“股本”科目属于所有者权益类科目，核算股份有限公司股东投入资本的增减变动情况。该账户贷方登记股份有限公司发行股票的面值；借方登记按照法定程序报经批准减少注册资本而冲减的股票面值；期末余额在贷方，反映企业发行在外的股票的总面值。公司可按普通股和优先股及股东单位和姓名设置明细账户。

“资本公积”科目属于所有者权益类科目，核算企业收到投资者出资额超出其在注册资本或股本中所占的份额的部分。该科目贷方登记企业接受投资者投入资本等形成的资本公积的增加额；借方登记与发行权益性证券直接相关的手续费、佣金等交易费用及经股东大会或类似机构决议，用资本公积转增资本等的资本公积的减少额；期末余额在贷方，反映企业资本公积结余额。企业应当分“资本溢价（或股本溢价）”“其他资本公积”进行明细核算。

“库存股”科目属于所有者权益类科目，核算股份有限公司收购的尚未转让或注销的本公司股份金额。该科目借方登记企业为减少公司注册资本而收购本公司的股份，为奖励本公司职工而收购本公司的股份，股东因对股东大会做出的公司合并、分立决议持异议而要求公司收购其股份的实付金额；贷方登记企业转让库存股、注销库存股的账面余额；期末余额在借方，反映企业持有尚未转让或注销的本公司股份金额。

四、实收资本的核算

由于企业组织形式不同，所有者投入资本的会计核算方法也有所不同。

（一）接受投资的核算

1. 股份有限公司以外的企业接受投资的核算

（1）接受货币资产投资。企业收到投资人投入的货币资金，应在实际收到或者存入企业开户银行时，按实际收到的金额，借记“银行存款”科目，按投入资本在注册资本中所占份额，贷记“实收资本”科目，按其差额，贷记“资本公积——资本溢价”科目。

提示 投入资本在注册资本中所占份额即实收资本的构成比例或投资者的出资比例，它是确定所有者在企业所有者权益中所占的份额和参与企业财务经营决策的基础，也是企业进行利润分配的依据，同时还是企业清算时确定所有者对净资产的要求权的依据。

注意 初建有限责任公司时，各投资者按照合同、协议或公司章程投入企业的资本，应全部记入“实收资本”科目，注册资本为在公司登记机关登记的全体股东认缴的出资额。在企业增资时，如有新投资者介入，新介入的投资者缴纳的出资额大于其按约定比例计算的其在注册资本中所占的份额部分，不记入“实收资本”科目，而作为资本公积，记入“资本公积”科目。

例3-1 甲、乙、丙共同出资设立淮洲公司，注册资本为10 000 000元，甲、乙、丙持股比例分别为50%、35%和15%。淮洲公司如期收到各投资者一次性缴足的款项。淮洲公司应做账务处理如下：

借：银行存款	10 000 000	
贷：实收资本——甲		5 000 000
——乙		3 500 000
——丙		1 500 000

（2）接受非货币资产投资。我国《公司法》第二十七条规定：“股东可以用货币出资，也可以用实物、知识产权、土地使用权等可以用货币估价并可以依法转让的非货币财产作价出资；但是，法律、行政法规规定不得作为出资的财产除外。对作为出资的非货币财产应当评估作价，核实财产，不得高估或者低估作价。法律、行政法规对评估作价有规定的，从其规定。”

企业接受非现金资产投资时，应按投资合同或协议约定价值确定非现金资产价值，借记“原材料”“固定资产”“无形资产”等科目；按其在注册资本中应享有的份额，贷记“实收资本”科目；按其差额，贷记“资本公积——资本溢价”等科目。涉及增值税的，还应进行相应的账务处理。

例3-2 江淮公司于设立时收到W公司作为资本投入的原材料一批，该批原材料投资合同约定价值（不含可抵扣的增值税进项税额部分）为200 000元，增值税进项税额为26 000元。W公司已开具了增值税专用发票。假设合同约定的价值与公允价值相符，该进项税额允许抵扣，不考虑其他因素，江淮公司的账务处理如下：

借：原材料　　200 000

　　应交税费——应交增值税（进项税额）　　26 000

　贷：实收资本——W公司　　226 000

提示 原材料的合同约定价值与公允价值相符，因此，可按照200 000元的金额借记“原材料”科目；同时该进项税额允许抵扣，因此，增值税专用发票上注明的增值税额26 000元，应借记“应交税费——应交增值税（进项税额）”科目。

例3-3 江淮公司于设立时收到Y公司作为资本投入的不需要安装的机器设备一台，合同约定该机器设备的价值为3 000 000元，增值税进项税额为390 000元。合同约定的固定资产价值与公允价值相符，不考虑其他因素，江淮公司的账务处理如下：

借：固定资产　　3 000 000

　　应交税费——应交增值税（进项税额）　　390 000

　贷：实收资本——Y公司　　3 390 000

例3-4 江淮公司于设立时收到Z公司作为资本投入的非专利技术一项，该非专利技术投资合同的约定价值为100 000元，增值税进项税额为6 000元（由投资方支付税款，并提供或开具增值税专用发票）；土地使用权一项，投资合同的约定价值为600 000元，增值税进项税额为54 000元（由投资方支付税款，并提供或开具增值税专用发票）。假设江淮公司接受该非专利技术和土地使用权符合国家注册资本管理的有关规定，可按合同约定作为实收资本入账，合同约定的价值与公允价值相符，不考虑其他因素，江淮公司的账务处理如下：

借：无形资产——非专利技术　　100 000

　　　　　　——土地使用权　　600 000

　　应交税费——应交增值税（进项税额）　　60 000

　贷：实收资本——Z公司　　760 000

2. 股份有限公司股票发行的核算

股份有限公司是指全部资本由等额股份构成并通过发行股票（或股权证）筹集资本、股东以其认购的股份为限对公司承担责任、公司以其全部财产对公司债务承担责任的企业法人。其主要特征是：公司的资本总额平分为金额相等的股份，并通过发行股票的方式来筹集资本。每一股有一表决权，股东以其持有的股份享受权利、承担义务。股票的面值与股份总数的乘积为股本，股本应等于公司的注册资本。

股份有限公司股票发行的方式有三种：溢价发行、折价发行、面值发行。发行股票取得的收入大于股票面值的，称为溢价发行；小于股票面值的，称为折价发行；等于股票面值的，为面值发行。我国不允许企业折价发行股票。

股份有限公司在核定的股本总额及核定的股份总额的范围内发行股票时，应在实际收到现金资产时，按实际收到的金额，借记“银行存款”科目；按投入资本在股本中所占份额，贷记“股本”科目；按其差额，贷记“资本公积——股本溢价”科目。若在溢价发行股票时发生了手续费、佣金等发行税费，应从溢价收入中扣除，冲减资本公积，无溢价或溢价金额不足以扣减的情况下，应当将不足抵扣的部分冲减盈余公积和未分配利润。

例 3-5 美乐股份有限公司 2020 年 1 月 1 日委托南方证券公司发行普通股 20 000 000 股，每股面值 1 元，每股发行价格为 6 元。证券公司按发行收入的 2‰收取手续费，扣除手续费后的股款已经全部收到。会计根据股款的进账单、手续费发票和证明等原始凭证，做相应账务处理如下：

借：银行存款	119 760 000	
贷：股本		20 000 000
资本公积——股本溢价		99 760 000

提示 需要缴纳的手续费 = 20 000 000×6×2‰ = 240 000（元）

（二）实收资本（股本）增减变动的核算

企业的实收资本一般情况下应相对固定不变，但在某些特定情况下，实收资本也可能发生增减变化。当实收资本比原注册资本增加或减少的幅度超过 20%时，应持资金使用证明或者验资证明，向原登记主管机关申请变更登记。如果擅自改变注册资本或抽逃资金，要受到工商行政管理部门的处罚。

1. 实收资本（股本）的增加

非股份有限公司增加资本的途径主要有接受所有者投入、将资本公积转为实收资本、将盈余公积转为实收资本。

（1）接受所有者投入包括原企业所有者和新投资者投入，企业接受投资者投入的资本，借记“银行存款”“固定资产”“无形资产”等科目，贷记“实收资本”科目。

例 3-6 A 公司由甲、乙二人共同投资设立，原注册资本为 2 000 万元，甲、乙分别出资 1 500 万元和 500 万元。为扩大经营规模，经批准，A 公司注册资本扩大为 3 000 万元，甲、乙按照原出资比例分别追加投资 750 万元和 250 万元。A 公司如期收到甲、乙追加的现金投资。A 公司的账务处理如下：

借：银行存款	10 000 000	
贷：实收资本——甲		7 500 000
——乙		2 500 000

（2）资本公积转为实收资本，借记“资本公积——资本溢价”科目，贷记“实收资本”科目。盈余公积转为实收资本，借记“盈余公积”科目，贷记“实收资本”科目。

注意　资本公积和盈余公积均属所有者权益，转为实收资本时，企业如为独资企业，直接结转即可，如为有限责任公司，则应按照原投资者各出资比例相应增加各投资者的出资额。

提示　按照我国《公司法》的规定，用法定盈余公积金转增资本的，验资证明应当载明留存的该项公积金不得少于转增前公司注册资本的25%。

例3-7　承例3-6，因扩大经营规模需要，经批准，A公司按原出资比例将资本公积500万元转增资本。A公司的账务处理如下：

借：资本公积——资本溢价	5 000 000
贷：实收资本——甲	3 750 000
——乙	1 250 000

例3-8　承例3-6，因扩大经营规模需要，经批准，A公司按原出资比例将盈余公积500万元转增资本。A公司的账务处理如下：

借：盈余公积	5 000 000
贷：实收资本——甲	3 750 000
——乙	1 250 000

股份有限公司可以采取发放股票股利的方式增资。

2. 实收资本（股本）的减少

（1）实收资本的减少。

企业实收资本的减少原因大体有两种：①资本过剩；②企业发生重大亏损而需要减少实收资本。有限责任公司和一般企业发还投资，按法定程序报经批准减少注册资本的，借记“实收资本”科目，贷记“库存现金”“银行存款”等科目。

提示　有限责任公司的投资者转让出资时，必须事先经公司中超过半数的其他股东同意，如果其他股东有异议，应由其他股东购买该转让的出资，如果不购买则视为同意转让。在同等条件下，原投资者具有优先购买权。转让出资时，公司只需登记股东的转换即可。

例3-9　2020年12月，淮洲公司因资本过剩决定进行减资1 000 000元，根据当初甲、乙、丙三家公司的出资比例，分别按50%、35%和15%的比例支付银行存款。淮洲公司的账务处理如下：

借：实收资本——甲	500 000
——乙	350 000
——丙	150 000
贷：银行存款	1 000 000

（2）股本的减少。

股份有限公司由于采取的是发行股票的方式筹集股本，发还股款时，则要回购本公司发行的股票。发行股票的价格与股票面值可能不同，回购股票的价格也可能与发行价格不同，会计处理较为复杂。

为了核算和监督企业收购的尚未转让或注销的本公司股份金额，企业应设置“库存股”科目。库存股是指发行后重新回购或者通过其他方式取得的本公司尚未注销的股票。库存股是公司自己发行的并且是未注销的股票，持有的其他公司股票不是库存股。

股份有限公司因减少注册资本而回购本公司股份的，应按实际支付的金额，借记“库存股”科目，贷记“银行存款”等科目。

注销库存股时，应按股票面值和注销股数计算的股票面值总额，借记“股本”科目，按注销库存股的账面余额，贷记“库存股”科目；按其差额，冲减股票发行时原计入资本公积的溢价部分，借记“资本公积——股本溢价”科目；回购价格超过上述冲减“股本”及“资本公积——股本溢价”科目的部分，应依次借记“盈余公积”“利润分配——未分配利润”等科目；如果回购价格低于回购股份所对应的股本，所注销库存股的账面余额与所冲减股本的差额作为增加股本溢价处理，按回购股份所对应的股本面值，借记“股本”科目；按注销库存股的账面余额，贷记“库存股”科目；按其差额，贷记“资本公积——股本溢价”科目。

例 3-10 美乐股份有限公司截至 2020 年 12 月 31 日共发行股票 50 000 000 股，每股面值为 1 元，资本公积（股本溢价）7 000 000 元，盈余公积 4 000 000 元。经股东大会批准，美乐公司以现金回购本公司股票 2 000 000 股并注销。假定美乐公司按每股 5 元回购股票，不考虑其他因素，美乐公司应做账务处理如下：

（1）回购本公司股票时：

借：库存股	10 000 000	
贷：银行存款		10 000 000

（2）注销本公司股票时：

借：股本	2 000 000	
资本公积——股本溢价	7 000 000	
盈余公积	1 000 000	
贷：库存股		10 000 000

例 3-11 承例 3-10，假定美乐公司按每股 3 元回购股票，其他条件不变，美乐公司应做账务处理如下：

（1）回购本公司股票时：

借：库存股	6 000 000	
贷：银行存款		6 000 000

（2）注销本公司股票时：

借：股本	2 000 000	
资本公积——股本溢价	4 000 000	
贷：库存股		6 000 000

例 3-12 承例 3-10，假定美乐公司按每股 0.9 元回购股票，其他条件不变，美乐公司应做账务处理如下：

(1) 回购本公司股票时：

借：库存股	1 800 000
贷：银行存款	1 800 000

(2) 注销本公司股票时：

借：股本	2 000 000
贷：库存股	1 800 000
资本公积——股本溢价	200 000

第三节　资本公积

一、资本公积概述

（一）资本公积的概念

资本公积是企业收到投资者的超出其在企业注册资本（或股本）中所占份额的投资，以及其他资本公积等。资本公积包括资本溢价（或股本溢价）和其他资本公积。

形成资本溢价（或股本溢价）的原因有投资者超额缴入资本、溢价发行股票等。

其他资本公积是指除资本溢价（或股本溢价）、净损益、其他综合收益和利润分配以外所有者权益的其他变动。例如，企业的长期股权投资采用权益法核算时，因被投资单位除净损益、其他综合收益和利润分配以外所有者权益的其他变动，投资企业按应享有份额而增加或减少的资本公积，直接计入投资方所有者权益（资本公积——其他资本公积）。

提示 投资单位除净损益、其他综合收益和利润分配以外所有者权益的其他变动，主要包括被投资单位接受其他股东的资本性投入、被投资单位发行可分离交易的可转债中包含的权益成分、以权益结算的股份支付、其他股东对被投资单位增资导致投资方持股比例变动等。

企业根据国家有关规定实行股权激励的，如果在等待期内取消了授予的权益工具，企业应在进行权益工具加速行权处理时，将剩余等待期内应确认的金额立即计入当期损益，并同时确认资本公积（其他资本公积）。企业集团（由母公司和其全部子公司构成）内发生的股权支付交易，如结算企业是接受服务企业的投资者，应当按照授予日权益工具的公允价值或应承担负债的公允价值确认为对接受服务企业的长期股权投资，同时确认资本公积（其他资本公积）或负债。

（二）资本公积与实收资本（股本）的区别

(1) 从来源和性质看。实收资本（或股本）是指投资者按照企业章程或合同、协议的约定，实际投入企业并依法进行注册的资本，它体现了企业所有者对企业的基本产权关系。资本公积是投资者的出资超出其在注册资本中所占份额的部分，以及其他资本公积，它不直接表明所有者对企业的基本产权关系。

（2）从用途看。实收资本（或股本）的构成比例是确定所有者参与企业财务经营决策的基础，也是企业进行利润分配或股利分配的依据，同时还是企业清算时确定所有者对净资产的要求权的依据。资本公积的用途主要是用来转增资本（或股本）。资本公积不体现各所有者的占有比例，也不能作为所有者参与企业财务经营决策或进行利润分配（或股利分配）的依据。

（三）资本公积与其他综合收益的区别

其他综合收益是指企业根据企业会计准则规定未在当期损益中确认的各项利得和损失。资本公积和其他综合收益都会引起企业所有者权益发生增减变动，资本公积不会影响企业的损益，而部分其他综合收益项目则可以在满足企业会计准则规定的条件时，重分类进损益，从而成为企业利润的一部分。

（四）资本公积与留存收益的区别

资本公积的来源不是企业实现的利润，而主要来自资本溢价（或股本溢价）等。留存收益是企业从历年实现的利润中提取或形成的留存于企业的内部积累，来源于企业生产经营活动实现的利润。

二、资本公积的核算

（一）资本公积的形成

资本公积形成的主要方式是资本溢价（股本溢价）和其他资本公积。

1. 资本溢价

资本溢价是指投资者的实际出资额超出其在企业注册资本中所占份额的金额。除股份有限公司外的其他类型的企业，在企业创立时，投资者认缴的出资额与注册资本一致，一般不会产生资本溢价。但在企业重组或有新的投资者加入时，常常会出现资本溢价。因为在企业进行正常生产经营后，其资本利润率通常要高于企业初创阶段，另外，企业有内部积累，新投资者加入企业后，对这些积累也要分享，所以新加入的投资者往往要付出大于原投资者的出资额，才能取得与原投资者相同的出资比例。投资者多缴的部分就形成了资本溢价，应记入“资本公积——资本溢价”科目。

例 3-13 黄淮有限责任公司由甲、乙两位投资者投资 30 000 000 元设立，每人各出资 15 000 000 元。一年后，为扩大经营规模，经批准，黄淮有限责任公司注册资本增加到 45 000 000元，并引入第三位投资者丙加入。按照投资协议，新投资者需缴入现金 18 000 000元，同时享有该公司三分之一的股份。黄淮有限责任公司已收到该现金投资。假定不考虑其他因素，黄淮有限责任公司应做账务处理如下：

借：银行存款 18 000 000

贷：实收资本——丙 15 000 000

资本公积——资本溢价 3 000 000

2. 股本溢价

股本溢价是指股份有限公司溢价发行股票时实际收到的股款超出股票面值的数额。股份有限公司是以发行股票的方式筹集股本的，股票可按面值发行，也可按溢价发行，因而在成立之初，就可能会产生股本溢价。股本溢价的数额等于股份有限公司发行股票时实际收到的款额超过股票面值总额的部分。

在按面值发行股票的情况下，企业发行股票取得的收入，应全部作为股本处理；在溢价发行股票的情况下，企业发行股票取得的收入，等于股票面值的部分作为股本处理，超出股票面值的溢价收入应作为股本溢价处理。

发行股票相关的手续费、佣金等交易费用，如果是溢价发行股票的，应从溢价中抵扣，冲减资本公积（股本溢价）；无溢价发行股票或溢价金额不足以抵扣的，应将不足抵扣的部分依次冲减盈余公积和未分配利润。

例 3－14 A股份有限公司首次公开发行了普通股10 000 000股，每股面值1元，每股发行价格为3元。A股份有限公司以银行存款支付发行手续费、咨询费等费用共计60 000元。假定发行收入已全部收到，发行费用已全部支付，不考虑其他因素，A股份有限公司应做账务处理如下：

（1）收到发行收入时：

借：银行存款 30 000 000

贷：股本 10 000 000

资本公积——股本溢价 20 000 000

（2）支付发行费用时：

借：资本公积——股本溢价 60 000

贷：银行存款 60 000

3. 其他资本公积

企业对被投资单位的长期股权投资采用权益法核算时，在持股比例不变的情况下，对因被投资单位除净损益、其他综合收益和利润分配以外所有者权益的其他变动，应按持股比例计算其应享有或应分担被投资单位所有者权益的增减数额。在处置长期股权投资时，应转销与该笔投资相关的其他资本公积。如果是增加，应借记“长期股权投资”科目，贷记“资本公积——其他资本公积”科目；如果是减少，应做相反的会计分录。

例 3－15 淮洲公司于某年1月1日向广元公司投资5 000 000元，拥有该公司20%的股份，并对该公司有重大影响，因而对广元公司长期股权投资采用权益法核算。当年12月31日，广元公司除净损益、其他综合收益和利润分配以外的所有者权益增加了600 000元。假定除此以外，广元公司的所有者权益没有变化，淮洲公司的持股比例没有变化，广元公司资产的账面价值与公允价值一致，不考虑其他因素，淮洲公司应做账务处理如下：

借：长期股权投资——广元公司——其他权益变动　　120 000
　　贷：资本公积——其他资本公积　　120 000

提示 淮洲公司增加的资本公积=600 000×20%=120 000（元）

（二）资本公积的运用

企业的资本公积由企业投资者享有，但不属于法定资本。当企业需要扩大经营规模而增加注册资本时，经股东大会或类似机构决议，资本公积可以转增资本。转增时，借记“资本公积”科目，同时按照转增前的实收资本的结构或比例，贷记“实收资本”科目。

例3-16 淮洲公司由甲、乙、丙三家公司共同投资设立，注册资本为10 000 000元，三方的出资比例分别为50%、35%和15%。因扩大经营规模需要，经批准，公司按原出资比例将资本公积2 000 000元转增资本。淮洲公司应做账务处理如下：

借：资本公积　　2 000 000
　　贷：实收资本——甲公司　　1 000 000
　　　　　　　　——乙公司　　700 000
　　　　　　　　——丙公司　　300 000

第四节 其他综合收益

一、其他综合收益的概述

《企业会计准则第30号——财务报表列报》第三十三条规定：“其他综合收益，是指企业根据其他会计准则规定未在当期损益中确认的各项利得和损失。”其包括以后会计期间不能重分类进损益的其他综合收益和以后会计期间在满足规定条件时将重分类进损益的其他综合收益两类。

1. 以后会计期间不能重分类进损益的其他综合收益

以后会计期间不能重分类进损益的其他综合收益项目主要包括重新计量设定受益计划净负债或净资产导致的变动，以及按照权益法核算因被投资单位重新计量设定受益计划净负债或净资产变动导致的权益变动，投资企业按持股比例计算确认的该部分其他综合收益项目。

2. 以后会计期间在满足规定条件时将重分类进损益的其他综合收益

以后会计期间有满足规定条件时将重分类进损益的其他综合收益项目主要包括：符合金融工具准则规定，同时符合条件的金融资产应当分类为以公允价值计量且其变动计入其他综合收益；按照金融工具准则的规定，对金融资产重分类；采用权益法核算的长期股权投资；

存货或自用房地产转换为投资性房地产；现金流量套期工具产生的利得或损失中属于有效套期的部分；外币财务报表折算差额等。

二、其他综合收益的核算

为了核算和监督企业未在当期损益中确认的各项利得和损失扣除所得税影响后的净额的增减变动情况，企业应当设置“其他综合收益”科目，该科目属于所有者权益类。

提示 2014年修订后的《企业会计准则第30号——财务报表列报》将原来计入“资本公积——其他资本公积”科目的未在当期损益中确认的各项利得和损失扣除所得税影响后的净额，改记入“其他综合收益”作为一级科目进行核算。

1. 以公允价值计量且其变动计入其他综合收益的金融资产公允价值的变动

企业在持有以公允价值计量且其变动计入其他综合收益的金融资产期间，对于其他权益工具投资，企业获得的其他相关的利得或损失（包括汇兑损益）均应当计入其他综合收益，借记“应收股利”科目，贷记“其他综合收益”科目，且后续不得转入当期损益。

在资产负债表日，以公允价值计量且其变动计入其他综合收益的金融资产应当按照公允价值计量，该项金融资产公允价值变动应当作为其他综合收益，计入所有者权益，不构成当期利润。

资产负债表日，其他债权投资的公允价值高于其账面余额的差额，借记“其他债权投资——公允价值变动”科目，贷记“其他综合收益——其他债权投资公允价值变动”科目；公允价值低于其账面余额的差额，做相反的会计分录。

资产负债表日，其他权益工具投资的公允价值高于其账面余额的差额，借记“其他权益工具投资——公允价值变动”科目，贷记“其他综合收益——其他权益工具投资公允价值变动”科目；公允价值低于其账面余额的差额，做相反的会计分录。

企业出售其他债权投资时，应当将取得的价款与账面价值之间的差额作为投资损益进行会计处理；同时，将之前计入该其他债权投资的公允价值变动转出，由其他综合收益转为投资收益。

企业出售其他权益工具投资时，应当将取得的价款与账面余额之间的差额作为留存收益进行会计处理；同时，将之前计入其他综合收益的累计利得或损失从其他综合收益中转出，计入留存收益。

例3-17 淮洲公司于某年5月20日从上海证券交易所购入海河公司股票1 000 000股，占海河公司有表决权股份的5%，支付价款合计8 030 000元，其中，证券交易费用等30 000元。淮洲公司没有在海河公司董事会中派出代表，公司将其指定为以公允价值计量且其变动计入其他综合收益的非交易性权益工具投资。

当年6月30日，海河公司股票收盘价跌为每股7.50元，淮洲公司预计黄河公司股票价格下跌是暂时的。

当年12月31日，海河公司财务状况好转，业绩较上年有较大提升，公司股票收盘价上涨为每股 8.20 元。

次年 1 月 10 日，淮洲公司以每股 9.50 元的价格将股票全部转让。

假设不考虑其他情况，淮洲公司对从当年 5 月 20 日至次年 1 月 10 日发生的上述有关业务应做如下的账务处理：

（1）5 月 20 日，会计根据成交过户交割单等原始凭证，编制记账凭证，账务处理如下：

借：其他权益工具投资——海河股份——成本 8 030 000

贷：其他货币资金——存出投资款 8 030 000

提示 黄河公司股票的单位成本＝8 030 000÷1 000 000＝8.03（元/股）

（2）6 月 30 日，会计根据收盘价，编制其他权益工具投资公允价值变动损益计算表，账务处理如下：

借：其他综合收益——其他权益工具投资公允价值变动 530 000

贷：其他权益工具投资——海河股份——公允价值变动 530 000

提示 公允价值变动＝(7.50－8.03)×1 000 000＝－530 000（元）

（3）12 月 31 日，会计根据收盘价，编制其他权益工具投资公允价值变动损益计算表，账务处理如下：

借：其他权益工具投资——海河股份——公允价值变动 700 000

贷：其他综合收益——其他权益工具投资公允价值变动 700 000

提示 其他权益工具投资账面余额＝8 030 000－530 000＝7 500 000（元）

其他权益工具投资公允价值＝8.20×1 000 000＝8 200 000（元）

公允价值变动＝8 2000 000－7 500 000＝700 000（元）

（4）次年 1 月 10 日，出售股票，账务处理如下：

借：其他货币资金——存出投资款 9 500 000

其他综合收益——其他权益工具投资公允价值变动 170 000

贷：其他权益工具投资——海河股份——成本 8 030 000

——公允价值变动 170 000

盈余公积 147 000

利润分配——未分配利润 1 323 000

提示 海河公司股票的成本＝8 030 000（元）

“其他权益工具投资——海河股份——公允价值变动”账面借方余额＝-530 000+700 000＝170 000（元）

盈余公积＝(9 500 000-8 030 000)×10%＝147 000（元）

利润分配——未分配利润＝(9 500 000-8 030 000)-147 000＝1 323 000（元）

2. 金融资产的重分类

（1）企业将一项以摊余成本计量的金融资产重分类为以公允价值计量且其变动计入其他综合收益的金融资产的，应当按照该金融资产在重分类日的公允价值进行计量。原账面价值与公允价值之间的差额计入其他综合收益。该金融资产重分类不影响其实际利率和预期信用损失的计量。

账务处理为：应在重分类日，按以摊余成本计量的金融资产的公允价值，借记“其他债权投资——成本”科目；按其账面余额，贷记“债权投资——成本、利息调整、应计利息”科目；按其差额，贷记或借记“其他综合收益”科目。已计提减值准备的，还应同时结转减值准备，借记“债权投资减值准备”科目，贷记“其他综合收益”科目。

例 3-18 2020年1月1日，淮洲公司从上海证券交易所购入万科公司债券50 000份，支付价款5 500 000元，债券票面价值总额为5 000 000元，剩余期限为5年，票面利率为8%，于年末支付本年度债券利息；淮洲公司将该债券划分为摊余成本计量的金融资产。

2021年1月1日，淮洲公司为解决资金紧张问题，通过上海证券交易所按每张债券102元出售万科债券20 000份。当日，每份万科债券的公允价值为102元，摊余成本为108.50元。假定出售债券时不考虑交易费用及其他相关因素，淮洲公司出售万科公司债券的相关账务处理如下：

（1）2021年1月1日，出售债券：

借：其他货币资金	2 040 000	
投资收益	130 000	
贷：债权投资——万科公司债券——成本		2 000 000
——利息调整		170 000

提示 每份公司债券的面值＝5 000 000÷50 000＝100（元）

20 000份公司债券的成本＝20 000×100＝2 000 000（元）

20 000份债券的利息调整余额＝20 000×（108.50-100）＝170 000（元）

（2）2021年1月1日，将剩余的30 000份公司债券重分类为以公允价值计量且其变动计入其他综合收益的金融资产：

借：其他债权投资——万科公司债券——成本	3 060 000	
其他综合收益——其他债权投资公允价值变动	195 000	
贷：债权投资——万科公司债券——成本		3 000 000
——利息调整		255 000

提示 重分类为其他债权投资的入账价值 = 30 000×102 = 3 060 000（元）

剩余 30 000 份公司债券的成本 = 30 000×100 = 3 000 000（元）

剩余 30 000 份债券的利息调整余额 = 30 000×(108.50−100) = 255 000（元）

（2）企业将以公允价值计量且其变动计入其他综合收益的金融资产重分类为以摊余成本计量的金融资产的，应当将之前计入其他综合收益的累计利得或损失转出，调整该金融资产在重分类日的公允价值，并以调整后的金额作为新的账面价值，即视同该金融资产一直以摊余成本计量。该金融资产重分类不影响其实际利率和预期信用损失的计量。

（3）企业将以公允价值计量且其变动计入其他综合收益的金融资产重分类为以公允价值计量且其变动计入当期损益的金融资产的，应当继续以公允价值计量该金融资产。同时，企业应将之前计入其他综合收益的累计利得或损失从其他综合收益转入当期损益。

3. 采用权益法核算的长期股权投资

采用权益法核算的长期股权投资，按照被投资单位实现其他综合收益以及持股比例计算应享有或分担的金额，调整长期股权投资的账面价值，同时增加或减少其他综合收益，其会计处理为：借记（或贷记）“长期股权投资——其他综合收益”科目，贷记（或借记）“其他综合收益”科目。待该项股权投资处置时，将原计入其他综合收益的金额转入当期损益，借记（或贷记）“其他综合收益”科目，贷记（或借记）“投资收益”科目。

例 3－19 淮洲公司持有万达公司 30% 的股份，能够对万达公司施加重大影响。当期万达公司因持有的可供出售金融资产公允价值升值产生的变动计入其他综合收益的金额为 100 000 元，除该事项外，万达公司当期实现的净利润为 5 000 000 元。假定淮洲公司和万达公司适用的会计政策、会计期间相同，两者在当期及以前未发生任何内部交易，投资时万达公司各项可辨认资产、负债的公允价值与其账面价值相同。不考虑相关税费等其他因素的影响，淮洲公司应进行的账务处理如下：

借：长期股权投资——万达公司——损益调整	1 500 000	
——其他综合收益	30 000	
贷：投资收益		1 500 000
其他综合收益		30 000

4. 存货或自用房地产转换为投资性房地产

企业将作为存货的房地产转换为采用公允价值模式计量的投资性房地产时，应当按该项房地产在转换日的公允价值，借记“投资性房地产——成本”科目；原已计提跌价准备的，借记“存货跌价准备”科目；按其账面余额，贷记“开发产品”等科目。同时，转换日的公允价值小于账面价值的，按其差额，借记“公允价值变动损益”科目；转换日的公允价值大于账面价值的，按其差额，贷记“其他综合收益”科目。

例 3－20 2020 年 5 月 20 日，黄淮公司董事会形成书面决议，将其开发的一栋写字楼出租给嘉华公司。两公司签订了租赁协议，租赁期开始日为 2020 年 6 月 1 日，租赁期为 3 年。2020 年 5 月 20 日，该写字楼的账面余额为 50 000 000 元，公允价值为 70 000 000 元。黄淮公司的账务处理如下：

借：投资性房地产——写字楼——成本　　70 000 000
　　贷：开发产品　　50 000 000
　　　　其他综合收益——公允价值变动——投资性房地产　　20 000 000

企业将自用的建筑物等转换为采用公允价值模式计量的投资性房地产时，应当按该项房地产在转换日的公允价值，借记“投资性房地产——成本”科目；原已计提减值准备的，借记“固定资产减值准备”科目；按已计提的累计折旧等，借记“累计折旧”等科目；按其账面余额，贷记“固定资产”等科目。同时，转换日的公允价值小于账面价值的，按其差额，借记“公允价值变动损益”科目；转换日的公允价值大于账面价值的，按其差额，贷记“其他综合收益”科目。

待该项投资性房地产处置时，因转换计入其他综合收益的部分应转入当期损益，借记“其他综合收益”科目，贷记“其他业务成本”科目。

例 3－21 2019 年 10 月，淮洲公司董事会决议，公司搬迁新址，将原处于繁华地段的办公楼出租。年底，公司完成了搬迁工作，原办公楼停止使用。2020 年 1 月 1 日，淮洲公司与茂华国际签订了租赁协议，约定租赁期从 2020 年 1 月 1 日起，期限 3 年。假设淮洲公司对出租的办公楼采用公允价值模式计量，2020 年 1 月 1 日，该办公楼的公允价值为450 000 000元，其原价为 640 000 000 元，已提折旧 300 000 000 元。淮洲公司的账务处理如下：

借：投资性房地产——办公楼——成本　　450 000 000
　　累计折旧　　300 000 000
　　贷：固定资产——办公楼　　640 000 000
　　　　其他综合收益——公允价值变动——投资性房地产　　110 000 000

提示 如果 2020 年 1 月 1 日该办公楼的公允价值为 320 000 000 元，其他条件不变，淮洲公司账务处理如下：

借：投资性房地产——办公楼——成本　　320 000 000
　　累计折旧　　300 000 000
　　公允价值变动损益——投资性房地产　　20 000 000
　　贷：固定资产——办公楼　　640 000 000

例 3－22 2024 年 1 月 1 日，淮洲公司租赁给茂华国际的办公楼到期收回，董事会决定将其出售。出售时，取得价款 550 000 000 元。该办公楼的成本为450 000 000元，“其他综合收益——公允价值变动——投资性房地产”科目为贷方 110 000 000 元，“投资性房地产——办公楼——公允价值变动”科目为借方 50 000 000 元，假定不考虑相关税费的影响，淮洲公司的账务处理如下：

（1）取得收入：

借：银行存款　　550 000 000
　　贷：其他业务收入　　550 000 000

（2）结转处置成本：

借：其他业务成本　　500 000 000

　贷：投资性房地产——办公楼——成本　　450 000 000

　　　　——办公楼——公允价值变动　　50 000 000

（3）结转公允价值变动损益：

借：公允价值变动损益　　50 000 000

　贷：其他业务成本　　50 000 000

（4）结转其他综合收益：

借：其他综合收益——公允价值变动——投资性房地产　　110 000 000

　贷：其他业务成本　　110 000 000

第五节 留存收益

一、留存收益概述

留存收益是指企业从历年实现的利润中提取或形成的留存于企业的内部积累，包括盈余公积和未分配利润两类。

通过企业的生产经营活动获得的盈利扣除所得税后的净额，一般称之为净利润。净利润主要有三个方面的用途：①按照协议、合同或章程的规定，向投资者进行分配；②用于追加资本，扩充企业经营规模；③以盈抵亏、留存企业等。上述三方面，除分配给投资者的那部分以外，其余的净利润则留存于企业，即留存收益。

提示 留存收益与投入资本均属于所有者权益，但投入资本是由所有者从外部投入企业的，它是所有者权益的主要部分，而留存收益是依靠企业经营实现的利润积累形成的。

二、利润分配的顺序

利润分配是指企业根据国家有关规定和企业章程、投资者协议等，对企业当年可供分配的利润所进行的分配。可供分配的利润的计算公式为

可供分配的利润=当年实现的净利润（或净亏损）+年初未分配利润（或–年初未分配亏损）+其他转入

根据《公司法》等有关法规的规定，利润分配的顺序依次是：

（1）弥补公司以前年度亏损。按照《中华人民共和国企业所得税法》规定，以前年度亏损（五年内）可用税前利润弥补，从第六年起只能用税后利润弥补。

提示 以当年实现的利润弥补以前年度结转的未弥补亏损时，不需要进行专门的

账务处理。

（2）提取法定盈余公积。按照《公司法》有关规定，公司制企业应当按照净利润（减弥补以前年度亏损，下同）的10%提取法定盈余公积。非公司制企业法定盈余公积的提取比例可超过净利润的10%。法定盈余公积累计额已达注册资本的50%时可以不再提取。

（3）提取任意盈余公积。公司制企业可根据股东大会的决议提取任意盈余公积。非公司制企业经类似权力机构批准，也可提取任意盈余公积。

提示 法定盈余公积和任意盈余公积的区别在于其各自计提的依据不同，前者以国家的法律法规为依据，后者由企业的权力机构自行决定。

（4）向投资者分配利润。企业弥补亏损和提取公积金后所余税后利润，有限责任公司按照出资比例分配，股份有限公司按照股东持股比例分配。

提示 股份有限公司按照利润分配方案先分配优先现金股利，然后分配普通现金股利，最后是分配普通股股票股利。

三、留存收益核算的账户设置

为了核算和监督企业留存收益的形成、使用和结存情况，企业应设置“利润分配”“盈余公积”等科目。

“利润分配”科目属于所有者权益类科目，是“本年利润”科目的调整科目，核算和监督企业利润的分配（或亏损的弥补）和历年分配（或弥补）后的余额。该科目借方登记企业按规定提取的盈余公积和分配给股东或投资者的现金股利或利润等；贷方登记年度终了企业本年实现的净利润及用盈余公积弥补亏损的金额；年末余额反映企业的未分配利润（或未弥补亏损）。该科目应当分“提取法定盈余公积”“提取任意盈余公积”“应付现金股利或利润”“盈余公积补亏”和“未分配利润”等进行明细核算。

“盈余公积”科目属于所有者权益类科目，核算和监督企业从净利润中提取的盈余公积。该科目借方登记经股东大会或类似机构决议，用盈余公积弥补亏损或转增资本的金额等；贷方登记企业按规定提取的盈余公积；期末余额在贷方，反映企业的盈余公积。该科目应当分“法定盈余公积”“任意盈余公积”进行明细核算。

四、留存收益的核算

（一）盈余公积

盈余公积是指企业按照规定从净利润中提取的企业积累资金。公司制企业的盈余公积包括法定盈余公积和任意盈余公积。盈余公积的主要用途是弥补亏损、转增资本、发放现金股利或利润等。

提示 如果以前年度未分配利润有盈余（即年初未分配利润余额为贷方数字），

在计算提取法定盈余公积的基数时，不应包括企业年初未分配利润；如果企业以前年度的亏损尚未弥补（即年初未分配利润余额为借方数字），当年的净利润应先用于弥补以前年度的亏损，然后再提取法定盈余公积。

1. 提取盈余公积

企业按规定提取盈余公积时，应借记“利润分配——提取法定盈余公积”“利润分配——提取任意盈余公积”科目，贷记“盈余公积——法定盈余公积”“盈余公积——任意盈余公积”科目。

例 3－23 淮洲公司 2020 年实现净利润 4 000 000 元，年初未分配利润为 0。经董事会批准，淮洲公司按当年净利润的 10%提取法定盈余公积，按 15% 提取任意盈余公积，盈余公积计算表见表 3－1。

表 3－1 **盈余公积计算表**

2020 年 12 月 31 日 （单位：元）

项目	金额
2020 年实现净利润	4 000 000
弥补以前年度亏损	
提取法定盈余公积（10%）	400 000
提取任意盈余公积（15%）	600 000

制表人：董齐昊 复核人：王远帆

假定不考虑其他因素，淮洲公司应做账务处理如下：

借：利润分配——提取法定盈余公积 400 000
　　　　　——提取任意盈余公积 600 000
　贷：盈余公积——法定盈余公积 400 000
　　　　　　——任意盈余公积 600 000

2. 盈余公积补亏

用盈余公积弥补亏损时，借记“盈余公积”科目，贷记“利润分配——盈余公积补亏”科目。

例 3－24 假设淮洲公司 2020 年经营亏损 800 000 元，经董事会批准，用以前年度提取的盈余公积弥补当年的亏损。淮洲公司应做账务处理如下：

借：盈余公积 800 000
　贷：利润分配——盈余公积补亏 800 000

3. 盈余公积转增资本（或股本）

经股东大会决议，可以将盈余公积转增资本（或股本）。用盈余公积转增资本时，应先办理增资手续，并按所有者（股东）的原出资比例增加资本。用盈余公积转增资本时，借记“盈余公积”科目，贷记“实收资本”或“股本”科目。

例 3-25 2021年，淮洲公司因扩大经营规模需要，经股东大会批准，将盈余公积500 000元转增注册资本，甲、乙、丙按原持股比例（分别是50%、35%和15%）享有权利。假定不考虑其他因素，淮洲公司应做账务处理如下：

借：盈余公积　　500 000
　贷：实收资本——甲　　250 000
　　　　　　　——乙　　175 000
　　　　　　　——丙　　75 000

4. 用盈余公积发放现金股利或利润

在特殊情况下，当企业累积的盈余公积较多、可分配利润较少时，为维护企业形象，给投资者以合理回报，对于符合规定的企业，经股东大会或类似机构特别会议，可以用盈余公积分配现金股利或利润。但分配后企业法定盈余公积的比例不得低于分配前注册资本的25%。

分配现金股利或利润时，借记“盈余公积”科目，贷记“应付股利”或“应付利润”科目；发放现金股利或利润时，借记“应付股利”或“应付利润”科目，贷记“银行存款”科目。

例 3-26 淮洲公司董事会批准了2020年度利润分配方案，决定用法定盈余公积200 000元分派利润，淮洲公司应做账务处理如下：

（1）宣告分配利润时：

借：盈余公积——法定盈余公积　　200 000
　贷：应付利润　　200 000

（2）支付利润时：

借：应付利润　　200 000
　贷：银行存款　　200 000

（二）未分配利润

未分配利润是企业留待以后年度进行分配的结存利润。相对于企业所有者权益的其他部分而言，未分配利润未指定专门用途，企业对未分配利润有较大的使用权。从数量上看，用公式表示为

未分配利润=年初未分配利润+本期实现的净利润-本期提取的各种盈余公积-向所有者分配的利润

提示 未分配利润包括两层含义：①留待以后年度处理的利润；②未指明特定用途的利润。

在会计处理上，未分配利润是通过“利润分配”科目进行核算的。年度终了，企业应将全年实现的净利润，自“本年利润”科目转入“利润分配——未分配利润”科目，并将

"利润分配"科目下的其他有关明细科目的余额，转入"未分配利润"明细科目。结转后，"未分配利润"明细科目的贷方余额，就是累积未分配的利润数额。如果出现借方余额，则表示累积未弥补的亏损数额。

例 3－27 甲股份有限公司年初未分配利润为 0，2019 年实现净利润 3 000 000 元，2019 年提取法定盈余公积 300 000 元，宣告发放现金股利 600 000 元。利润分配明细科目结转表见表 3－2。假定不考虑其他因素，甲公司应做账务处理如下：

表 3－2 **利润分配明细科目结转表**

2019 年 12 月 31 日 （单位：元）

项目	金额
法定盈余公积	300 000
应付现金股利	600 000

制表人：杨勇 复核人：李桦

（1）结转 2019 年利润：

借：本年利润 3 000 000

贷：利润分配——未分配利润 3 000 000

动脑筋 如果公司当年发生亏损 1 000 000 元则应如何处理？

（2）提取法定盈余公积、宣告发放现金股利：

借：利润分配——提取法定盈余公积 300 000

——应付现金股利 600 000

贷：盈余公积——法定盈余公积 300 000

应付股利 600 000

借：利润分配——未分配利润 900 000

贷：利润分配——提取法定盈余公积 300 000

——应付现金股利 600 000

提示 甲股份有限公司本年年末的累计未分配利润＝3 000 000－900 000＝2 100 000（元）

例 3－28 光源股份公司 2020 年 12 月 31 日普通股股本为 60 000 000 股，每股面值 1 元，年初未分配利润为贷方 18 000 000 元，当年实现净利润 7 000 000 元。公司按照当年实现净利润的 10%提取法定盈余公积，5%提取任意盈余公积。2021 年 3 月 20 日，股东大会批准了 2020 年度利润分配方案，以 2020 年 12 月 31 日为登记日，按每股 0.15 元发放现金股利，按每 10 股送 2 股的比例派发股票股利。2021 年 5 月 8 日，公司以银行存款支付了全部现金股利，新增股本也已经办理完股权登记和相关增资手续。光源股份公司应做账务处理如下：

（1）2020 年 12 月 31 日：

1）结转全年净利润：

借：本年利润　　7 000 000

　　贷：利润分配——未分配利润　　7 000 000

2）提取盈余公积：

借：利润分配——提取法定盈余公积　　700 000

　　　　　　——提取任意盈余公积　　350 000

　　贷：盈余公积——法定盈余公积　　700 000

　　　　　　　　——任意盈余公积　　350 000

3）结转“利润分配”各明细：

借：利润分配——未分配利润　　1 050 000

　　贷：利润分配——提取法定盈余公积　　700 000

　　　　　　　　——提取任意盈余公积　　350 000

动脑筋　2020 年年末未分配利润的余额是多少？

（2）2021 年 3 月 20 日：

1）宣告分配现金股利：

借：利润分配——应付现金股利　　9 000 000

　　贷：应付股利　　9 000 000

提示　现金股利 = 60 000 000×0. 15 = 9 000 000（元）

2）结转“应付现金股利”明细：

借：利润分配——未分配利润　　9 000 000

　　贷：利润分配——应付现金股利　　9 000 000

（3）2021 年 5 月 8 日：

1）宣告分配股票股利：

借：利润分配——转作股本的股利　　12 000 000

　　贷：股本　　12 000 000

提示　股票股利 = 60 000 000÷10×2×1 = 12 000 000（元）

2）结转“转作股本的股利”明细：

借：利润分配——未分配利润　　12 000 000

　　贷：利润分配——转作股本的股利　　12 000 000

3）支付现金股利：

借：应付股利　　9 000 000

贷：银行存款　　9 000 000

动脑筋　截至2021年5月8日"利润分配——未分配利润"科目的余额是多少？

本章内容在报表中的信息披露

资产负债表

资　产	负债和所有者权益
流动资产：	流动负债：
……	……
非流动资产：	非流动负债：
……	……
	所有者权益（或股东权益）：
	实收资本（股本）〔=实收资本（股本）〕
	其他权益工具（=其他权益工具）
	资本公积（=资本公积）
	减：库存股（=库存股）
	其他综合收益（=其他综合收益）
	专项储备（=专项储备）
	盈余公积（=盈余公积）
	未分配利润（年末=利润分配——未分配利润明细科目的期末余额填列，若借方余额则以"-"号填列；平时=利润分配——未分配利润明细科目的期末余额+本年利润账户的余额填列，若余额为借方，则以"-"号填列）
	所有者权益（或股东权益）合计

本章习题

一、单项选择题（下列答案中有一个答案是正确的，请将正确答案前的英文字母填入括号内）

1. 下列各项中，不属于所有者权益的是（　　）。

A. 资本溢价　　B. 计提盈余公积

C. 投资者投入资本　　D. 应付高管人员基本薪酬

2. 在接受投资时，非股份有限公司应通过"（　　）"科目核算。

A. 未分配利润　　B. 实收资本　　C. 股本　　D. 盈余公积

3. A有限责任公司由两位投资者投资200万元设立，每人各出资100万元。一年以后，为扩大经营规模，经批准，A有限责任公司注册资本增加到300万元，并引入第三方投资者加入。按照投资协议，新投资者需缴入现金120万元，同时享有该公司三分之一的股份。A有限责任公司已收到该现金投资。假定不考虑其他因素，A有限责任公司接受第三方投资者时应确认的资本公积为（ ）万元。

A. 110　　B. 100　　C. 20　　D. 200

4. 乙公司收到投资者作为资本投入的固定资产，合同约定该固定资产的价值为1 800万元，公允价值是1 835万元。假定不考虑增值税、资本溢价等因素，乙公司收到该投资时，应计入实收资本的金额为（ ）万元。

A. 0　　B. 35　　C. 1 800　　D. 1 835

5. 下列各项中，能够引起企业所有者权益减少的是（ ）。

A. 股东大会宣告派发现金股利　　B. 盈余公积转增资本

C. 提取法定盈余公积　　D. 提取任意盈余公积

6. 甲企业（有限责任）收到乙企业一设备出资，该设备的原价为50万元，已提折旧6万元，投资合同约定该设备价值为40万元（假定是公允的且不考虑增值税），占注册资本30万元，则甲企业的会计处理为（ ）。

A. 借：固定资产　　40
　　贷：实收资本　　40

B. 借：固定资产　　44
　　贷：实收资本　　44

C. 借：固定资产　　40
　　贷：实收资本　　30
　　　　资本公积　　10

D. 借：固定资产　　50
　　贷：累计折旧　　10
　　　　资本公积　　40

7. 甲股份有限公司委托A证券公司发行普通股2 000万股，每股面值1元，每股发行价格为5元。根据规定，股票发行成功后，甲股份有限公司按发行收入的2%向A证券公司支付发行费。如果不考虑其他因素，股票发行成功后甲股份有限公司记入“资本公积”科目的金额应为（ ）万元。

A. 9 800　　B. 200　　C. 7 800　　D. 8 000

8. 某上市公司发行普通股1 000万股，每股面值1元，每股发行价格5元，支付手续费20万元，支付咨询费60万元。该公司发行普通股计入股本的金额为（ ）万元。

A. 1 000　　B. 4 920　　C. 4 980　　D. 5 000

9. 下列各项中，不会引起资本公积变动的是（　　）。
A. 经批准将资本公积转增资本
B. 投资者投入的资金大于按约定比例在注册资本中应享有的份额
C. 股东大会宣告分配现金股利
D. 直接计入所有者权益的利得

10. 下列各项中，不属于资本公积的来源的是（　　）。
A. 资本溢价　　B. 股本溢价
C. 处置无形资产形成的利得　　D. 资本公积——其他资本公积

11. 某股份有限公司首次公开发行普通股 6 000 万股，每股价值 1 元，每股发行价格 3 元，发生手续费、佣金等 500 万元。该项业务应计入资本公积的金额为（　　）万元。
A. 11 500　　B. 12 000　　C. 12 500　　D. 17 500

12. 下列各项中，应计入其他综合收益的是（　　）。
A. 投资性房地产出售净收益　　B. 出售固定资产取得的净收益
C. 出售无形资产取得的净收益　　D. 其他债权投资期末公允价值上升

13. 下列各项中，不属于留存收益的是（　　）。
A. 资本溢价　　B. 任意盈余公积　　C. 未分配利润　　D. 法定盈余公积

14. 下列各项中，会导致留存收益总额发生增减变动的是（　　）。
A. 资本公积转增资本　　B. 盈余公积补亏
C. 盈余公积转增资本　　D. 以当年净利润弥补以前年度亏损

15. 某公司"盈余公积"科目年初余额为 500 万元，本期提取 200 万元，转增资本 80 万元，该公司"盈余公积"科目的年末余额为（　　）万元。
A. 620　　B. 700　　C. 500　　D. 420

16. 某企业经营第一年亏损 150 万元，第二年实现税前利润 400 万元，所得税税率 25%，法定盈余公积的提取比例是 10%，则该企业当年提取的盈余公积为（　　）万元。
A. 187.5　　B. 62.5　　C. 22.5　　D. 18.75

17. 某公司年初"盈余公积"科目余额为 400 万元，"未分配利润"科目余额为 800 万元，本期实现净利润 100 万元，提取盈余公积 10 万元，盈余公积转增资本 100 万元，不考虑其他因素，则该公司留存收益的年末余额为（　　）万元。
A. 1 410　　B. 1 310　　C. 1 300　　D. 1 200

18. 某企业年初未分配利润贷方余额为 200 万元，本年实现净利润 2 000 万元，按净利润的 10% 提取法定盈余公积，提取任意盈余公积 100 万元，该企业年末可供分配利润为（　　）万元。
A. 2 000　　B. 2 200　　C. 1 900　　D. 2 100

19. 某公司年初所有者权益总额为 4 080 万元，当年实现净利润 1 350 万元，提取盈余公积

135万元，实现分配股票股利100万元，用盈余公积向投资者分配现金股利600万元，本年内以资本公积转增资本150万元，投资者追加现金投资30万元。该公司年末所有者权益总额为（　　）万元。

A. 4 475　　B. 4 580　　C. 4 760　　D. 4 860

20. 年末结转后，“利润分配”科目贷方余额表示（　　）。

A. 未弥补的亏损　　B. 利润分配额　　C. 未分配的利润　　D. 利润实现额

21. 某股份有限公司按法定程序报经批准后采用收购本公司股票方式减资，购回股票支付价款低于股票面值总额的，所注销库存股账面余额与冲减股本的差额应计入（　　）。

A. 盈余公积　　B. 营业外收入　　C. 资本公积　　D. 未分配利润

22. 股份有限公司采用溢价发行股票发式筹集资金，其“股本”科目所登记的金额是(　　)。

A. 实际收到的款项

B. 股票面值与发行股票总数的乘积

C. 发行总收入减去支付给证券商的费用

D. 发行总收入加上支付给证券商的费用

23. 甲股份有限公司采用回购本公司股票的方式减资，回购本公司股票时应借记的会计科目是“(　　)”。

A. 股本　　B. 资本公积　　C. 盈余公积　　D. 库存股

24. 股份有限公司采用收购本公司股票方式减资的，按注销股票的面值总额减少股本，购回股票支付的价款超过面值的部分，应依次冲减的会计科目是（　　）。

A.“盈余公积”“资本公积”“利润分配——未分配利润”

B.“利润分配——未分配利润”“资本公积”“盈余公积”

C.“利润分配——未分配利润”“盈余公积”“资本公积”

D.“资本公积”“盈余公积”“利润分配——未分配利润”

25. 股份有限公司采用收购本公司股票方式减资，下列说法中正确的是（　　）。

A. 应按股票面值和注销股数计算的股票面值总额减少股本

B. 应按股票面值和注销股数计算的股票面值总额减少库存股

C. 应按股票面值和注销股数计算的股票面值总额增加股本

D. 应按股票面值和注销股数计算的股票面值总额增加库存股

二、多项选择题（下列答案中有多个答案是正确的，请将正确答案前的英文字母填入括号内）

1. 下列各项中，属于所有者权益的有（　　）。

A. 盈余公积　　B. 未分配利润　　C. 实收资本　　D. 库存股

2. 下列各项中，仅能引起所有者权益结构发生变动的有（　　）。

A. 用盈余公积弥补亏损　　B. 用盈余公积转增资本

C. 宣告分配现金股利　　D. 分配股票股利

3. 下列各项中，不会引起负债和所有者权益同时发生变动的有（　　）。

A. 以盈余公积补亏　　B. 以现金回购本公司股票

C. 宣告发放现金股利　　D. 转销确实无法支付的应付账款

4. 下列各项中，不影响所有者权益总额的有（　　）。

A. 计提盈余公积　　B. 分配股票股利

C. 实现净利润　　D. 其他权益工具投资公允价值变动

5. 下列各项中，能够引起实收资本总额增加的有（　　）。

A. 用盈余公积转增资本　　B. 接受捐赠

C. 用资本公积转增资本　　D. 接受投资者追加投资

6. 企业资本增加的途径有（　　）。

A. 将资本公积转为实收资本或股本　　B. 回购企业股票

C. 所有者投入资本　　D. 将盈余公积转增资本

7. 有限责任公司吸收投资者出资时，下列会计科目余额可能发生变化的有（　　）。

A. 盈余公积　　B. 资本公积　　C. 实收资本　　D. 利润分配

8. 下列各项中，属于资本公积来源的有（　　）。

A. 盈余公积转入　　B. 其他资本公积

C. 资本溢价或股本溢价　　D. 从企业实现的净利润中提取

9. 下列各项中，属于资本公积核算的内容有（　　）。

A. 企业收到投资者出资额超出其在注册资本或股本中所占份额的部分

B. 直接计入所有者权益的利得

C. 直接计入所有者权益的损失

D. 企业接受的现金捐赠

10. 下列各项中，能够引起资本公积变动的有（　　）。

A. 投资者实际交付的资金超过其按约定比例在注册资本中享有的份额

B. 计入当期损益的利得

C. 用资本公积转增资本

D. 处置采用权益法核算的长期股权投资

11. 下列各项中，应记入资本公积的有（　　）。

A. 交易性金融资产的公允价值变动　　B. 投资者超额投入的资本

C. 股票发行的溢价　　D. 其他权益工具投资的公允价值变动

12. 下列各项中，应记入“资本公积”科目贷方的有（　　）。

A. 无法支付的应付账款

B. 以资本公积转增资本

C. 接受投资者现金投资 300 万元，其中属于资本溢价的部分是 70 万元
D. 接受投资者投入材料一批，投资双方确认的价值超过该投资者在注册资本中所占的份额

13. 下列各项中，属于计入其他综合收益的有（　　）。
A. 新投资者进行投资时支付的投资金额大于其在企业所享有的实收资本份额的差额
B. 其他权益工具投资期末公允价值上升
C. 资产负债表日，其他债权投资发生暂时性下跌
D. 企业处置固定资产发生的净损失

14. 下列各项中，不会引起留存收益变动的有（　　）。
A. 盈余公积补亏　　B. 计提法定盈余公积
C. 盈余公积转增资本　　D. 计提任意盈余公积

15. 盈余公积可用于（　　）。
A. 分配现金股利　B. 转增资本　C. 弥补亏损　D. 发放工资

16. 影响可供分配利润项目的影响因素有（　　）。
A. 年初未分配利润　　B. 提取法定盈余公积
C. 其他转入　　D. 当年实现的净利润

17. 下列各项中是某企业某年发生的经济业务，其中能影响年末未分配利润金额的有（　　）。
A. 出售一项专利权实现净收益 150 万元
B. 将盈余公积中 225 万元用于现金股利的分配
C. 权益法下长期股权投资持有期间实际收到的现金股利 106 万元
D. 接受捐赠固定资产一台，价值 221 万元

18. 关于所有者权益，下列说法正确的有（　　）。
A. 直接计入所有者权益的利得属于所有者权益
B. 所有者权益是指企业资产扣除负债后由所有者享有的剩余权益
C. 所有者权益项目应该列入资产负债表
D. 所有者权益金额应单独计量，不取决于资产和负债的计量

19. 下列对于未分配利润的各项表述中，正确的有（　　）。
A. 当年的净利润是企业未指定特定用途的利润
B. 未分配利润是企业历年实现的净利润经过弥补亏损、提取盈余公积和向投资者分配利润后留存在企业的利润
C. 企业对于未分配利润的使用不会受到很大的限制
D. “利润分配——未分配利润”科目如为贷方余额，表示累积未分配的利润数额；如为借方余额，则表示累积未弥补的亏损数额

三、判断题（正确的在括号内打“✓”，错误的打“×”）

1. 企业接受的原材料投资，取得增值税发票上应负担的增值税额需要计入实收资本或股本。（　）
2. 由于所有者权益和负债都对企业资产有要求权，因此它们的性质是一样的。（　）
3. 当企业投资者投入的资本高于其注册资本时应当将高出部分计入未分配利润。（　）
4. 企业溢价发行股票发生的手续费、佣金应从溢价中抵扣，溢价金额不足抵扣的调整留存收益。（　）
5. 年度终了，除“未分配利润”明细科目外，“利润分配”科目下的其他明细科目应当无余额。（　）
6. 用盈余公积转增资本，所有者权益总额不变。（　）
7. 企业不能用盈余公积扩大生产经营。（　）
8. 企业接受的机器设备投资，其增值税额不能计入实收资本。（　）
9. 收入能够导致企业所有者权益增加，因此，导致所有者权益增加的一定都是收入。（　）
10. 企业以盈余公积向投资者分配现金股利会使企业的留存收益总额减少。（　）
11. 企业计提法定盈余公积的基数是当年实现的净利润和企业年初未分配利润之和。（　）
12. 未分配利润的数额等于企业当年实现的净利润加上年初未分配利润减去已提取的盈余公积。（　）
13. 企业本年实现的净利润加上年初未分配利润（或减年初未弥补亏损）和其他转入后的余额，为可供分配利润。（　）
14. 企业用当年实现的利润弥补亏损时，应单独做出相应的会计处理。（　）
15. 股份有限公司回购本公司股票时，应该按照实际支付的价款，借记“股本”科目。（　）

四、计算及账务处理题

1. 华美股份有限公司原由投资者 A、投资者 B 共同出资成立，每人出资 3 000 000 元，各占 50%股份。经营三年后，投资者 A、B 决定增加公司资本，此时有一新的投资者 C 要求加入该公司。经有关部门批准后，公司实施增资，将实收资本增加到 12 000 000 元。经三方协议，完成如下投入后，三方投资者均拥有该公司 1/3 的股份。各投资者出资情况如下：

（1）投资者 C 以银行存款 4 800 000 元投入到华美股份有限公司，款已收讫存入银行。

（2）投资者 A 将一批原材料投入公司作为增资，该批材料的账面价值为 920 000 元，合同约定价值为 1 000 000 元，税务部门认定应缴增值税额为 130 000 元。投资者 A 已开具了增值税专用发票。

（3）投资者 B 将一项专利权投入公司作为增资，合同中约定该专利权价值为1 000 000元。

要求：编制华美股份有限公司的有关会计分录。

2. 甲公司 2020 年 12 月 31 日的股本为 20 000 万股，每股面值 1 元，资本公积（股本溢价）8 000 万元，盈余公积 3 000 万元。经股东大会批准，甲公司以银行存款回购本公司股票

3 000万股并注销。

要求：

(1) 假定每股回购价为0.9元，编制回购股票和注销股票的会计分录。

(2) 假定每股回购价为3元，编制回购股票和注销股票的会计分录。

(3) 假定每股回购价为4元，编制回购股票和注销股票的会计分录。

(答案用万元表示)

3. 甲公司2020年年初未分配利润贷方余额为2 000万元，盈余公积贷方余额为600万元。本年实现利润总额为3 000万元，所得税税率为25%。法定盈余公积和任意盈余公积的计提比例分别为10%；股东大会宣告分配现金股利500万元。因扩大经营规模的需要，经批准，甲公司决定将资本公积400万元和法定盈余公积300万元转增资本。

要求：

(1) 编制甲公司上述经济业务相关的会计分录。

(2) 计算甲公司2020年年末未分配利润以及年末留存收益的余额（要求写出明细科目，分录中的金额单位用万元表示）。

4. 远航股份有限公司（以下简称远航公司）2015~2023年度有关所有者权益事项如下：

(1) 2015年1月1日，远航公司所有者权益总额为14 550万元（其中：股本为7 500万股，每股面值1元；资本公积3 000万元；其他综合收益300万元；盈余公积3 000万元；未分配利润750万元）。2015年实现净利润300万元，远航公司按净利润的10%提取了法定盈余公积，当年股本和资本公积项目未发生变化。

(2) 2016年3月20日，远航公司董事会提出如下股利分配方案：分配现金股利150万元；以2015年12月31日的股本总额为基数，以资本公积转增股本，每10股转增2股，共计1 500万股。2016年4月18日，远航公司召开股东大会，审议并批准了董事会提出的利润分配及转增股本方案。2016年5月18日，远航公司办妥了上述资本公积转增股本的相关手续，同时支付了现金股利。

(3) 2016年，远航公司发生净亏损2 835万元。

(4) 2017~2022年，远航公司各年实现利润总额见表3-3。

表3-3　2017~2022年各年实现利润总额

年份	2017	2018	2019	2020	2021	2022	合计
利润（万元）	330	150	270	300	315	495	1 860

假定远航公司适用的企业所得税税率为25%，无其他纳税调整事项。

(5) 2023年4月10日，远航公司股东大会决定以法定盈余公积弥补2022年12月31日的账面累计未弥补亏损（说明：根据税法规定，企业发生的亏损可以用以后连续5个纳税年度内实现的利润进行税前弥补）。

要求：

(1) 编制远航公司2015年提取法定盈余公积、结转利润分配的会计分录。

(2) 编制远航公司2016年分派现金股利、资本公积转增股本的会计分录。
(3) 编制远航公司2016年度结转当年净亏损的会计分录。
(4) 计算远航公司2022年度应缴所得税、当年净利润并编制相关会计分录。
(5) 计算远航公司2022年年末账面累计未弥补亏损，编制以法定盈余公积弥补的会计分录。
(答案中的金额单位用万元表示，“利润分配”“盈余公积”等科目要写出明细科目)

第四章

Chapter Four

收入

本章学习目标

- 理解收入的含义和特征
- 理解收入的确认原则、条件和计量的步骤
- 理解收入核算应设置的会计科目的性质、用途
- 掌握在某一时点履行履约义务确认收入的核算方法
- 掌握在某一时段内履行履约义务确认收入的核算方法
- 掌握合同成本的判断和核算方法
- 熟悉收入会计核算岗位的工作职责和账务处理流程，能根据原始凭证正确分析经济业务，熟练进行收入业务的会计处理
- 具备相应的会计职业判断能力，学会收入在利润表中的披露方法

本章主要科目

- 主营业务收入
- 其他业务收入
- 发出商品
- 受托代销商品
- 受托代销商品款
- 应收退货成本
- 合同履约成本
- 合同取得成本
- 合同负债

第一节 收入概述

一、收入的定义

收入是指企业在日常活动中形成的、会导致所有者权益增加的、与所有者投入资本无关的经济利益的总流入。

日常活动是指企业为完成其经营目标所从事的经营性活动以及与之相关的其他活动。例如：工业企业制造并销售产品、商品流通企业销售商品、咨询公司提供咨询服务、软件公司为客户开发软件、安装公司提供安装服务、建筑企业提供建造服务、租赁公司出租资产等，均属于企业为完成其经营目标所从事的经常性经营活动，由此产生的经济利益的总流入构成收入；企业转让无形资产使用权、出售原材料等，属于与经常性活动相关的活动，由此产生的经济利益的总流入也构成收入。

在会计实务中应该区分收入和利得。利得通常是从偶发的经济业务中取得，属于不经过经营活动就能取得或不曾期望获得的收益。一部分利得直接计入当期损益，一部分利得直接计入所有者权益。

二、收入的基本特征

（一）收入是企业在日常活动中形成的经济利益的总流入

工业企业销售产品、商品流通企业销售商品、咨询公司提供咨询服务、软件开发企业为客户开发软件、安装公司提供安装服务、商业银行对外贷款、租赁公司出租资产等活动，均属于企业为完成其经营目标所从事的经常性活动，由此形成的经济利益的总流入构成收入。

工业企业对外出售不需用的原材料、对外转让无形资产使用权、对外进行权益性投资取得现金股利或债权性投资取得利息等活动，虽不属于企业的经常性活动，但属于企业为完成其经营目标所从事的与经常性活动相关的活动，由此形成的经济利益的总流入也构成收入。

工业企业处置固定资产、无形资产，因其他企业违约收取罚款等，这些活动形成的经济利益的总流入不属于企业的收入。

（二）收入会导致企业所有者权益的增加

收入形成的经济利益总流入的形式多种多样，既可能表现为资产的增加，如增加银行存款、应收账款；也可能表现为负债的减少，如减少预收账款；还可能表现为两者的组合，如销售实现时，部分冲减预收账款，部分增加银行存款。根据“资产-负债=所有者权益”的会计等式，收入一定能增加企业的所有者权益。

企业为第三方或客户代收的款项，如企业代国家收取的增值税等，不构成企业的收入。

（三）收入与所有者投入资本无关

所有者投入资本主要是为谋求享有企业资产的剩余权益，由此形成的经济利益的总流入不构成收入，而应确认为企业所有者权益的组成部分。

三、收入的确认和计量

（一）收入确认的原则

企业应当在履行了合同中的履约义务，即在客户取得相关商品控制权时确认收入。取得相关商品控制权，是指客户能够主导该商品的使用并从中获得几乎全部经济利益，也包括有能力阻止其他方主导该商品的使用并从中获得经济利益。

提示 本章所称的客户是指与企业订立合同以向该企业购买其日常活动产出的商品并支付对价的一方；所称的商品包括商品和服务。本章的收入不涉及企业对外出租资产收取的租金、进行债权投资收取的利息、进行股权投资取得的现金股利以及保费收入等。

取得商品控制权同时包括下列三个要素：

（1）能力。企业只有在客户拥有现时权利，能够主导该商品的使用并从中获得几乎全部经济利益时，才能确认收入。如果客户只能在未来的某一期间主导该商品的使用并从中获益，则表明其尚未取得该商品的控制权。例如，企业与客户签订合同为其生产产品，虽然合同约定该客户最终将能够主导该产品的使用，并获得几乎全部的经济利益，但是，只有在客户真正获得这些权利时（根据合同约定，可能是在生产过程中或更晚的时点），企业才能确认收入，在此之前，企业不应当确认收入。

（2）主导该商品的使用。客户有能力主导该商品的使用，是指客户在其活动中有权使用该商品，或者能够允许或阻止其他方使用该商品。

（3）能够获得几乎全部的经济利益。客户必须拥有获得商品几乎全部经济利益的能力，才能被视为获得了对该商品的控制。商品的经济利益是指商品的潜在现金流量，既包括现金流入的增加，也包括现金流出的减少。客户可以通过使用、消耗、出售、处置、交换、抵押或持有等多种方式直接或间接地获得商品的经济利益。

（二）收入确认的前提条件

企业与客户之间的合同同时满足下列五项条件的，企业应当在客户取得相关商品控制权时确认收入：

（1）合同各方已批准该合同并承诺将履行各自义务。合同批准是指合同已经合同各方签字盖章，表明合同开始生效。如果合同未经合同各方的批准，则在法律上属于不可强制执行的合同，表明该合同并不成立。

（2）该合同明确了合同各方与所转让商品相关的权利和义务。由于框架协议、战略合作协议均不具有法律约束力（如甲公司计划在未来10年内向乙公司供货），因此该合同不包括框架协议、战略合作协议。

（3）该合同有明确的与所转让商品相关的支付条款。合同通常应当约定结算条件、结算金额、结算时间和结算方式等条款；若合同无支付条款，则属于捐赠。识别支付条款，并不一定要求企业在与客户签订的合同中固定或规定交易价格。只要合同中存在可执行的支付义务（即根据法律可强制执行），且合同中包含充分的信息使企业能够合理估计交易价格，就表明该合同有明确的支付条款。

(4) 该合同具有商业实质，即履行该合同将改变企业未来现金流量的风险、时间分布或金额。

(5) 企业因向客户转让商品而有权取得的对价很可能收回。

企业应当于合同开始日对合同进行评估，包括评估合同对价的可收回性。合同开始日是指合同开始赋予合同各方具有法律约束力的权利和义务的日期，通常是指合同生效日。① 企业应考虑客户的信用风险：企业在评估其因向客户转让商品而有权取得的对价是否很可能收回时，仅应当考虑客户的信用风险（即客户在到期时支付对价的能力和意图）。② 企业应考虑价格折让：当合同对价包含可变对价时，由于企业可能会向客户提供价格折让，因此企业有权收取的对价金额可能会低于合同标价。企业在估计交易价格时，应当考虑其向客户提供的价格折让等因素。

（三）收入确认和计量的步骤

根据《企业会计准则第14号——收入》，收入确认和计量大致分为五步：

第一步，识别与客户订立的合同。合同是指双方或多方之间订立有法律约束力的权利义务的协议。合同有书面形式、口头形式以及其他形式（如隐含于商业惯例或企业以往的习惯做法中等）。合同的存在是企业确认客户合同收入的前提，企业与客户之间的合同一经签订，企业即享有从客户取得与转移商品和服务对价的权利，同时负有向客户转移商品和服务的履约义务。

第二步，识别合同中的单项履约义务。履约义务是指合同中企业向客户转让可明确区分商品或服务的承诺。企业应当将向客户转让可明确区分商品（或者商品的组合）的承诺以及向客户转让一系列实质相同且转让模式相同的，可明确区分商品的承诺作为单项履约义务。例如：企业与客户签订合同，向其销售商品并提供安装服务，若该安装服务简单且除该企业外其他供应商也可以提供此类安装服务，则合同中销售商品和提供安装服务为两项单项履约义务；若该安装服务复杂且商品需要按客户定制要求修改，则合同中销售商品和提供安装服务合并为单项履约义务。

第三步，确定交易价格。交易价格是指企业因向客户转让商品而预期有权收取的对价金额，不包括企业代第三方收取的款项（如增值税）以及企业预期将退还给客户的款项。合同条款所承诺的对价，可能是固定金额、可变金额或两者兼有。例如，甲公司与客户签订合同为其建造一栋厂房，约定的价款为200万元，3个月完工，交易价格就是固定金额200万元；假如合同中约定若提前1个月完工，客户将额外奖励甲公司10万元，甲公司估计工程提前1个月完工的概率为95%，则甲公司预计有权收取的对价为210万元，因此交易价格包括固定金额200万元和可变金额10万元，总计为210万元。

提示 合同标价并不一定代表交易价格，企业应当根据合同条款，并结合以往的习惯做法确定交易价格。在确定交易价格时，企业应当考虑可变对价、合同中存在的重大融资成分、非现金对价以及应付客户对价等因素的影响，并应当假定将按照现有合同的约定向客户转移商品，且该合同不会被取消、续约或变更。

第四步，将交易价格分摊至各单项履约义务。当合同中包含两项或多项履约义务时，需要将交易价格分摊至各单项履约义务。分摊的方法是在合同开始日，按照各单项履约义务所承诺商品的单独售价（企业向客户单独销售商品的价格）的相对比例，将交易价格分摊至各单项履约义务。通过分摊交易价格，使企业分摊至各单项履约义务的交易价格能够反映其因向客户转让已承诺的相关商品而有权收取的对价金额。

例如，企业与客户签订合同，向其销售 A、B、C 三件产品，不含增值税的合同总价款为 20 000 元。A、B、C 产品的不含增值税单独售价分别为 5 000 元、8 000 元和 12 000 元，合计 25 000 元。按照交易价格分摊原则，A 产品应当分摊的交易价格为 4 000 元（5 000÷25 000×20 000），B 产品应当分摊的交易价格为 6 400 元（8 000÷25 000×20 000），C 产品应当分摊的交易价格为 9 600 元（12 000÷25 000×20 000）。

第五步，履行各单项履约义务时确认收入。当企业将商品转移给客户，客户取得了相关商品的控制权，意味着企业履行了合同履约义务，此时，企业应确认收入。企业将商品控制权转移给客户，可能是在某一时段内（即履行履约义务的过程中）发生，也可能在某一时点（即履约义务完成时）发生。企业应当根据实际情况，首先判断履约义务是否满足在某一时段内履行的条件，如不满足，则该履约义务属于在某一时点履行的履约义务。

收入确认和计量的五个步骤中，第一步，第二步和第五步主要与收入的确认有关，第三步和第四步主要与收入的计量有关。

提示 一般而言，确认和计量任何一项合同收入应考虑全部的五个步骤。但履行某些合同义务确认收入不一定都经过这五个步骤，如企业按照第二步确定某项合同仅为单项履行义务时，可以从第三步直接进入第五步确认收入，不需要第四步（分摊交易价格）。

四、收入核算应设置的会计科目

为了核算企业与客户之间合同产生的收入及相关的成本费用，一般需要设置“主营业务收入”“其他业务收入”“发出商品”“受托代销商品”“受托代销商品款”“合同履约成本”“合同取得成本”“合同资产”“合同负债”等科目。其中：

“主营业务收入”科目属于损益类科目，核算企业确认的销售商品、提供服务等主营业务的收入。该科目贷方登记企业主营业务活动实现的收入，借方登记期末转入“本年利润”科目的主营业务收入，结转后该科目应无余额。该科目可按主营业务的种类进行明细核算。

“其他业务收入”科目属于损益类科目，核算企业确认的除主营业务活动以外的其他经营活动实现的收入。该科目贷方登记企业其他业务活动实现的收入，借方登记期末转入“本年利润”科目的其他业务收入，结转后该科目应无余额。该科目可按其他业务的种类进行明细核算。

提示 其他业务收入包括出租固定资产、出租无形资产、出租包装物和商品、销售材料、用材料进行非货币性资产交换（非货币性资产交换具有商业实质且公允价值能够可靠计量）或债务重组等实现的收入。

“发出商品”科目属于资产类科目，核算和监督企业未满足收入确认条件但已发出商品的实际成本或计划成本。该科目借方登记企业本期未满足收入确认条件但已发出商品的实际成本或计划成本，贷方登记发出商品发生退回的实际成本或计划成本以及满足收入确认条件时，结转的销售成本。期末余额在借方，反映企业发出商品的实际成本或计划成本。该科目可按购货单位、商品类别和品种进行明细核算。

“受托代销商品”科目属于资产类科目，核算受托方收到的受托代销商品成本。该科目借方登记收到的受托代销商品成本，贷方登记受托方销售商品后结转的受托代销商品成本。期末余额在借方，表示受托代销商品成本。

“受托代销商品款”科目属于负债类科目，核算代销商品时，受托方收到代销商品未结算的货款。该科目贷方登记收到代销商品未结算的货款，借方登记售出商品后结算的代销商品款。期末余额在贷方，表示尚未结算的代销商品款。该科目可按委托单位进行明细核算。

“合同履约成本”科目属于成本类科目，核算企业为履行当前或预期取得的合同所发生的、不属于其他企业会计准则规范范围且按照收入准则应当确认为一项资产的成本。该科目借方登记发生的合同履约成本，贷方登记摊销的合同履约成本。期末借方余额，反映企业尚未结转的合同履约成本。该科目可按合同分“服务成本”“工程施工”等进行明细核算。

提示 企业因履行合同而产生的毛利不在本科目核算。

“合同取得成本”科目属于成本类科目，核算企业取得合同发生的、预计能收回的增量成本。该科目借方登记发生的合同取得成本，贷方登记摊销的合同取得成本。期末借方余额，反映企业尚未结转的合同取得成本。该科目可按合同进行明细核算。

“合同资产”科目属于资产类科目，核算企业已向客户转让商品而有权收取对价的权利，且该权利取决于时间流逝之外的其他因素（如履行合同中的其他履约义务）。该科目借方登记因已转让商品而有权收取的对价金额，贷方登记取得无条件收款权的金额。期末借方余额，反映企业已向客户转让商品而有权收取的对价金额。该科目按合同进行明细核算。

“合同负债”科目属于负债类科目，核算企业已收或应收客户对价而应向客户转让商品的义务。该科目贷方登记企业在向客户转让商品之前，已经收到或已经取得无条件收取合同对价权利的金额，借方登记企业向客户转让商品时冲销的金额。期末贷方余额，反映企业在向客户转让商品之前，已经收到的合同对价或已经取得的无条件收取合同对价权利的金额。该科目按合同进行明细核算。

此外，企业发生减值的，还应当设置“合同履约成本减值准备”“合同取得成本减值准备”“合同资产减值准备”等科目进行核算。

第二节 在某一时点履行履约义务确认收入

企业在确认和计量收入时，应遵循的基本原则是：确认收入的方式应当反映其向客户转让商品或提供服务的模式，收入的金额应当反映企业因转让商品或提供服务而预期有权收取的对价金额。

企业应当在履行了合同中的履约义务，即客户取得相关商品控制权时确认收入。企业将商品的控制权转移给客户，该转移可能在某一时段内（即履行履约义务的过程中）发生，也可能在某一时点（即履约义务完成时）发生。

对于在某一时点履行的履约义务，企业应当在客户取得相关商品控制权时确认收入。在判断控制权是否转移时，企业应当综合考虑下列迹象：

（1）企业就该商品享有现时收款权利，即客户就该商品负有现时付款义务。例如，甲企业与客户签订销售商品合同，约定客户有权定价且在收到商品无误后 10 日内付款。在客户收到甲企业开具的发票、商品验收入库后，客户能够自主确定商品的销售价格或商品的使用情况，此时甲企业享有收款权利，客户负有现时付款义务。

（2）企业已将该商品的法定所有权转移给客户，即客户已拥有该商品的法定所有权。当客户取得了商品的法定所有权时，可能表明其已经有能力主导该商品的使用并从中获得几乎全部的经济利益，或者能够阻止其他企业获得这些经济利益，即客户已取得对该商品的控制权。如果企业仅仅是为了确保到期收回货款而保留商品的法定所有权，那么该权利通常不会对客户取得对该商品的控制权构成障碍。例如，房地产企业向客户销售商品房，在客户付款后取得房屋产权证时，表明企业已将该商品房的法定所有权转移给客户。

（3）企业已将该商品实物转移给客户，即客户已占有该商品实物。例如，企业与客户签订交款提货合同，在企业销售商品并送货到客户指定地点，客户验收合格并付款，表明企业已将该商品实物转移给客户，即客户已占有该商品实物。

（4）企业已将该商品所有权上的主要风险和报酬转移给客户，即客户已取得该商品所有权上的主要风险和报酬。例如，甲房地产公司向客户销售商品房办理产权转移手续后，该商品房价格上涨或下跌带来的利益或损失全部属于客户，表明客户已取得该商品房所有权上的主要风险和报酬。

（5）客户已接受该商品。例如，企业向客户销售为其定制生产的节能设备，客户收到并验收合格后办理入库手续，表明客户已接受该商品。

（6）其他表明客户已取得商品控制权的迹象。

一、一般销售商品业务收入的核算

企业销售商品为单项履约义务且属于在某一时点履行的履约义务时，应当按照已收或应收交易价格确定销售商品收入金额。确认销售商品收入时，企业应按实际收到或应收的金额，借记“银行存款”“应收账款”“应收票据”“合同资产”等科目；按确定的销售收入金额，贷记“主营业务收入”等科目；按增值税专用发票上注明的增值税额，贷记“应交税费——应交增值税（销项税额）”科目；同时，按销售商品的实际成本，借记“主营业务成本”等科目，贷记“库存商品”等科目。企业也可在月末结转本月已销商品的实际成本。

例 4-1 淮洲公司向广华公司销售一批甲产品，开出的增值税专用发票上注明售价为 200 000 元，增值税额为 26 000 元。淮洲公司已收到广华公司支付的货款 226 000 元，并将提货单送交广华公司；该批商品成本为 140 000 元。相关原始凭证如图 4-1 和图 4-2 所示。淮洲公司应做如下账务处理：

江苏省增值税专用发票

此联不作报销、扣税凭证使用

3206078342　　　　NO. 29834492

开票日期：2020 年 10 月 8 日

购买方	名　　称：广华公司 纳税人识别号：112366003268370 地 址 、电 话：淮安市淮海路 129 号 0517-86733366 开户行及账号：工行淮安淮海支行 4222303031232456426	密码区					
货物或应税劳务、服务名称	规格型号	单位	数 量	单 价	金 额	税率	税 额
甲产品		千克	1000	200.00	200000.00	13%	26000.00
合　计					¥200000.00		¥26000.00
价税合计（大写）	⊗贰拾贰万陆仟元整				¥226000.00		
销售方	名　　称：淮洲公司 纳税人识别号：32120154437782 地 址 、电 话：淮安市开发区枚乘路 8 号 0517-83068666 开户行及账号：工商银行淮安清江支行 1110010806482122456	备注	淮洲公司 32120154437782 发票专用章				

收款人：王海　　复核：吕梁山　　开票人：高明　　销售方：（章）

第三联：记账联　销售方记账凭证

图 4-1　增值税专用发票记账联

中国工商银行　进 账 单（收账通知）　3

2020 年 10 月 8 日

出票人	全　称	广华公司	收款人	全　称	淮洲公司
	账　号	4222303031232456426		账　号	1110010806482122456
	开户行	工商银行淮安淮海支行		开户行	工商银行淮安清江支行
金额	人民币（大写）	贰拾贰万陆仟元整		亿 千 百 十 万 千 百 十 元 角 分	¥ 2 2 6 0 0 0 0 0
票据种类	转账支票	票据张数	壹张		
票据号码	10298249214				
复核	记账			中国工商银行股份有限公司淮安市清江支行 2020年10月08日 转 开户银行签章	

此联是收款人银行交给收款人的收账通知

图 4-2　中国工商银行进账单

（1）收取货款时：

借：银行存款	226 000	
贷：主营业务收入		200 000
应交税费——应交增值税（销项税额）		26 000

（2）结转销售成本时（产品成本结转表见表 4－1）：

表 4－1　产品成本结转表

2020 年 10 月 8 日

项　目	数　量	单位成本	总成本
甲产品	1 000	140	140 000

借：主营业务成本	140 000	
贷：库存商品		140 000

例 4－2 淮洲公司采用托收承付结算方式销售一批乙商品，增值税专用发票上注明售价为 800 000 元，增值税额为 104 000 元；公司以银行存款代垫运杂费 2 180 元，商品已经发出，并已向银行办妥托收手续；该批商品的成本为 620 000 元。相关原始凭证如图 4－3～图 4－6 所示。淮洲公司应做如下账务处理：

电　　**托收承付凭证**（回单）　1　　托收号码：

委托日期 2020 年 11 月 9 日

付款人	全　称	江苏阳光集团	收款人	全　称	淮洲公司
	账号或地址	626274720123		账　号	1110010806482122456
	开户银行	农行港闸支行		开户银行	工行清江支行　行号
托收金额	人民币（大写）玖拾万陆仟壹佰捌拾元整			千 百 十 万 千 百 十 元 角 分	¥ 9 0 6 1 8 0 0 0
附　　件		款项内容		合同名称号码	
附寄单证张数或册数	4 张	货款及代垫运费			
备注：		款项收妥日期　年　月　日		收款人开户银行盖章　月　日	

（印章：中国工商银行股份有限公司 淮安市清江支行 2020年11月09日 受理）

单位主管　　会计　　复核　　记账

图 4－3　托收承付凭证

江苏省增值税专用发票

3206078342　　此联不作报销、扣税凭证使用　　NO. 29834538

开票日期：2020 年 11 月 9 日

购买方	名　　称：江苏阳光集团 纳税人识别号：32061266279123 地 址 、电 话：江阴长泰路 322 号　0510－83589234 开户行及账号：农业银行港闸支行　626274720123	密码区	

货物或应税劳务、服务名称	规格型号	单位	数　量	单　价	金　额	税率	税　额
乙商品		千克	4000	200.00	800000.00	13%	104000.00
合　计					¥800000.00		¥104000.00
价税合计（大写）	⊗玖拾万肆仟元整				¥904000.00		

销售方	名　　称：淮洲公司 纳税人识别号：32120154437782 地 址 、电 话：淮安市开发区枚乘路 8 号 0517－83068666 开户行及账号：工商银行淮安清江支行 1110010806482122456	备注	淮洲公司 32120154437782 发票专用章

收款人：王海　　复核：吕梁山　　开票人：高明　　销售方：（章）

第一联：记账联　销售方记账凭证

图 4－4　增值税专用发票记账联

江苏省增值税专用发票

发　票　联

NO. 876498741

开票日期：2020 年 11 月 09 日

购买方	名　　称：江苏阳光集团 纳税人识别号：32061266279123 地 址 、电 话：江阴长泰路 322 号　0510－83589234 开户行及账号：农业银行港闸支行 626274720123	密码区	略

货物或应税劳务、服务名称	规格型号	单位	数　量	单　价	金　额	税率	税　额
运费					2000.00	9%	180.00
合　计					¥2000.00		¥180.00
价税合计（大写）	⊗贰仟壹佰捌拾元整　复印件				（小写）¥2180.00		

销售方	名　　称：淮安顺丰运输公司 纳税人识别号：3202099823234231 地 址 、电 话：淮安市大通路 6 号 0517－85156780 开户行及账号：工商银行淮安大通支行 4123303031232586742	备注	发货人名称：淮洲公司 纳税人识别号：32120154437782 淮安至江阴 淮安顺丰运输公司 3202099823234231 发票专用章

收款人：　　复核：　　开票人：王光辉　　销售方：（章）

第三联　发票联　购买方记账凭证

图 4－5　运输费增值税专用发票

中国工商银行
转账支票存根
10282348
56347712

附加信息

出票日期 2020 年 11 月 9 日

收款人：	淮安顺丰运输公司
金　额：	¥2180.00
用途：	代垫运费
备注：	

单位主管　　　　会计

图 4－6　代垫运费转账支票存根

（1）商品发出，并向银行办妥托收手续时：

借：应收账款——阳光集团　　906 180

　　贷：主营业务收入　　800 000

　　　　应交税费——应交增值税（销项税额）　　104 000

　　　　银行存款　　2 180

（2）结转销售成本时：

借：主营业务成本　　620 000

　　贷：库存商品　　620 000

二、已经发出商品但不能确认收入的核算

企业按合同发出商品，合同约定客户只有在商品售出取得价款后才支付货款，企业向客户转让商品的对价未达到“很可能收回”的收入确认条件。在发出商品时，企业不应确认收入，将发出商品的成本记入“发出商品”科目，借记“发出商品”科目，贷记“库存商品”科目。如已发出的商品被客户退回，应编制相反的会计分录。“发出商品”科目核算企业商品已发出但客户没有取得商品的控制权的商品成本。当收到货款或取得收取货款权利时，确认收入，借记“银行存款”“应收账款”科目，贷记“主营业务收入”“应交税费——应交增值税（销项税额）”科目，同时结转已销商品成本，借记“主营业务成本”科目，贷记“发出商品”科目。

例 4－3　淮洲公司于 2019 年 12 月 3 日向宏达公司销售一批商品，开出的增值税专用发票上注明售价为 300 000 元，增值税额为 39 000 元；该批商品成本为 220 000 元。淮洲公司在销售该批商品时已得知宏达公司资金流转发生暂时困难，但为了减少存货积压，同时也为了维持与宏达公司长期以来建立的商业关系，淮洲公司仍将商品发出，并办妥相关手续。

假定淮洲公司销售该批商品的纳税义务已经发生。次年3月，淮洲公司得知宏达公司经营情况逐渐好转，宏达公司承诺近期付款。4月5日，淮洲公司收到宏达公司支付的货款，存入银行。淮洲公司应做如下账务处理：

（1）12月3日发出商品时：

借：发出商品　　220 000

　　贷：库存商品　　220 000

（2）因淮洲公司销售该批商品的纳税义务已经发生，应确认应纳的增值税销项税额：

借：应收账款——宏达公司　　39 000

　　贷：应交税费——应交增值税（销项税额）　　39 000

动脑筋

假定淮洲公司销售该批商品的纳税义务尚未发生，应如何处理增值税问题？

（3）次年3月，淮洲公司在宏达公司承诺付款时确认收入：

借：应收账款——宏达公司　　300 000

　　贷：主营业务收入　　300 000

同时结转销售成本：

借：主营业务成本　　220 000

　　贷：发出商品　　220 000

（4）4月5日，淮洲公司收到货款时：

借：银行存款　　339 000

　　贷：应收账款——宏达公司　　339 000

三、委托代销安排的核算

委托代销安排是指委托方和受托方签订代销合同或协议，委托受托方向终端客户销售商品。在这种安排下，企业应当评估受托方在企业向其转让商品时是否已获得对该商品的控制权，如果没有，企业不应在此时确认收入，通常应当在受托方售出商品时确认销售商品收入；受托方应当在商品销售后，按合同或协议约定的方法计算确定的手续费确认收入。

表明一项安排是委托代销安排的迹象包括但不限于：①在特定事件发生之前（如向最终客户出售商品或指定期间到期之前），企业拥有对商品的控制权。②企业能够要求将委托代销的商品退回或者将其销售给其他方（如其他经销商）。③尽管受托方可能被要求向企业支付一定金额的押金，但是其并没有承担对这些商品无条件付款的义务。

采用支付手续费方式委托代销商品是指委托方和受托方签订合同或协议，委托方根据合同或协议约定向受托方计算支付代销手续费，受托方按照合同或协议规定的价格销售代销商品的销售方式。在这种销售方式下，委托方在发出商品时，通常不应确认销售商品收入，而应在收到受托方开出的代销清单时确认销售商品收入，同时将应支付的代销手续费计入销售费用；受托方应在代销商品销售后，按合同或协议约定的方法计算确定代销手续费，确认劳务收入，计入其他业务收入等。

1. 委托方的核算

采取支付手续费方式代销商品的，委托方发出委托代销的商品时，借记“发出商品”科目，贷记“库存商品”等科目。收到受托方开具的代销清单时，根据代销清单上注明的已销商品情况，按应收的款项，借记“应收账款”等科目，按合同或协议价确定的销售收入金额，贷记“主营业务收入”科目；按应纳的增值税销项税额，贷记“应交税费——应交增值税（销项税额）”科目；同时结转已销商品的成本，借记“主营业务成本”等科目，贷记“发出商品”科目；委托方计算确定的代销手续费，借记“销售费用”“应交税费——应交增值税（进项税额）”科目，贷记“应收账款”等科目。

例 4-4 淮洲公司委托明远公司销售 W 商品 1 500 件，W 商品已经发出，每件成本为 70 元。合同约定明远公司应按每件 100 元对外销售，淮洲公司按不含增值税的销售价格的 10%向明远公司支付手续费。除非这些商品在明远公司存放期间由于明远公司的责任发生毁损或丢失，否则在 W 商品对外销售之前，明远公司没有义务向淮洲公司支付货款。明远公司不承担包销责任，没有售出的 W 商品须退回给淮洲公司，同时，淮洲公司也有权要求收回 W 商品或将其销售给其他的客户。明远公司对外实际销售 1 000 件，开出的增值税专用发票上注明的销售价格为 100 000 元，增值税额为 13 000 元，款项已经收到，明远公司立即向淮洲公司开具代销清单并支付货款。淮洲公司收到明远公司开具的代销清单时，向明远公司开具一张相同金额的增值税专用发票。假定淮洲公司发出 W 商品时纳税义务尚未发生，手续费增值税税率为 6%，不考虑其他因素。根据上述资料，淮洲公司的账务处理如下：

（1）发出商品：

借：发出商品——明远公司	105 000	
贷：库存商品——W 商品		105 000

（2）收到代销清单，同时发生增值税纳税义务：

借：应收账款——明远公司	113 000	
贷：主营业务收入——销售 W 商品		100 000
应交税费——应交增值税（销项税额）		13 000

结转销售成本：

借：主营业务成本——销售 W 商品	70 000	
贷：发出商品——明远公司		70 000

计算代销手续费：

借：销售费用——代销手续费	10 000	
应交税费——应交增值税（进项税额）	600	
贷：应收账款——明远公司		10 600

（3）收到明远公司支付的货款：

借：银行存款	102 400	
贷：应收账款——明远公司		102 400

本例中，淮洲公司将 W 商品发送至明远公司后，明远公司虽然已经实物占有 W 商品，但是仅是接受淮洲公司的委托销售 W 商品，并根据实际销售的数量赚取一定比例的手续费。

淮洲公司有权要求收回W商品或将其销售给其他的客户，明远公司并不能主导这些商品的销售，这些商品对外销售与否、是否获利以及获利多少等不由明远公司控制，明远公司没有取得这些商品的控制权。因此，淮洲公司将W商品发送至明远公司时，不应确认收入，而应当在明远公司将W商品销售给最终客户时确认收入。

2. 受托方的核算

受托方可通过“受托代销商品”“受托代销商品款”等科目，对受托代销商品进行核算。受托方收到委托代销的商品时，按合同或协议价确定的售价，借记“受托代销商品”科目，贷记“受托代销商品款”科目；对外销售时，借记“银行存款”科目，贷记“受托代销商品”科目及“应交税费——应交增值税（销项税额）”科目；收到委托方开具的增值税专用发票时，借记“应交税费——应交增值税（进项税额）”科目，贷记“应付账款”科目；确认代销手续费收入时，借记“受托代销商品款”科目，贷记“其他业务收入”“应交税费——应交增值税（销项税额）”等科目。

例4-5 承例4-4，明远公司应做如下账务处理：

（1）收到商品：

借：受托代销商品——W商品	150 000	
贷：受托代销商品款——淮洲公司		150 000

（2）对外销售：

借：银行存款	113 000	
贷：受托代销商品——W商品		100 000
应交税费——应交增值税（销项税额）		13 000

（3）收到增值税专用发票，同时结转受托代销商品款：

借：受托代销商品款——淮洲公司	100 000	
应交税费——应交增值税（进项税额）	13 000	
贷：应付账款——淮洲公司		113 000

（4）支付货款并计算代销手续费：

借：应付账款——淮洲公司	113 000	
贷：银行存款		102 400
其他业务收入——代销手续费		10 000
应交税费——应交增值税（销项税额）		600

动脑筋

在例4-5中，假如明远公司将剩余的500件商品销售完后，其他条件不变，淮洲公司、明远公司各应做何会计处理？

四、商业折扣和现金折扣的核算

企业在销售商品有时会遇到商业折扣和现金折扣等问题，在确定商品销售收入的金额时，按总价法，不应考虑预计可能发生的现金折扣，但是应当扣除商业折扣。商业折扣和现金折扣的区别及处理方法如下：

1. 商业折扣

商业折扣是指企业为促进商品销售而在商品标价上给予的价格扣除。例如，企业为鼓励客户多买商品可能规定，购买 10 件以上商品给予客户 95 折，或客户“买 10 送 2”等。此外，企业为了尽快出售一些残次、陈旧、冷背的商品，也可能打折降价销售。

商业折扣在销售时即已发生，并不构成最终成交价格的一部分。企业销售商品涉及商业折扣的，应当按照扣除商业折扣后的金额确定销售商品收入金额。

2. 现金折扣

现金折扣是指债权人为鼓励债务人在规定的期限内付款而向债务人提供的债务扣除。现金折扣一般用“折扣率/付款期限”表示，例如，“2/10，1/20，*N*/30”表示：销货方允许客户最长的付款期限为 30 天，如果客户在 10 天内付款，销货方可按商品售价给予客户 2%的折扣；如果客户在 11 天至 20 天内付款，销货方可按商品售价给予客户 1%的折扣；如果客户在 21 天至 30 天内付款，将不能享受现金折扣。

在计算现金折扣时，还应注意销售方是按不包含增值税的价款提供现金折扣，还是按包含增值税的价款提供现金折扣，两种情况下购买方享有的折扣金额不同。

在存在现金折扣的情况下，应收账款入账价值的确定有两种方法：一种是总价法；另一种是净价法。总价法是将未减去现金折扣前的金额确定为销售商品收入金额。现金折扣只有客户在折扣期内支付货款时，才予以确认，作为财务费用处理。净价法是将扣减最大现金折扣后的金额作为商品销售收入的入账价值。根据我国企业会计制度规定，企业销售收入的入账，应按总价法确定。

例 4-6 淮洲公司为增值税一般纳税企业，8 月 5 日销售甲商品10 000件，每件商品的标价为 15 元（不含增值税），每件商品的实际成本为 8 元，甲商品适用的增值税税率为 13%；由于是成批销售，淮洲公司给予购货方 10%的商业折扣，并在销售合同中规定现金折扣条件为 2/10，1/20，*N*/30；甲商品于 8 月 5 日发出，购货方于 8 月 12 日付款。假定计算现金折扣时不考虑增值税。淮洲公司应做如下账务处理：

（1）8 月 5 日销售实现时：

借：应收账款	152 550	
贷：主营业务收入		135 000
应交税费——应交增值税（销项税额）		17 550
借：主营业务成本	80 000	
贷：库存商品		80 000

（2）8 月 12 日收到货款时：

借：银行存款	149 850	
财务费用	2 700	
贷：应收账款		152 550

动脑筋　在例4-6中，假如淮洲公司分别于8月16日和8月27日收到货款，其他条件不变，淮洲公司应做何会计处理？

五、销售退回的核算

销售退回是指企业因售出商品在质量、规格等方面不符合销售合同规定条款的要求，客户要求企业予以退货。企业销售商品发生退货，表明企业履约义务的减少和客户商品控制权及其相关经济利益的丧失。对于销售退回，企业应分不同情况进行会计处理。

（1）尚未确认销售商品收入的售出商品发生销售退回的，企业应按已记入“发出商品”“合同资产”等科目的商品成本金额，借记“库存商品”科目，贷记“发出商品”“合同资产”科目。

（2）已确认销售商品收入的售出商品发生销售退回的，除属于资产负债表日后事项的外，企业收到退回的商品时，应退回货款或冲减应收账款，并冲减主营业务收入和增值税销项税额，借记“主营业务收入”“应交税费——应交增值税（销项税额）”等科目，贷记“银行存款”“应收票据”“应收账款”等科目。收到退回商品验收入库，按照商品成本，借记商品成本，借记“库存商品”科目，贷记“主营业务成本”科目。如果该销售退回已发生现金折扣，应同时调整相关财务费用的金额。

例4-7　淮洲公司2月15日收到宏达公司因质量问题而退回的商品10件，每件商品成本为280元。该批商品系淮洲公司当年1月4日出售给宏达公司的，每件商品售价为400元，适用的增值税税率为13%，货款尚未收到，淮洲公司尚未确认销售商品收入。因宏达公司提出的退货要求符合销售合同约定，淮洲公司同意退货，并按规定向宏达公司开具了增值税专用发票（红字）。淮洲公司应做如下账务处理：

（1）收到退货验收入库时：

借：库存商品	2 800	
贷：发出商品		2 800

（2）开具增值税专用发票（红字）时：

借：应交税费——应交增值税（销项税额）	520	
贷：应收账款——宏达公司		520

例4-8　淮洲公司3月18日销售A商品一批，增值税专用发票上注明售价为100 000元，增值税额为13 000元；该批商品成本为70 000元。A商品于3月18日发出，购货方于4月4日付款。该项业务属于在某一时点履行的履约义务，已确认了销售收入。4月7日，该批商品质量出现了严重问题，购货方将该批商品全部退回给淮洲公司，淮洲公司同意退货，于退货当日支付了退货款，并按规定向购货方开具了增值税专用发票（红字）。淮洲公司应做如下账务处理：

（1）销售实现时：

借：应收账款	113 000	
贷：主营业务收入		100 000

应交税费——应交增值税（销项税额） 13 000
借：主营业务成本 70 000
贷：库存商品 70 000
（2）收到货款时：
借：银行存款 113 000
贷：应收账款 113 000
（3）销售退回时：
借：主营业务收入 100 000
应交税费——应交增值税（销项税额） 13 000
贷：银行存款 113 000
借：库存商品 70 000
贷：主营业务成本 70 000

例 4-9 淮洲公司在某年5月24日向东华公司销售一批商品，开出的增值税专用发票上注明的售价为40 000元，增值税额为5 200元。该批商品成本为25 000元。为及早收回货款，淮洲公司和东华公司约定的现金折扣条件为：2/10，*N*/30。东华公司在当年5月31日支付货款。该项业务属于某一时点履行的履约义务，已确认销售收入。6月15日，该批商品因质量问题被东华公司退回，淮洲公司当日支付有关退货款。假定计算现金折扣时不考虑增值税。淮洲公司应做如下账务处理：

（1）5月24日销售实现时：
借：应收账款——东华公司 45 200
贷：主营业务收入 40 000
应交税费——应交增值税（销项税额） 5 200
借：主营业务成本 25 000
贷：库存商品 25 000
（2）5月31日收到货款时：
借：银行存款 44 400
财务费用 800
贷：应收账款——东华公司 45 200

提示 现金折扣为40 000×2%＝800（元），实际收款为45 200－800＝44 400(元)。

（3）6月15日发生销售退回时：
借：主营业务收入 40 000
应交税费——应交增值税（销项税额） 5 200
贷：银行存款 44 400
财务费用 800
借：库存商品 25 000
贷：主营业务成本 25 000

动脑筋 在例4-9中，假如淮洲公司于6月8日收到东华公司的货款，其他条件不变，淮洲公司应做何会计处理？

六、采用预收款方式销售商品的核算

预收款销售是指企业已收或应收客户对价而应向客户转让商品的义务销售方式。企业在向客户转让商品之前，客户已经支付了合同对价或企业已经取得了无条件收取合同对价权利的，企业应当在客户实际支付款项与到期应支付款项孰早时点，按照该已收或应收的金额，借记“银行存款”“应收账款”“应收票据”等科目，贷记“合同负债”科目；企业向客户转让相关商品时，借记“合同负债”科目，贷记“主营业务收入”“其他业务收入”等科目。涉及增值税的，还应进行相应的处理。

提示 企业因转让商品收到的预收款适用收入准则进行会计处理时，不再使用“预收账款”科目及“递延收益”科目。

例4-10 淮洲公司与远宏公司签订合同，采用预收款方式向远宏公司销售一批商品。该批商品实际成本为500 000元。协议约定，该批商品销售价格为700 000元，增值税额为91 000元；远宏公司应在协议签订时预付70%的货款（按销售价格计算），剩余货款于1个月后支付。淮洲公司应做如下账务处理：

（1）收到70%货款时：

借：银行存款	490 000	
贷：合同负债——远宏公司合同		490 000

（2）销售实现时：

借：合同负债——远宏公司合同	791 000	
贷：主营业务收入		700 000
应交税费——应交增值税（销项税额）		91 000
借：主营业务成本	500 000	
贷：库存商品		500 000

（3）收到剩余货款及增值税时：

借：银行存款	301 000	
贷：合同负债——远宏公司合同		301 000

七、销售材料等存货的核算

企业在日常活动中对外销售不需用的原材料、随同商品对外销售单独计价的包装物等存货也视同商品销售，实现的收入以及结转的相关成本，通过“其他业务收入”“其他业务成本”科目核算。

提示 其他业务收入确认和计量原则比照商品销售处理。

企业销售原材料等确认其他业务收入时，按售价和应收取的增值税，借记“银行存款”“应收账款”等科目；按实现的其他业务收入，贷记“其他业务收入”科目。按增值税专用发票上注明的增值税额，贷记“应交税费——应交增值税（销项税额）”科目。结转出售原材料等的实际成本时，借记“其他业务成本”科目，贷记“原材料”等科目。

例4-11 淮洲公司销售一批原材料，开出的增值税专用发票上注明的售价为12 000元，增值税额为1 560元，款项收讫，存入银行。该批原材料的实际成本为9 000元。淮洲公司应做如下账务处理：

（1）取得原材料销售收入时：

借：银行存款	13 560	
贷：其他业务收入		12 000
应交税费——应交增值税（销项税额）		1 560

（2）结转已销材料的实际成本时：

借：其他业务成本	9 000	
贷：原材料		9 000

八、附有销售退回条款的销售

企业将商品转让给客户之后，可能会因为各种原因允许客户选择退货（如客户对所购商品的款式不满意等）。附有销售退回条款的销售，是指客户依照有关合同有权退货的销售方式。合同中有关退货权的条款可能会在合同中明确约定，也有可能是隐含的。隐含的退货权可能来自企业在销售过程中向客户做出的声明或承诺，也有可能是来自法律法规的要求或企业以往的习惯做法等。客户选择退货时，可能有权要求返还其已经支付的全部或部分对价、抵减其对企业已经产生或将会产生的欠款或者要求换取其他商品。

提示 客户取得商品控制权之前退回该商品不属于销售退回。需要说明的是，企业在允许客户退货的期间内随时准备接受退货的承诺，并不构成单项履约义务，但可能会影响收入确认的金额。

企业应当遵循可变对价（包括将可变对价计入交易价格的限制要求）的处理原则来确定其预期有权收取的对价金额，即交易价格不应包含预期将会被退回的商品的对价金额。

企业应当在客户取得相关商品控制权时，按照因向客户转让商品而预期有权收取的对价金额（即不包含预期因销售退回将退还的金额）确认收入，按照预期因销售退回将退还的金额确认负债；同时，按照预期将退回商品转让时的账面价值，扣除收回该商品预计发生的成本（包括退回商品的价值减损）后的余额，确认一项资产，按照所转让商品转让时的账面价值，扣除上述资产成本的净额结转成本。每一资产负债表日，企业应当重新估计未来销售退回情况，并对上述资产和负债进行重新计量。如有变化，应当作为会计估计变更进行会计处理。

“应收退货成本”科目，属于资产类科目，核算销售商品时预期将退回商品的账面价值，扣除收回该商品预计发生的成本（包括退回商品的价值减损）后的余额。期末借方余额，反映企业预期将退回商品转让时的账面价值，扣除收回该商品预计发生的成本（包括退回商品的价值减损）后的余额，在资产负债表中按其流动性计入“其他流动资产”或“其他非流动资产”项目。该科目可按合同进行明细核算。

企业发生附有销售退回条款的销售的，应在客户取得相关商品控制权时，按照已收或应收合同价款，借记“银行存款”“应收账款”“应收票据”“合同资产”等科目；按照因向客户转让商品而预期有权收取的对价金额（即不包含预期因销售退回将退还的金额），贷记“主营业务收入”“其他业务收入”等科目；按照预期因销售退回将退还的金额，贷记“预计负债——应付退货款”等科目。结转相关成本时，按照预期将退回商品转让时的账面价值，扣除收回该商品预计发生的成本（包括退回商品的价值减损）后的余额，借记“应收退货成本”科目；按照已转让商品转让时的账面价值，贷记“库存商品”等科目；按其差额，借记“主营业务成本”“其他业务成本”等科目。涉及增值税的，还应进行相应处理。

例 4－12 天元公司是一家健身器材销售公司。2020 年 10 月 1 日，天元公司向健力美公司销售 100 件健身器材，单位销售价格为 5 000 元，单位成本为 4 000 元，开出的增值税专用发票上注明的销售价格为 500 000 元，增值税额为 65 000 元。健身器材已经发出，但款项尚未收到。根据协议约定，健力美公司应于 2020 年 12 月 1 日之前支付货款，在 2021 年 3 月 31 日之前有权退还健身器材。发出健身器材时，天元公司根据过去的经验，估计该批健身器材的退货率为 20%；在 2020 年 12 月 31 日，天元公司对退货率进行了重新评估，认为只有 10% 的健身器材会被退回。2021 年 3 月 31 日发生销售退回，实际退货量为 8 件，退货款项已经支付。天元公司为增值税一般纳税人，健身器材发出时纳税义务已经发生，实际发生退回时取得税务机关开具的红字增值税专用发票。假定健身器材发出时控制权已转移给健力美公司。天元公司的账务处理如下：

（1）2020 年 10 月 1 日发出健身器材：

借：应收账款——健力美公司	565 000	
贷：主营业务收入		400 000
预计负债——应付退货款		100 000
应交税费——应交增值税（销项税额）		65 000

同时结转销售成本：

借：主营业务成本	320 000	
应收退货成本	80 000	
贷：库存商品		400 000

（2）2020 年 12 月 1 日前收到货款：

借：银行存款	565 000	
贷：应收账款——健力美公司		565 000

（3）2020 年 12 月 31 日，天元公司对退货率进行重新评估：

借：预计负债——应付退货款	50 000	

贷：主营业务收入　50 000

同时，结转预计退货的销售成本：

借：主营业务成本　40 000

贷：应收退货成本　40 000

（4）2021年3月31日发生销售退回，退货款项已经支付：

借：库存商品　32 000

应交税费——应交增值税（销项税额）　5 200

预计负债——应付退货款　50 000

贷：应收退货成本　32 000

主营业务收入　10 000

银行存款　45 200

同时，结转未退货的2件销售成本：

借：主营业务成本　8 000

贷：应收退货成本　8 000

动脑筋　如果2021年3月份发生销售退回，健力美公司实际退货量为10件，退货款项已经支付。天元公司又该如何处理？

附有销售退回条款的销售，在客户要求退货时，如果企业有权向客户收取一定金额的退货费，则企业在估计预期有权收取的对价金额时，应当将该退货费包括在内。

例4-13　淮洲公司向家具店销售10件K商品，每件商品的价格为1 000元，成本为750元。根据合同约定，家具店有权在收到K商品的30天内退货，但是需要向甲公司支付10%的退货费（即每件商品的退货费为100元）。根据历史经验，淮洲公司预计的退货率为10%，且退货过程中，淮洲公司预计为每件退货的K商品发生成本50元。上述价格均不包含增值税，淮洲公司为增值税一般纳税人，公司在将商品的控制权转移给家具店时的账务处理为：

（1）销售10件K商品时：

借：应收账款——家具店　11 300

贷：主营业务收入　9 000

预计负债——应付退货款　1 000

应交税费——应交增值税（销项税额）　1 300

（2）结转销售成本：

借：主营业务成本　6 800

应收退货成本　700

贷：库存商品——K商品　7 500

提示　应收退货成本＝10×10%×(750-50)＝700（元）

主营业务成本＝10×750-700＝6 800（元）

需要说明的是，客户以一项商品换取类型、质量、状况及价格均相同的另一项商品，不应被视为退货。此外，如果合同约定客户可以将质量有瑕疵的商品退回以换取正常的商品，企业应当按照附有质量保证条款的销售进行会计处理。

第三节 在某一时段内履行履约义务确认收入

企业应当在履行了合同中的履约义务，客户取得相关商品控制权时确认收入，并根据实际情况，按照收入准则判断履约义务是否满足在某一时段内履行的条件，对于在某一时段内履行的履约义务，企业应当在该段时间内按照履约进度确认收入，履约进度不能合理确定的除外。

一、在某一时段内履行履约义务的条件

满足下列条件之一的，属于在某一时段内履行的履约义务：

（1）客户在企业履约的同时即取得并消耗企业履约所带来的经济利益。企业在履约过程中是持续地向客户转移企业履约所带来的经济利益的，该履约义务属于在某一时段内履行的履约义务，企业应当在履行履约义务的期间确认收入。如保洁、运输、供电供水供气、代理记账等服务。

（2）客户能够控制企业履约过程中在建的商品。企业在履约过程中在建的商品包括在产品、在建工程、尚未完成的研发项目、正在进行的服务等，由于客户控制了在建的商品，客户在企业提供商品的过程中获得其利益，因此，该履约义务属于在某一时段内履行的履约义务，应当在该履约义务履行的期间内确认收入。如在客户土地上建造房屋等。

（3）企业履约过程中所产出的商品具有不可替代用途，且该企业在整个合同期间内有权就累计至今已完成的履约部分收取款项。如定制软件、定制设备、审计报告、专业咨询等。

提示 具有不可替代用途，是指因合同限制或实际可行性限制，企业不能轻易地将商品用于其他用途。当企业产出的商品只能提供给某特定客户，而不能被轻易地用于其他用途（如销售给其他客户）时，该商品就具有不可替代用途。有权就累计至今已完成的履约部分收取款项，是指在由于客户或其他方原因终止合同的情况下，企业有权就累计至今已完成的履约部分收取能够补偿其已发生成本和合理利润的款项，并且该权利具有法律约束力。需要强调的是，合同终止必须是由于客户或其他方而非企业自身的原因所致，在整个合同期间内的任一时点，企业均应当拥有此项权利。

二、在某一时段内履行履约义务收入的确定

对于在某一时段内履行的履约义务，企业应当在该段时间内按照履约进度确认收入，但

是，履约进度不能合理确定的除外。企业应当考虑商品的性质，采用产出法或投入法确定恰当的履约进度，并且在确定履约进度时，扣除那些控制权尚未转移给客户的商品和服务。企业按照履约进度确认收入时，通常应当在资产负债表日按照合同的交易价格总额乘以履约进度扣除以前会计期间累计已确认的收入后的金额，确认为当期收入。

1. 产出法

产出法是根据已转移给客户的商品对于客户的价值确定履约进度的方法，通常可采用实际测量的完工进度、评估已实现的结果、已达到的里程碑、时间进度、已完工或交付的产品等产出指标确定履约进度。

提示 实务中，为便于操作，当企业向客户开具发票的对价金额与向客户转让增量商品价值直接相一致时，如企业按照固定的费率以及发生的工时向客户开具账单，企业直接按照发票对价金额确认收入也是一种恰当的产出法。

例 4－14 甲公司与客户签订合同，为该客户拥有的一条铁路更换50根铁轨，合同价格为100 000元（不含税价）。截至2019年12月31日，甲公司共更换铁轨20根，剩余部分预计在2020年3月31日之前完成。该合同仅包含一项履约义务，且该履约义务满足在某一时段内履行的条件。假定不考虑其他情况，采用产出法确认甲公司收入。

甲公司提供的更换铁轨的服务属于在某一时段内履行的履约义务，甲公司按照已完成的工作量确定履约进度。因此，截至2019年12月31日，该合同的履约进度为40%（20÷50×100%），甲公司应确认的收入为40 000元（100 000×40%）。

产出法是根据能够代表向客户转移商品控制权的产出指标直接计算履约进度的，因此通常能够客观地反映履约进度。但是，产出法下有关产出指标的信息有时可能无法直接观察获得，企业为获得这些信息需要花费很高的成本，这就可能需要采用投入法来确定履约进度。

2. 投入法

投入法是根据企业履行履约义务的投入确定履约进度的方法，通常可采用投入的材料数量、花费的人工工时或机器工时、发生的成本和时间进度等投入指标确定履约进度。当企业从事的工作或发生的投入是在整个履约期间内平均发生时，企业也可以按照直线法确认收入。

提示 实务中，通常按照累计实际发生的成本占预计总成本的比例（即成本法）确定履约进度，累计实际发生的成本包括企业向客户转移商品过程中所发生的直接成本和间接成本，如直接人工、直接材料、分包成本以及其他与合同相关的成本。

三、在某一时段内履行履约义务收入的核算

企业应当考虑商品的性质，采用实际测量的完工进度、评估已实现的结果、时间进度、已完工或交付的产品等产出指标，或采用投入的材料数量、花费的人工工时或机器工时、发

生的成本和时间进度等投入指标确定恰当的履约进度，并且在确定履约进度时扣除那些控制权尚未转移给客户的商品和服务。资产负债表日，企业按照合同的交易价格总额乘以履约进度扣除以前会计期间累计已确认的收入后的金额，确认当期收入。

对于在某一时段内履行的履约义务，企业应在为履行履约义务发生相关支出时，借记“合同履约成本”科目，贷记“银行存款”“应付职工薪酬”“原材料”等科目。履行履约义务确认收入时，按确定的收入金额，借记“应收账款”“银行存款”等科目，贷记“主营业务收入”“应交税费——应交增值税（销项税额）等科目；同时，结转相关履约成本，借记“主营业务成本”等科目，贷记“合同履约成本”科目。

例 4-15 淮洲公司为增值税一般纳税人，装修服务适用增值税税率为9%。2019 年 12 月 1 日，淮洲公司与明远公司签订一项为期 3 个月的装修合同，合同约定装修价款为 500 000 元，增值税额为 45 000 元，装修费用每月末按完工进度支付。2019 年 12 月 31 日，经专业测量师测量后，确定该项劳务的完工程度为 25%；明远公司按完工进度支付价款及相应的增值税款。截至 2019 年 12 月 31 日，淮洲公司为完成该合同累计发生劳务成本 100 000元（假定均为装修人员薪酬），估计还将发生劳务成本 300 000 元。

假定该业务属于淮洲公司的主营业务，全部由其自行完成；该装修服务构成单项履约义务，并属于在某一时段内履行的履约义务；淮洲公司按照实际测量的完工进度确定履约进度。淮洲公司应编制如下会计分录：

（1）2019 年实际发生劳务成本：

借：合同履约成本	100 000	
贷：应付职工薪酬		100 000

（2）2019 年 12 月 31 日确认劳务收入并结转劳务成本：

借：银行存款	136 250	
贷：主营业务收入		125 000
应交税费——应交增值税（销项税额）		11 250
借：主营业务成本	100 000	
贷：合同履约成本		100 000

提示 2019 年 12 月 31 日确认的劳务收入=500 000×25% −0=125 000（元）

例 4-16 承例 4-15，2020 年 1 月 31 日，经专业测量师测量后，确定该项劳务的完工程度为 70%；明远公司按完工进度支付价款同时支付对应的增值税款。2020 年 1 月，为完成该合同发生劳务成本 180 000 元（假定均为装修人员薪酬），为完成该合同估计还将发生劳务成本 120 000 元。淮洲公司应编制如下会计分录：

（1）实际发生劳务成本 180 000 元：

借：合同履约成本	180 000	
贷：应付职工薪酬		180 000

（2）2020 年 1 月 31 日确认劳务收入并结转劳务成本：

借：银行存款	245 250	

贷：主营业务收入 225 000

应交税费——应交增值税（销项税额） 20 250

借：主营业务成本 180 000

贷：合同履约成本 180 000

提示 2020 年 1 月 31 日确认的劳务收入 = 500 000×70% −125 000 = 225 000（元）

例 4-17 承例 4-16，2020 年 2 月 28 日，装修完工；明远公司验收合格，按完工进度支付价款同时支付对应的增值税款。2020 年 2 月，为完成该合同发生劳务成本120 000元（假定均为装修人员薪酬）。淮洲公司应编制如下会计分录：

（1）实际发生劳务成本 120 000 元：

借：合同履约成本 120 000

贷：应付职工薪酬 120 000

（2）2020 年 2 月 28 日确认劳务收入并结转劳务成本：

借：银行存款 163 500

贷：主营业务收入 150 000

应交税费——应交增值税（销项税额） 13 500

借：主营业务成本 120 000

贷：合同履约成本 120 000

提示 2020 年 2 月 28 日确认的劳务收入 = 500 000 −125 000 −225 000 = 150 000（元）

例 4-18 康美公司经营一家健身俱乐部。某年 7 月 1 日，某客户与康美公司签订合同，成为康美公司的会员，并向康美公司支付会员费 3 816 元（含税价），可在未来的 12 个月内在该俱乐部健身，且没有次数限制。该业务适用的增值税税率为 6%。

本例中，客户在会籍期间可随时来俱乐部健身，且没有次数限制，客户已使用俱乐部健身的次数不会影响其未来继续使用的次数，康美公司在该合同下的履约义务是承诺随时准备在客户需要时为其提供健身服务，因此，该履约义务属于在某一时段内履行的履约义务，并且该履约义务在会员的会籍期间内随时间的流逝而被履行。公司应编制如下会计分录：

（1）7 月 1 日收到会员费时：

借：银行存款 3 816

贷：合同负债 3 816

提示 本例中，客户签订合同时支付了合同对价，可在未来的 12 个月内在该俱乐部进行健身消费，且没有次数限制。企业在向客户转让商品之前已经产生一项负债，即合同负债。

（2）7 月 31 日确认收入，开具增值税专用发票时：

借：合同负债　　318

　　贷：主营业务收入　　300

　　　　应交税费——应交增值税（销项税额）　　18

提示 康美公司按照直线法确认收入，全年不含税收入＝3 816÷(1+6%)＝ 3 600（元）

每月应当确认的收入为＝3 600÷12＝300（元）

动脑筋 当年8年至次年6月，每月确认收入时应如何进行处理？

当履约进度不能合理确定时，企业已经发生的成本预计能够得到补偿的，应当按照已经发生的成本金额确认收入，直到履约进度能够合理确定为止。

第四节 合同成本

企业在与客户之间建立合同关系过程中发生的成本主要有合同取得成本和合同履约成本。

一、合同取得成本

1. 合同取得成本的判断

企业为取得合同发生的增量成本预期能够收回的，应作为合同取得成本确认为一项资产。增量成本是指企业不取得合同就不会发生的成本，也就是企业发生的与合同直接相关，但又不是所签订合同的对象或内容（如建造商品或提供服务）本身所直接发生的费用。如销售佣金等，如果销售佣金等预期可通过未来的相关服务收入予以补偿，该销售佣金（即增量成本）应在发生时确认为一项资产，即合同取得成本。

2. 合同取得成本的核算

企业取得合同发生的增量成本已经确认为资产的，应当采用与该资产相关的商品收入确认相同的基础进行摊销，计入当期损益。为简化实务操作，该资产摊销期限不超过一年的，可以在发生时计入当期损益。

企业为取得合同发生的、除预期能够收回的增量成本用“合同取得成本”科目核算，除此之外的其他支出，例如，无论是否取得合同均会发生的差旅费、投标费、为准备投标资料发生的相关费用等，应当在发生时计入当期损益，除非这些支出明确由客户承担。

例 4－19 天河公司是一家咨询公司，通过竞标赢得一个服务期为2年的客户，该客户每年年末支付含税咨询费254 400元。为取得与该客户的合同，天河公司聘请外部律师进行尽职调查支付相关费用12 000元，为投标而发生的差旅费5 000元，支付销售人员佣金30 000元。天河公司预期这些支出未来均能够收回。此外，天河公司根据其年度销售目标、整体盈利情况及个人业绩等，向销售部门经理支付年度奖金10 000元。天河公司应编制如下会计分录：

(1) 支付相关费用：

借：合同取得成本	30 000	
管理费用	12 000	
销售费用	5 000	
贷：银行存款		47 000

(2) 每月确认服务收入，摊销销售佣金：

每月服务收入＝254 400÷(1+6%)÷12 ＝20 000（元）

销售佣金摊销额＝30 000÷2÷12＝1 250（元）

①借：应收账款	21 200	
贷：主营业务收入		20 000
应交税费——应交增值税（销项税额）		1 200
②借：销售费用	1 250	
贷：合同取得成本		1 250

在本例中，天河公司因签订该客户合同而向销售人员支付的佣金属于取得合同发生的增量成本，应当将其作为合同取得成本确认为一项资产；天河公司聘请外部律师进行尽职调查发生的支出、为投标发生的差旅费以及向销售部门经理支付的年度奖金（不能直接归属于可识别的合同）不属于增量成本，应当于发生时直接计入当期损益。

二、合同履约成本

1. 合同履约成本的判断

合同履约成本是指企业为履行当前或预期取得的合同所发生的、属于《企业会计准则第14号——收入》准则规范范围并且按照该准则应当确认为一项资产的成本。

企业为履行合同可能会发生各种成本，企业在确认收入的同时应当对这些成本进行分析，属于《企业会计准则第14号——收入》准则规范范围且同时满足下列三个条件的，应当作为合同履约成本确认为一项资产：

(1) 该成本与一份当前或预期取得的合同直接相关。

预期取得的合同应当是企业能够明确识别的合同，如现有合同续约后的合同、尚未获得批准的特定合同等。与合同直接相关的成本包括：

1) 直接人工，如支付给直接为客户提供所承诺服务的人员的工资、奖金等。

2) 直接材料，如为履行合同耗用的原材料、辅助材料、构配件、零件、半成品的成本和周转材料的摊销及租赁费用等。

3) 制造费用（或类似费用），如组织和管理相关生产、施工、服务等活动发生的费用，包括管理人员的职工薪酬、劳动保护费、固定资产折旧费及修理费、物料消耗、取暖费、水电费、办公费、差旅费、财产保险费、工程保修费、临时设施摊销费等。

4）明确由客户承担的成本以及仅因该合同而发生的其他成本，如支付给分包商的成本、机械使用费、设计和技术援助费用、施工现场二次搬运费、生产工具和用具使用费、检验试验费、工程定位复测费、工程点交费用、场地清理费等。

（2）该成本增加了企业未来用于履行（包括持续履行）履约义务的资源。

（3）该成本预期能够收回。

2. 合同履约成本的核算

企业应当在下列支出发生时，将其计入当期损益：①管理费用，除非这些费用明确由客户承担。②非正常消耗的直接材料、直接人工和制造费用（或类似费用），这些支出为履行合同发生，但未反映在合同价格中。③与履约义务中已履行（包括已全部履行或部分履行）部分相关的支出，即该支出与企业过去的履约活动相关。④无法在尚未履行的与已履行（或已部分履行）的履约义务之间区分的相关支出。

企业发生合同履约成本时，借记“合同履约成本”科目，贷记“银行存款”“应付职工薪酬”“原材料”等科目；对合同履约成本进行摊销时，借记“主营业务成本”“其他业务成本”等科目，贷记“合同履约成本”科目。涉及增值税的，还应进行相应的处理。

例 4-20 爱家公司经营一家酒店，该酒店是爱家公司的自有资产。某年12月，爱家公司计提与酒店经营直接相关的酒店、客房以及客房内的设备、家具等折旧150 000元、酒店土地使用权摊销费用70 000元。经计算，当月确认房费、餐饮等服务含税收入636 000元，增值税税率6%，全部存入银行。爱家公司应编制如下会计分录：

（1）确认资产的折旧费、摊销费：

借：合同履约成本	220 000	
贷：累计折旧		150 000
累计摊销		70 000

（2）12月确认酒店服务收入并摊销合同履约成本：

借：银行存款	636 000	
贷：主营业务收入		600 000
应交税费——应交增值税（销项税额）		36 000
借：主营业务成本	220 000	
贷：合同履约成本		220 000

本例中，爱家公司经营酒店主要是通过提供客房服务赚取收入，而客房服务的提供直接依赖于酒店物业（包含土地）以及家具等相关资产，这些资产折旧和摊销属于爱家公司为履行与客户的合同而发生的合同履约成本。已确认的合同履约成本在收入确认时予以摊销，计入营业成本。

本章内容在报表中的信息披露

利润表

项　目	本期金额
一、营业收入（根据“主营业务收入”+“其他业务收入”科目的发生额分析填列）	
减：营业成本（根据“主营业务成本”+“其他业务成本”科目的发生额分析填列）	
……	

本章习题

一、单项选择题（下列答案中有一个答案是正确的，请将正确答案前的英文字母填入括号内）

1. 下列项目中，不确认为收入的是（　　）。

A. 出售库存商品取得的收入　　B. 固定资产出租收入

C. 无形资产租金收入　　D. 无形资产出售时的收入

2. 下列关于收入的表述中，不正确的是（　　）。

A. 只要企业签订了经济合同，即可确认收入

B. 收入与所有者投入资本无关

C. 收入形成于企业的日常经营活动

D. 收入和利得的区别在于其是否形成于企业的日常经营活动

3. 企业应当在履行了合同中的履约义务，即在（　　）时确认收入。

A. 签订合同　　B. 发出商品

C. 客户取得相关商品控制权　　D. 风险报酬转移

4. 下列项目中，属于工业企业其他业务收入的是（　　）。

A. 罚款收入　　B. 出售固定资产收入

C. 材料销售收入　　D. 银行存款利息收入

5. 下列项目中，属于在某一时点确认收入的是（　　）。

A. 酒店管理服务

B. 为客户建造办公大楼

C. 企业履约过程中所产出的商品具有不可替代用途，且该企业在整个合同期间内有权就累计至今已完成的履约部分收取款项

D. 为客户定制的具有可替代用途的产品

6. 某年5月1日，甲公司与乙公司签订一项销售合同，甲公司向乙公司销售A、B两种型号产品，合同总价款为300万元。其中，A产品的单独售价为210万元，B产品的单独售价为120万元。合同约定，A产品于5月10日交付，B产品于6月10日交付。当A、B两种产品均交付之后，甲公司可以收取总货款。假设A、B两种产品分别构成单项履约义务，其控制权于交货当日转移给乙公司，不考虑税费等其他因素。甲公司当年5月份因该销售合同确认的收入金额为（　　）万元。（计算结果保留两位小数）

A. 190.91　　B. 120　　C. 180　　D. 200

7. 下列各项中，在确认销售收入时不影响应收账款入账金额的是（　　）。

A. 销售价款　　B. 增值税销项税额

C. 现金折扣　　D. 销售产品代垫的运杂费

8. 某企业对于已经完成销售手续并确认收入的销售商品，若月末购货人未提走所购商品，下列说法正确的是（　　）。

A. 通过“在途物资”科目核算　　B. 不作为该企业资产核算，需备查登记

C. 通过“发出商品”科目核算　　D. 通过“库存商品”科目核算

9. 企业销售商品时代垫的运杂费应记入“（　　）”科目。

A. 管理费用　　B. 销售费用　　C. 其他应收款　　D. 应收账款

10. 企业对于已经发出但尚未确认销售收入的商品成本，应借记“（　　）”科目。

A. 其他业务成本　　B. 发出商品　　C. 主营业务成本　　D. 应收账款

11. 某企业销售一批商品，该商品已发出且纳税义务已发生，由于货款收回存在较大不确定性，不符合收入确认条件。下列各项中关于该笔销售业务会计处理表述不正确的是（　　）。

A. 发出商品的同时结转其销售成本

B. 根据增值税专用发票上注明的税额确认应收账款

C. 根据增值税专用发票上注明的税额确认应交税费

D. 将发出商品的成本记入“发出商品”科目

12. 在采用收取手续费方式委托代销商品时，委托方确认商品销售收入的时点为（　　）。

A. 委托方收到受托方开具的代销清单时　　B. 受托方销售商品时

C. 委托方发出商品时　　D. 受托方收到受托代销商品的销售货款时

13. 委托方采用收取手续费的方式代销商品，受托方在商品销售后应按（　　）确认收入。

A. 商品售价　　B. 收取的手续费

C. 销售价款和手续费之和　　D. 销售价款和增值税之和

14. A公司本年委托B商店代销一批零配件，代销价款300万元。本年度收到B商店交来的代销清单，代销清单列明已销售代销零配件的80%，A公司收到代销清单时向B商店开具增值税发票。B商店按代销价款的5%收取手续费。该批零配件的实际成本为180万元。则A公司本年度应确认的销售收入为（　　）万元。

A. 60　　B. 240　　C. 300　　D. 68.4

15. 甲公司销售商品一批，商品的销售价款为 2 000 元，商业折扣为 10%，增值税税率为 13%，现金折扣条件为 2/10，1/20，*N*/30。甲公司销售商品时为对方代垫运费 150 元（不考虑运费的增值税抵扣问题），则应收账款的入账金额为（　　）元。

A. 2 410　　B. 2 184　　C. 2 034　　D. 2 260

16. 企业销售商品确认收入后，对于客户实际享受的现金折扣，应当（　　）。

A. 确认为当期财务费用　　B. 冲减当期主营业务收入

C. 确认为当期管理费用　　D. 确认为当期主营业务成本

17. 某企业某月销售商品发生商业折扣 40 万元、现金折扣 15 万元。该企业上述业务计入当月财务费用的金额为（　　）。

A. 15　　B. 30　　C. 40　　D. 45

18. 某企业为增值税一般纳税人，适用的增值税税率为 13%。某年 9 月 1 日，该企业向某客户销售商品 20 000 件，单位售价为 20 元（不含增值税），单位成本为 10 元，给予客户 10% 的商业折扣，当日商品送抵客户，并符合收入确认条件。销售合同约定的现金折扣条件为 2/10，1/20，*N*/30（计算现金折扣时不考虑增值税）。不考虑其他因素，该客户于 9 月 15 日付款时享有的现金折扣为（　　）元。

A. 4 520　　B. 3 600　　C. 4 068　　D. 4 000

19. 某企业为增值税一般纳税人，适用的增值税税率为 13%。某年 8 月 1 日，该企业赊销一批商品，售价为 120 000 元（不含增值税），规定的现金折扣条件为 2/10，1/20，*N*/30，计算现金折扣时考虑增值税。客户于 8 月 15 日付清货款，该企业实际收款金额为（　）元。

A. 118 800　　B. 117 600　　C. 134 244　　D. 132 888

20. 某年 5 月 1 日，A 公司采用预收款方式销售甲商品，预收货款 20 万元，总价 50 万元，并约定于当年 7 月 1 日发出商品并交付剩余款项。对于该项业务下列说法正确的是（　　）。

A. A 公司应于 5 月 1 日确认收入 50 万元

B. A 公司应于 5 月 1 日确认收入 20 万元

C. A 公司应于 7 月 1 日确认收入 50 万元

D. A 公司应于 5 月 1 日确认成本 20 万元

21. Y 公司采用预收款方式销售产品一批，下列处理中正确的是（　　）。

A. 发出产品时确认合同负债　　B. 收到对方支付凭证时确认收入

C. 按照签订销售合同的日期确认收入　　D. 收到第一批货款的时候确认收入

22. 某企业 2 月销售一批商品并已确认收入，在当年 6 月发生销售退回时，其冲减的销售收入应在退回当期记入“（　　）”科目的借方。

A. 营业外收入　　B. 以前年度损益调整

C. 利润分配　　D. 主营业务收入

23. 对于在合同中规定了买方有权退货条款的销售，如无法合理确定退货的可能性，则符合商品销售收入确认条件的时点是（ ）。

A. 收到货款时　　B. 发出商品时

C. 签订合同时　　D. 买方正式接受商品或退货期满时

24. 甲公司为增值税一般纳税人。某年12月1日，甲公司与乙公司签订了一项为期6个月的咨询合同，合同不含税总价款为60 000元，当日收到总价款的50%，增值税额为1 800元。截至年末，甲公司累计发生服务成本6 000元，估计还将发生服务成本34 000元，履约进度按照已发生的成本占估计总成本的比例确定。当年12月31日，甲公司应确认该项服务的收入为（　　）元。

A. 9 000　　B. 30 000　　C. 6 000　　D. 40 000

25. 甲公司是一家咨询公司，其通过竞标赢得一个新客户，为取得该客户的合同，甲公司发生下列支出：①聘请外部律师进行尽职调查的支出为15 000元；②因投标发生的差旅费为10 000元；③销售人员佣金为5 000元。甲公司预期这些支出未来能够收回。此外，甲公司根据其年度销售目标、整体盈利情况及个人业绩等，向销售部门经理支付年度奖金10 000元。甲公司应当将其作为合同取得成本确认为一项资产的金额是（　　）元。

A. 30 000　　B. 40 000　　C. 15 000　　D. 5 000

26. 企业应当按照（　　）确定可变对价的最佳估计数。

A. 固定价格　　B. 公允价值

C. 期望值或最可能发生金额　　D. 历史价格

27. 甲公司向国外乙公司销售一批商品，合同标价为200万元。在此之前，甲公司从未向乙公司所在国家的其他客户进行过销售，乙公司所在国家正在经历严重的经济困难。甲公司预计不能从乙公司收回全部的对价金额，而是仅能收回160万元。尽管如此，甲公司预计乙公司所在国家的经济情况将在未来2~3年内好转，且甲公司与乙公司之间建立的良好关系将有助于其在该国家拓展其他潜在客户。甲公司能够接受乙公司支付低于合同对价的金额，即160万元，且估计很可能收回该对价。甲公司销售该商品的交易价格为（　　）万元。

A. 200　　B. 160　　C. 0　　D. 40

28. 甲企业系增值税一般纳税人，销售商品适用的增值税税率为13%。某年1月1日与乙公司签订协议销售商品一批，增值税专用发票上注明价格为100万元，增值税额为13万元。商品已发出，款项已收到。协议规定，该批商品销售价格（不含增值税额）的20%属于商品售出后3年内提供修理服务的服务费。则甲企业该年1月1日应确认的合同负债为（　　）万元。

A. 2.6　　B. 20　　C. 80　　D. 22.6

29. 甲公司经营一家健身俱乐部，某年12月1日，一客户与甲公司签订合同，成为甲公司的会员，并向甲公司支付会员费 7 632 元（含税价），可在未来的 12 个月内在该俱乐部健身，且没有次数限制。该业务适用的增值税税率为 6%，甲公司当年应确认的收入为（　　）元。

A. 6 000　　B. 7 632　　C. 600　　D. 636

30. 关于增量成本，下列表述不正确的是（　　）。

A. 增量成本是指企业不取得合同就不会发生的成本

B. 增量成本是增加了企业未来用于履行（或持续履行）履约义务的资源的成本

C. 企业为取得合同发生的增量成本预期能够收回的，应当作为合同取得成本确认为一项资产

D. 企业为取得合同发生的、除预期能够收回的增量成本之外的其他支出，一般应于发生时计入当期损益

31. 甲公司与乙公司签订一项建造合同，为其建造一条生产线。某年 1 月 10 日，甲公司为建造该生产线购入工程物资一批，收到的增值税专用发票上注明的价款为 200 万元，增值税额为 26 万元；1 月 20 日，建造生产线领用工程物资 180 万元；在工程建设期间内，建造生产线的工程人员的职工薪酬合计为 115 万元；辅助生产车间为建造生产线提供的支出合计为 35 万元；6 月 30 日，生产线工程达到预定可使用状态并交付使用。不考虑其他因素，则甲公司该年为此承建合同发生的合同履约成本为（　　）万元。

A. 295　　B. 315　　C. 330　　D. 376

二、多项选择题（下列答案中有多个答案是正确的，请将正确答案前的英文字母填入括号内）

1. 收入的特征表现为（　　）。

A. 收入从日常活动中产生，而不是从偶发的交易或事项中产生

B. 收入可能表示为资产的减少

C. 收入表示所有者权益的增加

D. 收入与所有者投入有关

2. 下列各项中，不属于判断企业取得商品控制权的要素的有（　　）。

A. 能力　　B. 商品价值

C. 市场环境　　D. 能够获得商品大部分的经济利益

3. 下列各项中，属于与收入确认有关的步骤的有（　　）。

A. 识别与客户订立的合同　　B. 识别合同中的单项履约义务

C. 将交易价格分摊至各单项履约义务　　D. 履行各单项履约义务时确认收入

4. 依据收入准则，下列对于合同存在形式说法正确的有（　　）。

A. 只能是书面形式合同　　B. 口头形式合同

C. 其他形式合同　　D. 书面形式合同

5. 按照我国企业会计准则的规定，下列项目中不确认为收入的有（　　）。

A. 销售商品收取的价款　　B. 出售飞机票时代收的保险费
C. 旅行社代客户购买景点门票收取的款项　　D. 销售商品代垫的运杂费

6. 在企业判断客户是否取得商品控制权时，应考虑的迹象有（　　）。
A. 客户对该商品负有现时付款义务
B. 客户已拥有该商品的法定所有权
C. 客户已占用和接受该商品
D. 客户已取得该商品所有权上的主要风险和报酬

7. 关于收入计量的交易价格，下列表述中正确的有（　　）。
A. 企业应当根据合同条款，并结合其以往的习惯做法确定交易价格
B. 在确定交易价格时，企业应当考虑可变对价因素的影响
C. 在确定交易价格时，企业应当考虑合同中存在的重大融资成分因素的影响
D. 在确定交易价格时，企业应当考虑应付客户对价因素的影响

8. 企业取得的下列款项中，符合"收入"会计要素定义的有（　　）。
A. 转让无形资产使用权取得的款项　　B. 出售原材料收取的价款
C. 出售自制半成品收取的价款　　D. 出售固定资产收取的价款

9. 下列各项中，工业企业应确认为其他业务收入的有（　　）。
A. 对外销售材料收入　　B. 出售专利所有权收入
C. 处置营业用房净收益　　D. 转让商标使用权收入

10. 关于收入的计量，下列表述中正确的有（　　）。
A. 企业应当按照分摊至各单项履约义务的交易价格计量收入
B. 交易价格是指企业因向客户转让商品已收取的对价
C. 企业代第三方收取的款项，应当作为负债进行会计处理
D. 企业预期将退还给客户的款项，应当作为负债进行会计处理

11. 关于收入的确认，下列表述中正确的有（　　）。
A. 企业应当在履行了合同中的履约义务，即在客户取得相关商品控制权时确认收入
B. 没有商业实质的非货币性资产交换，不确认收入
C. 企业因向客户转让商品的对价不是很可能收回，应当将已收取的对价部分确认为收入
D. 企业因向客户提供劳务的对价不是很可能收回，企业只有在不再负有向客户提供劳务的剩余义务，且已向客户收取的对价无须退回时，才能将已收取的对价确认为收入

12. 下列业务发生时不能确认收入的有（　　）。
A. 采用预收款方式销售发出商品时
B. 采用支付手续费方式委托代销商品收到代销清单时
C. 采用预收款方式销售商品，收到商品款时
D. 采用支付手续费方式委托代销商品发出商品时

13. 下列各科目中，能够反映已经发出但尚未确认销售收入的商品成本的有（　　）。

A. 合同资产 B. 合同负债 C. 发出商品 D. 库存商品

14. 下列各项中，不应计入商品销售收入的有（ ）。
A. 已经发生的商品销售 B. 应收取的增值税销项税额
C. 实际发生的商业折扣 D. 应收取的代垫运杂费

15. 下列关于现金折扣会计处理的表述中，正确的有（ ）。
A. 商品销售收入应按扣除现金折扣前的金额确定收入
B. 现金折扣应于发生时直接计入财务费用
C. 商品销售收入应按扣除现金折扣后的净价确认销售收入
D. 现金折扣应于发生时直接计入销售费用

16. 甲企业某年10月售出产品一批，并确认了收入，当年12月由于质量问题被退回时，在做相关处理时不会涉及的科目有“（ ）”。
A. 库存商品 B. 营业外支出 C. 利润分配 D. 主营业务收入

17. 甲企业某年12月10日收到乙公司因质量问题而退回的商品5件，每件商品成本为200元。该批商品是甲公司当年9月13日出售给乙公司的，每件商品售价为400元，适用的增值税税率为13%，货款尚未收到，甲公司已于9月13日确认销售商品收入，并开出增值税专用发票。因乙公司提出的退货要求符合销售合同约定，甲公司同意退货。假定发生的销售退回允许扣减当期增值税销项税额。甲公司应在验收退货入库时做的会计处理为（ ）。
A. 借记“库存商品”1 000，贷记“主营业务成本”1 000
B. 借记“主营业务收入”2 000，借记“应交税费——应交增值税（销项税额）”260，贷记“应收账款”2 260
C. 借记“库存商品”1 000，贷记“发出商品”1 000
D. 借记“应收账款”260，贷记“应交税费——应交增值税（销项税额）”260

18. 下列关于销售退回的说法中，正确的有（ ）。
A. 销售退回是指企业售出的商品由于质量、款式不符合要求等原因而发生的退货
B. 已确认收入的售出商品在非日后期间发生销售退回的，企业一般应在发生时冲减当期销售商品收入，同时冲减当期销售商品成本
C. 已确认收入的售出商品在非日后期间发生销售退回的，企业一般应调整冲减原确认收入期间的收入和成本
D. 已确认收入的报告年度售出的商品发生的销售退回属于资产负债表日后事项的，应调整冲减实际退回期间的收入和成本

19. 甲公司在某年4月8日向乙公司销售一批商品，开出的增值税专用发票上注明的售价为50万元，增值税额为6.5万元。该批商品成本为30万元。为及早收回货款，甲公司和乙公司约定的现金折扣条件为：2/10，1/20，*N*/30。乙公司在当年4月11日支付货款。5月11日，该批商品因质量问题被乙公司退回，甲公司当日支付有关退货款。假定计算

现金折扣时不考虑增值税，则甲公司在5月11日的处理正确的有（　　）。

A. 甲公司应冲减当期主营业务收入50万元

B. 甲公司应冲减主营业务成本30万元

C. 甲公司应贷记“财务费用”科目1万元

D. 甲公司应向乙公司支付退货款56.5万元

20. 甲公司为增值税一般纳税人，适用的增值税税率为13%。某年12月1日，甲公司以赊销方式向乙公司销售一批成本为75万元的商品。开出的增值税专用发票上注明的价款为80万元，满足销售商品收入确认条件。合同约定乙公司有权在3个月内退货。当年12月31日，甲公司尚未收到上述款项。根据以往经验估计退货率为12%。下列关于甲公司本年该项业务会计处理的表述中，正确的有（　　）。

A. 确认预计负债9.6万元　　B. 确认营业收入70.4万元

C. 确认应收账款90.4万元　　D. 确认营业成本66万元

21. 关于合同成本，下列表述不正确的有（　　）。

A. 企业为取得合同发生的增量成本预期能够收回的，应当作为合同履约成本确认为一项资产

B. 无论是否取得合同均会发生的差旅费、投标费、为准备投标资料发生的相关费用等，应当在发生时计入资产成本

C. 合同履约成本属于非流动资产

D. 企业为履行合同而发生的各种成本，属于合同取得成本

22. 下列项目中，不属于合同取得成本的是（　　）。

A. 差旅费　　B. 投标费

C. 销售佣金　　D. 为准备投标资料发生的相关费用

23. 下列各项中，属于产出法确定履约进度的方法有（　　）。

A. 实际测量的完工进度　　B. 评估已实现的结果

C. 时间进度　　D. 已完工或交付的产品

24. 下列各项中，属于企业在履约过程中在建的商品的有（　　）。

A. 在产品　　B. 在建工程

C. 尚未完成的研发项目　　D. 正在进行的服务

25. 下列属于建造合同履约成本中的直接费用的有（　　）。

A. 耗用的材料费用　　B. 耗用的人工费用

C. 耗用的机械使用费　　D. 低值易耗品摊销费用

26. 建造施工合同中，施工方发生的下列支出中，属于与履行合同有关的直接费用的有(　　)。

A. 财产保险费　　B. 施工人员的工资

C. 构成工程实体的材料成本　　D. 经营租入施工机械的租赁费

27. 关于合同资产和合同负债的表述中，不正确的有（ ）。
    A. 合同资产和合同负债应当在利润表中单独列示
    B. 同一合同下的合同资产和合同负债不得相互抵销
    C. 不同合同下的合同资产和合同负债应当以净额列示
    D. 合同资产和合同负债属于流动资产和流动负债

三、判断题（正确的在括号内打“✓”，错误的打“×”）

1. 收入表现为资产的增加或者费用的减少，或者二者兼而有之。（ ）
2. 没有商业实质的非货币性资产交换，在商品控制权转移时应确认收入。（ ）
3. 履约义务是指合同中企业向客户转让可明确区分商品的承诺。（ ）
4. 企业因向客户转让商品的对价不是很可能收回，应当将已收取的对价部分确认为收入。（ ）
5. 企业代第三方收取的款项以及企业预期将退还给客户的款项，应当作为负债进行会计处理，不计入交易价格。（ ）
6. 交易价格是指企业因向客户转让商品已收取的对价。（ ）
7. 已完成销售手续、但购买方在当月尚未提取的商品，销售方仍作为本企业库存商品核算。（ ）
8. 企业发生收入往往表现为货币资产的流入，但是并非所有货币资产的流入都是企业的收入。（ ）
9. 如果企业保留与商品所有权的主要风险和报酬，则在发出商品时确认该项商品销售收入。（ ）
10. 企业销售商品一批，并已收到款项，即使商品的成本不能够可靠地计量，也要确认相关的收入。（ ）
11. 企业在销售商品时，如果估计价款收回可能性不大，即使收入确认的其他条件都满足，也不应确认收入。（ ）
12. 企业对于发出的商品，不符合收入确认条件的，应按其实际成本编制会计分录：借记“发出商品”科目，贷记“库存商品”科目。（ ）
13. 在收取手续费的代销方式下，委托方应在发出商品时确认收入。（ ）
14. 在采用支付手续费的委托代销方式下，委托方应在收到代销清单时确认收入。（ ）
15. 企业因转让商品收到的预收款适用收入准则进行会计处理时，不再使用“预收账款”科目。（ ）
16. 企业向客户预收销售商品款项的，应当首先将该款项确认为负债，待履行了相关履约义务时再转为收入。（ ）
17. 以销售商品、提供劳务为主营业务的企业，销售单独计价的包装物实现的收入通过“主营业务收入”科目进行核算。（ ）
18. 销售退回是指企业因售出商品在质量、规格等方面不符合销售合同规定条款的要求，客

户要求企业予以退货。（ ）

19. 已确认收入的售出商品在非日后期间发生销售退回的，企业一般应在发生时冲减当期销售商品收入，同时冲减当期销售商品成本。（ ）

20. 附有销售退回条款的销售，是指客户依照有关合同有权退货的销售方式。（ ）

21. 销售商品时预期将退回商品的账面价值，扣除收回该商品预计发生的成本（包括退回商品的价值减损）后的余额用“应收退货成本”科目核算。（ ）

22. 附有销售退回条款的销售，在客户要求退货时，如果企业有权向客户收取一定金额的退货费，则退货费计入“销售费用”科目。（ ）

23. 对于在某一时段内履行的履约义务，无需考虑履约进度是否能够合理确定，均应当确认收入。（ ）

24. 客户能够控制企业履约过程中在建的商品，属于在某一时段内履行履约义务，相关收入应当在该履约义务履行的期间内确认。（ ）

25. 企业为取得合同发生的增量成本预期能够收回的，应当作为合同履约成本确认为一项资产。（ ）

26. 对于确认为资产的合同履约成本和合同取得成本，企业应当采用平均摊销法，在合同年限内进行摊销，摊销额计入当期损益。（ ）

27. 无论是否取得合同均会发生的差旅费、投标费、为准备投标资料发生的相关费用等，应当在发生时计入资产成本。（ ）

四、计算及账务处理题

1. 甲公司为增值税一般纳税人，适用的增值税税率为 13%。商品销售成本采用随时结转的方法。某年 5 月发生如下经济业务，所有业务属于在某一时点履行的履约义务并确认销售收入：

（1）甲公司向乙公司销售一批甲产品，开出的增值税专用发票上注明售价为 300 000 元，增值税额为 39 000 元。甲公司已收到乙公司支付的货款 339 000 元，并将提货单送交乙公司；该批商品成本为 220 000 元。

（2）甲公司采用托收承付结算方式销售一批商品给丙公司，增值税专用发票上注明售价为 500 000 元，增值税额为 65 000 元；甲公司以银行存款代垫运杂费 1 665 元，商品已经发出，并已向银行办妥托收手续；该批商品的成本为 380 000 元。

（3）甲公司与丁公司签订协议，采用预收款方式向丁公司销售一批商品。该批商品实际成本为 300 000 元。协议约定，该批商品销售价格为 450 000 元，增值税额为58 500 元；丁公司应在协议签订时预付 60%的货款（按销售价格计算），剩余货款于 1 个月后支付。

要求：编制甲公司上述业务的会计分录。

2. 黄海公司于 1 月 10 日向东华公司销售一批商品，开出的增值税专用发票上注明售价为 400 000元，增值税额为 52 000 元；该批商品成本为 350 000 元。黄海公司在销售该批商品时已得知东华公司资金流转发生暂时困难，但为了减少存货积压，同时也为了维持与东华公司长期以来建立的商业关系，黄海公司仍将商品发出，并办妥相关手续。假定黄海公司销售该批商品的纳税义务已经发生。当年4月黄海公司得知东华公司经营情况逐渐好转，东华公司承诺近期付款。5月15日，黄海公司收到东华公司支付的货款，存入银行。

要求：编制黄海公司上述业务的会计分录。

3. 甲、乙两企业均为增值税一般纳税人，适用的增值税税率均为13%。3月6日，甲企业与乙企业签订代销协议，甲企业委托乙企业销售A商品500件，A商品的单位成本为每件350元。代销协议规定，乙企业应按每件A商品565元（含增值税）的价格售给顾客，甲企业按不含增值税的售价的10%向乙企业支付手续费。除非这些商品在乙企业存放期间内由于乙企业的责任发生毁损或丢失，否则在商品对外销售之前，乙企业没有义务向甲企业支付货款。将来乙企业未售出的商品可以退回给甲企业。4月1日，甲企业收到乙企业交来的代销清单，代销清单中注明：实际销售A商品400件，商品售价为200 000元，增值税额为26 000元。当日甲企业向乙企业开具金额相同的增值税专用发票。4月6日，甲企业收到乙企业支付的已扣除手续费的商品代销款。

要求：根据上述资料，分别编制甲、乙企业的账务处理（“应交税金”科目要求写出明细科目及专栏名称，答案中的金额单位用元表示）。

4. 甲公司为增值税一般纳税人，适用的增值税税率为13%。某年8月份发生下列销售业务，所有业务均属于在某一时点履行的履约义务并确认销售收入：

（1）3日，向A公司销售商品1 000件，每件商品的标价为80元。为了鼓励多购商品，甲公司同意给予A公司10%的商业折扣。开出的增值税专用发票上注明的售价为72 000元，增值税额为9 360元。商品已发出，货款已收存银行。

（2）5日，向B公司销售商品一批，开出的增值税专用发票上注明的售价为60 000元，增值税额为7 800元。甲公司为了及早收回货款，在合同中规定的现金折扣条件为：2/10，1/20，*N*/30。

（3）13日，收到B公司扣除所享受现金折扣后的全部款项，并存入银行。假定计算现金折扣时不考虑增值税。

（4）15日，向C公司销售商品一批，开出的增值税专用发票上注明的售价为90 000元，增值税额为11 700元。货款尚未收到。

（5）20日，C公司发现15日所购商品不符合合同规定的质量标准，要求全部退货。甲公司经查明后，同意退货，并收到C公司转来的税务部门出具的增值税专用发票（红字）。

要求：编制甲公司上述销售业务的会计分录（“应交税费”科目要求写出明细科目和专栏名称；本题不要求编制结转销售成本的会计分录）。

5. 甲公司为增值税一般纳税人，适用的增值税税率为13%。商品销售价格不含增值税，在确认销售收入时逐笔结转销售成本。假定不考虑其他相关税费。某年6月份甲公司发生如下业务：

（1）6月2日，向乙公司销售A商品1 600件，标价总额为800万元（不含增值税），商品实际成本为480万元。为了促销，甲公司给予乙公司15%的商业折扣并开具了增值税专用发票。甲公司为了及早收回货款，在合同中规定的现金折扣条件为：2/10，1/20，*N*/30。甲公司已发出商品并确认销售收入，该项业务属于在某一时点履行的履约义务。

（2）6月10日，甲公司收到了乙公司的价税款。

（3）6月10日，因部分A商品的规格与合同不符，乙公司退回A商品800件。当日，甲公司按规定向乙公司开具增值税专用发票（红字），销售退回允许扣减当期增值税销项税额，退回商品已验收入库。

要求：编制甲公司上述业务的会计分录（“应交税费”科目要求写出明细科目及专栏名称，答案中的金额单位用万元表示）。

6. 甲公司是一家健身器材销售公司，为增值税一般纳税人。某年6月1日，甲公司向乙公司销售5万件健身器材，单位销售价格为500元，单位成本为400元，开出的增值税专用发票上注明的销售价款为2 500万元，增值税额为400万元，收到款项存入银行。协议约定，乙公司在7月31日之前有权退还健身器材。假定甲公司根据过去的经验，估计该批健身器材的退货率为20%，在不确定性消除时，80%已确认的累计收入金额（2 000万元）极可能不会发生重大转回；健身器材发出时纳税义务已经发生；实际发生销售退回时取得税务机关开具的红字增值税专用发票。6月30日估计该批健身器材退货率为15%，7月31日发生销售退回，实际退货量为0.4万件，同时支付款项。不考虑其他因素。

要求：

（1）编制6月1日销售商品的会计分录。

（2）编制6月30日调整退货比率的会计分录。

（3）编制7月31日发生退货的会计分录。

7. 甲公司为增值税一般纳税人，销售商品适用的增值税税率为13%，发生与A产品销售相关的如下交易：

（1）2020年12月1日，向乙公司销售A产品1 000件，每件售价2万元，每件成本1.5万元。当日收到乙公司支付的全部货款，并开出增值税专用发票。甲公司销售该商品的同时，约定该商品在3个月内如出现质量问题，可以将其退回。根据历史经验，甲公司预计其退货率为15%。

（2）2020年12月31日，该商品尚未发生退回；甲公司根据对乙公司使用情况的回访，以及产品质量抽样，重新估计其退货率为10%。

（3）2021年1月10日，乙公司将出现质量问题的A产品退回，退回数量为20件。甲公司验收之后将其入库，并开出增值税红字专用发票。应付乙公司退货款尚未支付。

（4）2021年3月1日，退货期满，乙公司未继续退回A产品。甲公司向乙公司支付应付的退货款。

要求：

（1）计算甲公司2020年12月1日销售发生时应确认销售收入、成本的金额，并编制相关会计分录。

(2) 计算2020年12月31日甲公司因重新估计退货率对营业利润的影响金额，并编制相关会计分录。
(3) 编制甲公司2021年1月10日在乙公司实际退货时的会计分录。
(4) 编制退货期满时甲公司的会计分录，说明甲公司因该项销售业务最终确认收入的金额。

8. 甲公司为增值税一般纳税人，适用的增值税税率为13%。某年3月1日，向乙公司销售健身器材100件，每件不含税价格10 000元，每件成本8 000元，增值税发票已开出。当日，收到全部货款存入银行。协议约定当年6月30日前有权退货。退货情况如下：当年3月未发生销售退回；4月30日退回5件；6月30日退回6件。假定在实际发生退货时支付退货款，且可冲减增值税额。
要求：根据以下两种情况编制相关会计分录。
(1) 甲公司根据过去的经验，估计该批健身器材退货率为10%。
(2) 甲公司根据过去的经验，无法估计该批健身器材的退货率。

9. 甲、乙两公司签订了一份800万元的劳务合同，甲公司为乙公司开发一套系统软件（以下简称项目）。2020年3月2日项目开发工作开始，预计2022年2月26日完工。预计开发完成该项目的总成本为720万元，其他有关资料如下：
(1) 2020年3月30日，甲公司预收乙公司支付的项目款350万元存入银行。
(2) 2020年甲公司为该项目实际发生劳务成本252万元。
(3) 至2021年12月31日，甲公司为该项目累计实际发生劳务成本630万元。
(4) 甲公司在2020年、2021年年末均能对该项目的结果予以可靠估计。
假定甲公司按已经发生成本占估计总成本的比例确定完工程度。
要求：
(1) 计算甲公司2020年、2021年该项目的完工程度。
(2) 计算甲公司2020年、2021年该项目确认的收入和费用。
(3) 编制甲公司2020年收到项目款、确认收入和费用的会计分录。

10. 甲公司经营一家健身俱乐部。某年4月1日，某客户与甲公司签订合同，成为甲公司的会员，并向甲公司支付会员费5 088元（含税价），可在未来的12个月内在该俱乐部健身，且没有次数限制。该业务适用的增值税税率为6%。
要求：编制甲公司4月份收到会员费及确认收入的会计分录。

11. 乙公司是一家咨询公司，通过竞标赢得一个服务期为2年的客户，该客户每年年末支付含税咨询费381 600元。为取得与该客户的合同，乙公司聘请外部律师进行尽职调查，支付相关费用15 000元，为投标而发生差旅费8 000元，支付销售人员佣金40 000元。乙公司预期这些支出未来均能够收回。此外，乙公司根据其年度销售目标、整体盈利情况及个人业绩等，向销售部门经理支付年度奖金10 000元。
要求：编制乙公司支付相关费用、每月确认服务收入、摊销销售佣金相关会计分录。

12. 苹果酒店的资产均为自有资产。某年12月，苹果酒店计提与酒店经营直接相关的酒店、客房以及客房内的设备、家具等折旧250 000元、酒店土地使用权摊销费用50 000元。经计算，当月确认房费、餐饮等服务含税收入742 000元，增值税税率6%，全部存入银行。

要求：编制苹果酒店相关会计分录。

第五章

Chapter Five

费 用

本章学习目标

- 掌握费用的特征和分类及费用的确认
- 掌握营业成本的组成内容和核算方法
- 掌握税金及附加的内容及核算方法
- 掌握期间费用的内容及核算方法
- 熟悉费用核算岗位工作职责和账务处理流程，能根据原始凭证正确分析经济业务，熟练进行费用业务的会计处理
- 具备相应的会计职业判断能力，学会费用在利润表中的披露方法

本章主要科目

- 主营业务成本
- 其他业务成本
- 税金及附加
- 管理费用
- 销售费用
- 财务费用

第一节 费用概述

一、费用的概念

对于“费用”概念的理解有广义和狭义两种。广义的费用包括成本性费用和损益性费用。成本性费用是指应计入资产成本的各种耗费，如产品生产成本、材料成本。损益性费用是指应直接计入当期损益的各项费用，如营业成本、期间费用等。本章所讲的费用是指狭义的费用，主要包括各种损益性费用。

费用是企业在日常活动中发生的、会导致所有者权益减少的、与向所有者分配利润无关的经济利益的总流出。费用是企业为赚取收入或对企业进行日常的经营管理活动所发生的经济利益的流出，是与企业一定会计期间经营成果有直接关系的经济利益流出，具体表现为企业资产的减少或负债的增加，最终会因利润的减少而导致企业所有者权益的减少。

二、费用的内容

费用包括企业日常活动所产生的经济利益的总流出，主要是指企业为取得营业收入进行产品销售等营业活动所发生的营业成本、税金及附加和期间费用。

企业为生产产品、提供劳务等发生的可归属于产品成本、劳务成本等的费用，应当在确认产品销售收入、提供劳务收入等时，将已销售产品、已提供劳务的成本等确认为营业成本，包括主营业务成本、其他业务成本。

期间费用是企业日常活动发生的不能计入特定核算对象的成本，而应计入发生当期损益的费用，具体包括销售费用、管理费用和财务费用。

三、费用的特征

（1）费用是企业在日常活动中形成的。费用的这一特征使其与产生于非日常活动的损失相区分。

提示 企业因违约支付罚款、对外捐赠、自然灾害等非常原因造成财产损毁等活动或事项形成的经济利益的总流出属于企业的损失而不是费用。

（2）费用会导致企业所有者权益的减少。与费用有关的经济利益的流出会导致所有者权益的减少，具体表现为企业的资金支出或资产耗费，它与经济利益流入企业所形成的收入相反。

提示 企业经营管理中的某些支出并不减少企业的所有者权益，也就不构成费用。如企业以银行存款偿还一项负债，只是一项资产和负债的等额减少，对所有者权益没有影响，因此不构成企业的费用。

（3）费用导致的经济利益总流出与向所有者分配利润无关。费用的发生会导致经济利益的流出，从而导致资产的减少或负债的增加。其表现形式包括现金或者现金等价物的流出，存货、固定资产和无形资产等的流出或消耗等。

提示 企业向所有者分配利润或股利也会导致经济利益的流出，而该经济利益的流出属于投资者投资的回报，是所有者权益的直接抵减项目，不应确认为费用。

四、费用的确认条件

费用的确认除了应当符合定义外，也应当满足严格的条件，即费用只有在经济利益很可能流出从而导致企业资产减少或者负债增加、经济利益的流出额能够可靠计量时才能予以确认。因此，费用的确认至少应当符合以下条件：

（1）与费用相关的经济利益应当很可能流出企业。

（2）经济利益流出企业的结果会导致资产的减少或者负债的增加。

（3）经济利益的流出额能够可靠计量。

第二节 营业成本

营业成本是企业为生产产品、提供劳务等发生的可归属于产品成本、服务成本等的费用，应当在确认销售商品收入、提供服务收入等时，将已销售商品、已提供服务的成本等计入当期损益。营业成本包括主营业务成本和其他业务成本。

一、主营业务成本

主营业务成本是指企业销售商品、提供服务等经常性活动所发生的成本。企业一般在确认销售商品、提供服务等主营业务收入时，或在月末将已销售商品、已提供劳务的成本转入主营业务成本。

为了核算和监督企业主营业务成本的确认和结转情况，企业应设置“主营业务成本”科目。借方登记企业因销售商品、提供服务或让渡资产使用权等日常活动而发生的实际成本；贷方登记期末转入“本年利润”科目的数额，结转后该科目无余额。该科目按主营业务的种类进行明细核算。

企业结转已销售商品或提供服务成本时，借记“主营业务成本”科目，贷记“库存商品”“合同履约成本”等科目。期末，将主营业务成本的余额转入“本年利润”科目，借记“本年利润”科目，贷记“主营业务成本”科目，结转后，“主营业务成本”科目无余额。

例5-1 3月31日，淮洲公司计算已销售的甲、乙两种产品的实际成本，分别为200 000元和350 000元。有关账务处理如下：

借：主营业务成本　　550 000
　贷：库存商品——甲产品　　200 000
　　　　　　　——乙产品　　350 000

例5-2 3月31日，淮洲公司将主营业务成本550 000元结转至本年利润。有关账务处理如下：

借：本年利润　　550 000
　贷：主营业务成本　　550 000

二、其他业务成本

其他业务成本是企业确认的除主营业务活动以外的其他日常经营活动所发生的支出。其他业务成本包括销售材料的成本、出租固定资产的折旧额、出租无形资产的摊销额、出租包装物的成本或摊销额等。采用成本模式计量投资性房地产的，其投资性房地产计提的折旧额或摊销额，也构成其他业务成本。

为了核算和监督企业确认的除主营业务活动以外的其他日常经营活动所发生的支出，企业应设置“其他业务成本”科目，借方登记企业销售材料的成本、出租固定资产的折旧额、出租无形资产的摊销额、出租包装物的成本或摊销额、投资性房地产计提的折旧额或摊销额（采用成本模式计量投资性房地产）等日常活动而发生的成本或摊销额；贷方登记期末转入“本年利润”科目的数额，结转后该科目无余额。该科目按其他业务成本的种类进行明细核算。

企业发生的其他业务成本，借记“其他业务成本”科目，贷记“原材料”“周转材料”“累计折旧”“累计摊销”“应付职工薪酬”“银行存款”等科目。

例5-3 3月31日，淮洲公司结转本月已销材料成本6 000元。有关账务处理如下：

借：其他业务成本　　6 000
　贷：原材料　　6 000

例5-4 3月31日，淮洲公司摊销应由本月负担的出租非专利技术业务的成本，该非专利技术业务的成本为240 000元，租赁期限为5年。有关账务处理如下：

该出租非专利技术业务的每月摊销额=240 000÷5÷12=4 000（元）

借：其他业务成本　　4 000
　贷：累计摊销　　4 000

例5-5 3月31日，淮洲公司结转本月随同商品销售单独计价的包装物成本3 000元。有关账务处理如下：

借：其他业务成本　　3 000
　贷：周转材料——包装物　　3 000

例5-6 3月31日，淮洲公司计提本月作为投资性房地产出租的一幢办公楼的折旧，该资产采用成本模式进行后续计量。出租办公楼成本为4 800 000元，按直线法计提折旧，预计使用寿命为40年，预计净残值为零。有关账务处理如下：

该出租办公楼的每月折旧额=4 800 000÷40÷12=10 000（元）

借：其他业务成本　　10 000

　贷：投资性房地产累计折旧　　10 000

例5-7 3月31日，淮洲公司将其他业务成本230 000元结转至本年利润。有关账务处理如下：

借：本年利润　　230 000

　贷：其他业务成本　　230 000

第三节 税金及附加

税金及附加是指企业经营活动应负担的相关税费，包括消费税、城市维护建设税、教育费附加、资源税、环境保护税、土地增值税、房产税、城镇土地使用税、车船税、印花税、耕地占用税、契税、车辆购置税等。

为了核算企业经营活动发生的消费税、城市维护建设税、教育费附加、资源税、环境保护税、土地增值税、房产税、城镇土地使用税、车船税、印花税、耕地占用税、契税、车辆购置税等相关税费，企业应设置"税金及附加"科目，借方按规定计算确定的与经营活动相关的税费；贷方登记期末转入"本年利润"科目的数额，结转后该科目无余额。

提示 企业缴纳的印花税，不会发生应付未付税款的情况，不需要预计应纳税金额，同时也不存在与税务机关结算或者清算的问题。因此，企业缴纳的印花税不通过"应交税费"科目核算，于购买印花税票时，直接借记"税金及附加"科目，贷记"银行存款"科目。

例5-8 3月31日，淮洲公司计算本月销售应税消费品的消费税。本月取得缴纳消费税商品的收入为2 000 000元，该商品适用消费税税率为30%。有关账务处理如下：

本月应纳消费税=2 000 000×30%=600 000（元）

借：税金及附加　　600 000

　贷：应交税费——应交消费税　　600 000

例5-9 3月31日，淮洲公司本期实际缴纳增值税510 000元、消费税600 000元。该公司城市维护建设税税率是7%，教育费附加征收率为3%。有关账务处理如下：

应纳城市维护建设税=(510 000+600 000)×7%=77 700（元）

应纳教育费附加=(510 000+600 000)×3%=33 300（元）

借：税金及附加　　111 000
　　贷：应交税费——应交城市维护建设税　　77 700
　　　　　　　　——应交教育费附加　　33 300

例 5-10 3 月，淮洲公司一幢房产的原值为 3 000 000 元，已知房产税税率为 1.2%，当地规定的房产税扣除比例为 30%。该公司应编制计算房产税的会计分录如下：

应交房产税额 = 3 000 000×（1-30%）×1.2% =25 200（元）

借：税金及附加　　25 200
　　贷：应交税费——应交房产税　　25 200

例 5-11 3 月，淮洲公司按规定当月实际应纳车船税 12 000 元，应纳城镇土地使用税 30 000 元。该公司应编制会计分录如下：

（1）计算应缴纳的车船税、城镇土地使用税时：

借：税金及附加　　42 000
　　贷：应交税费——应交车船税　　12 000
　　　　　　　　——应交城镇土地使用税　　30 000

（2）实际缴纳车船税、城镇土地使用税时：

借：应交税费——应交车船税　　12 000
　　　　　　——应交城镇土地使用税　　30 000
　　贷：银行存款　　42 000

例 5-12 3 月 31 日，淮洲公司将税金及附加 778 200 元结转至本年利润。有关账务处理如下：

借：本年利润　　778 200
　　贷：税金及附加　　778 200

第四节 期间费用

一、期间费用的内容

期间费用是企业日常活动发生的不能计入特定核算对象的成本，而应计入发生当期损益的费用。

期间费用包含以下两种情况：① 企业发生的支出不产生经济利益，或者即使产生经济利益但不符合或者不再符合资产确认条件的，应当在发生时确认为费用，计入当期损益。② 企业发生的交易或者事项导致其承担了一项负债，而又不确认为一项资产的，应当在发生时确认为费用，计入当期损益。

期间费用是企业日常活动中所发生的经济利益的流出。之所以不计入特定的成本核算对象，主要是因为期间费用是为组织和管理企业整个经营活动所发生的费用，与可以确定特定成本核算对象的材料采购、产成品生产等没有直接关系，因而期间费用不计入有关核算对象的成本，而是直接计入当期损益。

二、期间费用的核算

期间费用包括销售费用，管理费用和财务费用。

1. 销售费用

销售费用是指企业在销售商品和材料、提供服务的过程中发生的各种费用，包括企业在销售商品过程中发生的保险费、包装费、展览费、广告费、商品维修费、预计产品质量保证损失、运输费、装卸费等以及为销售本企业商品而专设的销售机构（含销售网点、售后服务网点等）的职工薪酬、业务费、折旧费等经营费用。企业发生的与专设销售机构相关的固定资产修理费用等后续支出也属于销售费用。

销售费用是与企业销售商品活动有关的费用，但不包括销售商品本身的成本，销售的商品成本属于“主营业务成本”。

为了核算和监督企业销售费用的发生和结转情况，企业应设置“销售费用”科目，借方登记企业所发生的各项销售费用；贷方登记期末转入“本年利润”科目的数额，结转后该科目无余额。该科目应按销售费用的费用项目进行明细核算。

例 5-13 3月1日淮洲公司为宣传新产品发生广告费，取得的增值税专用发票上注明的价款为400 000元，增值税额为24 000元，价税款项用银行存款支付。该公司应编制如下会计分录：

借：销售费用——广告费	400 000	
应交税费——应交增值税（进项税额）	24 000	
贷：银行存款		424 000

例 5-14 淮洲公司3月为销售产品支付销售运费，取得的增值税专用发票上注明的运输费为8 000元，增值税额为720元，取得的增值税普通发票上注明的装卸费为2 000元，上述款项均用银行存款支付。该公司应编制如下会计分录：

借：销售费用——运输费	8 000	
——装卸费	2 000	
应交税费——应交增值税（进项税额）	720	
贷：银行存款		10 720

例 5-15 3月，淮洲公司专设销售机构本月发生人员薪酬100 000元，办公设备折旧费40 000元。有关账务处理如下：

借：销售费用——职工薪酬	100 000	
——折旧费	40 000	
贷：应付职工薪酬		100 000
累计折旧		40 000

例5-16 3月31日，淮洲公司将销售费用550 000元结转至本年利润。有关账务处理如下：

借：本年利润　　550 000
　贷：销售费用　　550 000

2. 管理费用

管理费用是企业为组织和管理生产经营发生的各种费用，包括企业在筹建期间内发生的开办费、董事会和行政管理部门在企业的经营管理中发生的以及应由企业统一负担的公司经费（包括行政管理部门职工薪酬、物料消耗、低值易耗品摊销、办公费和差旅费等）、行政管理部门负担的工会经费、董事会费（包括董事会成员津贴、会议费和差旅费等）、聘请中介机构费、咨询费（含顾问费）、诉讼费、业务招待费、技术转让费、研究费用等。

提示 企业生产车间（部门）和行政管理部门发生的固定资产修理费用等后续支出，也作为管理费用核算。

为了核算和监督企业管理费用的发生和结转情况，企业应设置"管理费用"科目，借方登记企业所发生的各项管理费用；贷方登记期末转入"本年利润"科目的数额，结转后该科目无余额。该科目应按管理费用的费用项目进行明细核算。

提示 商品流通企业管理费用不多的，可不设"管理费用"科目，该科目的核算内容可并入"销售费用"科目核算。

例5-17 淮洲公司3月为拓展产品销售市场发生业务招待住宿费50 000元，取得的增值税专用发票上注明的增值税额为3 000元，已用银行存款支付全部款项。该公司应编制如下会计分录：

借：管理费用——业务招待费　　50 000
　　应交税费——应交增值税（进项税额）　　3 000
　贷：银行存款　　53 000

例5-18 3月，淮洲公司管理部门本月发生人员薪酬160 000元，计提办公设备折旧费50 000元，报销差旅费20 000元（已预借差旅费），假设不考虑增值税等因素。有关账务处理如下：

借：管理费用　　230 000
　贷：应付职工薪酬　　160 000
　　　累计折旧　　50 000
　　　其他应收款　　20 000

例5-19 3月31日，淮洲公司将管理费用280 000元结转至本年利润。有关账务处理如下：

借：本年利润　　280 000
　贷：管理费用　　280 000

3. 财务费用

财务费用是企业为筹集生产经营所需资金等而发生的筹资费用，包括利息支出（减利息收入）、汇兑损益以及相关的手续费、企业发生的现金折扣或收到的现金折扣等。

为了核算和监督企业财务费用的发生和结转情况，企业应设置“财务费用”科目，借方登记企业所发生的各项财务费用；贷方登记期末转入“本年利润”科目的数额，结转后该科目无余额。该科目应按财务费用的费用项目进行明细核算。

例 5－20 3 月，淮洲公司用银行存款支付银行手续费 320 元。有关账务处理如下：

借：财务费用 320

贷：银行存款 320

例 5－21 3 月，淮洲公司计提应由本月负担的短期借款利息 30 000 元。有关账务处理如下：

借：财务费用 30 000

贷：应付利息 30 000

例 5－22 3 月，淮洲公司收到本月银行存款利息 260 元。有关账务处理如下：

借：银行存款 260

贷：财务费用 260

例 5－23 3 月 31 日，淮洲公司将财务费用 30 060 元结转至本年利润。有关账务处理如下：

借：本年利润 30 060

贷：财务费用 30 060

本章内容在报表中的信息披露

利 润 表

项　目	本期金额	上期金额
一、营业收入	根据“主营业务收入”和“其他业务收入”科目的发生额分析填列	
减：营业成本	根据“主营业务成本”和“其他业务成本”科目的发生额分析填列	
税金及附加	根据“税金及附加”科目的发生额分析填列	
销售费用	根据“销售费用”科目的发生额分析填列	
管理费用	根据“管理费用”科目的发生额分析填列	
研发费用	根据“管理费用”科目下的“研发费用”明细科目+“无形资产摊销”明细的发生额分析填列	
财务费用	根据“财务费用”科目的发生额分析填列	
……		

本章习题

一、单项选择题（下列答案中有一个答案是正确的，请将正确答案前的英文字母填入括号内）

1. 下列各项中，不属于费用的是（　　）。
   A. 主营业务成本　　B. 销售费用　　C. 营业外支出　　D. 税金及附加
2. 甲企业 5 月份发生制造费用 50 万元，管理费用 4 万元，销售费用 10 万元，那么甲企业 5 月份的期间费用总额合计为（　　）万元。
   A. 14　　B. 54　　C. 60　　D. 64
3. 随同产品出售且单独计价的包装物，应于包装物发出时结转其成本，记入“(　　)”科目。
   A. 销售费用　　B. 其他业务成本　　C. 管理费用　　D. 营业外支出
4. 随同产品出售且不单独计价的包装物，应于包装物发出时结转其成本，记入“(　　)”科目。
   A. 销售费用　　B. 其他业务成本　　C. 管理费用　　D. 营业外支出
5. 企业对于已经发出且符合收入确认条件的商品（未计提存货跌价准备），其成本应借记的科目是“(　　)”。
   A. 在途物资　　B. 发出商品　　C. 库存商品　　D. 主营业务成本
6. 3 月，某公司销售一批原材料，开具的增值税专用发票上注明的售价为 5 000 元，增值税额为 650 元，材料成本为 3 600 元，则应记入“其他业务成本”科目的金额是(　　)元。
   A. 3 600　　B. 5 000　　C. 5 650　　D. 8 600
7. 某企业销售生产的商品确认销售成本 100 万元，销售原材料确认销售成本 10 万元，发生现金折扣 1.5 万元。不考虑其他因素，该企业记入“其他业务成本”科目的金额为（　　）万元。
   A. 100　　B. 110　　C. 10　　D. 11.5
8. 下列日常经营活动涉及的税金中，记入“税金及附加”科目的是（　　）。
   A. 印花税、增值税　　B. 城市维护建设税、教育费附加
   C. 消费税、增值税　　D. 印花税、所得税
9. 下列各项中，不属于企业期间费用的是（　　）。
   A. 车间固定资产维修费　　B. 聘请中介机构费

C. 车间管理人员工资　　D. 发生的现金折扣

10. 某企业某年3月份发生的费用有：计提车间用固定资产折旧10万元，发生车间管理人员薪酬40万元，支付广告费用30万元，计提短期借款利息20万元，计提车船税10万元。该企业当期的期间费用总额为（　　）万元。

A. 50　　B. 60　　C. 100　　D. 110

11. 下列各项中，应该通过“销售费用”科目核算的是（　　）。

A. 销售方发生的现金折扣　　B. 出售固定资产支付的清理费用

C. 销售商品过程中发生的保险费用　　D. 业务招待费

12. 下列各项中，应记入“管理费用”科目的是（　　）。

A. 行政管理人员差旅费　　B. 固定资产发生的盘亏净损失

C. 筹建期间资本化的借款利息支出　　D. 生产车间管理人员工资

13. 某企业销售商品发生商业折扣400万元、收到现金折扣200万元、销售退回150万元。该企业上述业务记入“财务费用”科目的金额为（　　）万元。

A. 400　　B. 200　　C. 150　　D. 350

14. 下列项目中应记入“管理费用”科目的是（　　）。

A. 增值税　　B. 印花税　　C. 房产税　　D. 业务招待费

15. 下列各项中，不应计入销售费用的是（　　）。

A. 预计产品质量保证损失

B. 为推广新产品而发生的广告费用

C. 随同商品出售且单独计价的包装物成本

D. 随同商品出售而不单独计价的包装物成本

16. 企业发生的下列费用中，应计入销售费用的是（　　）。

A. 广告费　　B. 业务招待费

C. 矿产资源补偿费　　D. 研究费

17. 下列各项中，应计入管理费用的是（　　）。

A. 筹建期间的开办费　　B. 预计产品质量保证损失

C. 车间管理人员工资　　D. 专设销售机构的固定资产修理费

18. 下列各项中，应列为管理费用处理的是（　　）。

A. 自然灾害造成的流动资产净损失　　B. 诉讼费

C. 计提的资产减值损失　　D. 广告费

19. 下列各项中，不属于费用的有（　　）。

A. 税金及附加　　B. 销售费用

C. 管理费用　　D. 营业外支出

20. 企业销售商品缴纳的下列各项税费，不能记入“税金及附加”科目的有（　　）。

A. 消费税　　B. 增值税　　C. 教育费附加　　D. 城市维护建设税

二、多项选择题（下列答案中有多个答案是正确的，请将正确答案前的英文字母填入括号内）

1. 下列各项中，属于费用的有（　　）。

A. 制造费用　　B. 管理费用　　C. 营业外支出　　D. 其他业务成本

2. 下列各项中，应记入“税金及附加”科目的有（　　）。

A. 城镇土地使用税　　B. 销售商品应缴的增值税

C. 销售应税产品的资源税　　D. 销售应税消费品应缴的消费税

3. 下列各项业务，在进行会计处理时应记入“管理费用”科目的有（　　）。

A. 行政管理部门的物料消耗　　B. 无形资产研究费用

C. 车间管理人员的职工薪酬　　D. 计提的坏账准备

4. 企业缴纳的下列各种税金中，可能通过“税金及附加”科目核算的有（　　）。

A. 增值税销项税额　　B. 消费税

C. 城市维护建设税　　D. 印花税

5. 下列各项中，应记入“销售费用”科目的有（　　）。

A. 销售商品发生的商业折扣

B. 采用一次摊销法结转出借新包装物成本

C. 结转出租包装物因不能使用而报废的残料价值

D. 结转随同商品出售但不单独计价的包装物成本

6. 下列各项中，不应记入“管理费用”科目的有（　　）。

A. 总部办公楼折旧　　B. 生产设备改良支出

C. 经营租出设备的修理费　　D. 专设销售机构房屋的修理费

7. 下列各项费用，应通过“管理费用”科目核算的有（　　）。

A. 诉讼费　　B. 研究费用

C. 业务招待费　　D. 日常经营活动聘请中介机构费

8. 下列项目中，应作为“管理费用”核算的有（　　）。

A. 固定资产报废净损失　　B. 计提的固定资产减值准备

C. 技术转让费　　D. 由企业统一负担的公司经费

9. 企业的营业成本包括（　　）。

A. 主营业务成本　　B. 其他业务成本　　C. 营业外支出　　D. 生产成本

10. 下列项目属于“其他业务成本”科目核算的内容有（　　）。

A. 出租无形资产的摊销额　　B. 出租无形资产支付的服务费
C. 销售材料结转的材料成本　　D. 出售固定资产发生的处置净损失

11. 企业日常经营活动涉及的下列各种税金中，应记入“税金及附加”科目的有(　　)。
A. 矿产资源补偿费　　B. 消费税
C. 增值税销项税额　　D. 城市维护建设税

12. 企业日常经营活动涉及的下列各项税金中，可能记入“税金及附加”科目的有(　　)。
A. 资源税　　B. 消费税　　C. 房产税　　D. 印花税

13. 下列各项中，应在发生时直接确认为期间费用的有（　　）。
A. 专设销售机构固定资产的折旧费　　B. 业务招待费
C. 管理人员差旅费　　D. 车间管理人员薪酬

14. 下列各项中，应在发生时确认为销售费用的有（　　）。
A. 车间管理人员的工资　　B. 投资性房地产的折旧额
C. 专设销售机构固定资产的维修费　　D. 预计产品质量保证损失

15. 下列项目中，不计入财务费用处理的有（　　）。
A. 企业销售商品发生的商业折扣　　B. 企业销售商品发生的销售折让
C. 企业购买商品获得的现金折扣　　D. 企业购买商品放弃的现金折扣

16. 下列各项中，记入“财务费用”科目的有（　　）。
A. 公司发行股票支付的手续费、佣金等发行费用
B. 资本化的借款利息支出
C. 销货企业实际发生的现金折扣
D. 支付银行承兑汇票的手续费

17. 下列各项中，应记入“财务费用”科目的有（　　）。
A. 诉讼费　　B. 业务招待费
C. 汇兑损失　　D. 购货单位享受的现金折扣

18. 下列各项中，不应确认为财务费用的有（　　）。
A. 商品维修费　　B. 资本化的借款利息支出
C. 销售商品发生的商业折扣　　D. 支付的银行承兑汇票手续费

19. 下列各项，属于企业期间费用的有（　　）。
A. 销售费用　　B. 制造费用　　C. 管理费用　　D. 财务费用

20. 下列费用中不应计入产品成本的有（　　）。
A. 直接材料和直接人工　　B. 企业行政管理部门设备折旧费用
C. 行政管理人员工资　　D. 技术转让费

三、判断题（正确的在括号内打“✓”，错误的打“×”）

1. 企业出售固定资产发生的处置净损失属于企业的费用。（ ）
2. 费用是指企业在日常活动中发生的、会导致资产减少的、与向所有者分配利润无关的经济利益的总流出。（ ）
3. 营业成本包括主营业务成本、其他业务成本和税金及附加。（ ）
4. 出租固定资产的折旧额，计入利润表中的营业成本项目中。（ ）
5. 企业出售原材料取得的款项扣除其成本及相关费用后的净额，应当计入营业外收入或营业外支出。（ ）
6. 企业自己耗用的低值易耗品的摊销应通过“税金及附加”科目核算。（ ）
7. 制造费用是成本类科目，不是期间费用的核算范围。（ ）
8. 企业为拓展销售市场所发生的业务招待费，应计入管理费用。（ ）
9. 企业取得交易性金融资产时支付的相关税费计入财务费用。（ ）
10. 制造费用和管理费用都是本期发生的生产费用，因此均应计入当期损益。（ ）

四、计算及账务处理题

1. 甲企业3月份发生的业务有：

（1）发生无形资产研究费用10万元。

（2）发生专设销售部门人员工资25万元。

（3）支付业务招待费15万元。

（4）支付销售产品保险费5万元。

（5）本月应缴纳的城市维护建设税0.5万元。

（6）计提投资性房地产折旧40万元。

（7）支付本月末计提短期借款利息0.1万元。

要求：

（1）说明上述（1）~（7）项经济业务分别应该计入哪项期间费用。

（2）计算该企业3月份发生的期间费用总额。

2. 甲企业为增值税一般纳税人，某年1月，销售商品领用单独计价的包装物成本40 000元，增值税专用发票上注明销售收入60 000元，增值税额为7 800元，款项已存入银行。

要求：根据上述经济业务编制会计分录。

3. 甲公司某年1月出租一幢办公楼给乙公司使用，已确认为投资性房地产，采用成本模式进行后续计量。假设出租的办公楼成本为2 400万元，按直线法计提折旧，使用寿命为40年，预计净残值为零。按照合同规定，乙公司按月支付甲公司租金，适用增值税税率为9%。

要求：计算甲公司该办公楼本月应计提的折旧，并编制计提折旧的会计分录。

4. 甲企业某年 4 月发生以下经济业务：

（1）用银行存款支付本月应负担的短期借款利息 24 000 元。

（2）用银行存款支付银行手续费 400 元。

（3）在购买材料业务中，根据对方规定的现金折扣条件提前付款，获得对方给予的现金折扣 4 000 元。

（4）计提本月短期借款利息。该借款本金 360 000 元，期限 6 个月，年利率 5%。

（5）月末，将本月发生的“财务费用”结转到“本年利润”科目。

要求：根据上述经济业务编制会计分录。

5. 甲企业为增值税一般纳税人，适用的增值税税率为 13%，销售单价均为不含增值税价格，存货均未计提存货跌价准备。3 月发生如下业务：

（1）3 日，向乙企业赊销 A 产品 100 件，单价为 40 000 元，单位销售成本为 20 000 元。

（2）15 日，向丙企业销售材料一批，价款为 700 000 元，该材料发出成本为 500 000 元。上月已经预收账款 600 000 元。当日丙企业支付剩余货款。

（3）18 日，丁企业要求退回 2 月购买的 40 件 B 产品。该产品销售单价为 40 000 元，单位销售成本为 20 000 元，其销售收入 1 600 000 元已确认入账，价款已于销售当日收取。经查明退货原因系发货错误，同意丁企业退货，并办理退货手续和开具红字增值税专用发票，且于当日退回了相关货款。

（4）31 日，计算本月应缴纳的城市维护建设税 36 890 元、教育费附加 15 810 元。

要求：

（1）根据上述（1）~（4）业务编制相关的会计分录。

（2）计算甲企业 3 月份发生的费用总额。

（答案中的金额以元为单位；“应交税费”科目须写出二级和三级明细科目，其他科目可不写出明细科目）。

第六章

Chapter Six

利 润

本章学习目标

- 掌握利润的构成及其主要内容
- 掌握营业外收支的核算内容及账务处理
- 掌握政府补助的核算内容及账务处理
- 掌握所得税费用的计算及账务处理
- 掌握本年利润的结转方法及账务处理
- 熟悉利润会计核算岗位的工作职责和账务处理流程，能根据原始凭证正确分析经济业务，熟练进行利润业务的会计处理
- 具备相应的会计职业判断能力，学会利润在会计报表中的披露方法

本章主要科目

- 营业外收入
- 营业外支出
- 其他收益
- 递延收益
- 所得税费用
- 递延所得税资产
- 递延所得税负债
- 本年利润

第一节 利润概述

一、利润的概念及组成

利润是指企业在一定会计期间的经营成果，包括收入减去费用后的净额、直接计入当期利润的利得和损失等。未计入当期利润的利得和损失扣除所得税影响后的净额计入其他综合收益项目。净利润和其他综合收益的合计金额为综合收益总额。

因此，利润金额取决于收入和费用、直接计入当期利润的利得和损失金额的计量。

提示 利得是指由企业非日常活动所形成的、会导致所有者权益增加的、与所有者投入资本无关的经济利益的流入。损失是指由企业非日常活动所形成的、会导致所有者权益减少的、与向所有者分配利润无关的经济利益的流出。

企业会计准则规定，企业的利润一般包括营业利润、利润总额和净利润。

二、营业利润

营业利润是企业进行生产经营活动所获得的利润，这种生产经营活动是企业的日常业务，具有经常性、稳定性的特点，是企业利润的主要来源。其计算公式为

营业利润＝营业收入－营业成本－税金及附加－销售费用－管理费用－研发费用－财务费用＋其他收益＋投资收益（－投资损失）＋净敞口套期收益（－净敞口套期损失）＋公允价值变动收益（－公允价值变动损失）－信用减值损失－资产减值损失＋资产处置收益（－资产处置损失）

（1）营业收入是指企业经营活动所确认的收入总额，包括主营业务收入和其他业务收入。

（2）营业成本是指企业经营活动所发生的实际成本总额，包括主营业务成本和其他业务成本。

（3）研发费用是指企业进行研究与开发过程中发生的费用化支出，以及计入管理费用的自行开发无形资产的摊销。

（4）其他收益主要是指与企业日常活动相关，除冲减相关成本费用以外的政府补助。

（5）投资收益（或损失）是指企业以各种方式对外投资所取得的收益（或损失）。

（6）公允价值变动收益（或损失）是指企业交易性金融资产等公允价值变动形成的应计入当期损益的利得（或损失）。

（7）信用减值损失是指企业计提各项金融工具信用减值准备所确认的信用损失。

（8）资产减值损失是指企业计提有关资产减值准备所形成的损失。

(9) 资产处置收益（或损失）反映企业出售划分为持有待售的非流动资产（金融工具、长期股权投资和投资性房地产除外）或处置组（子公司和业务除外）时确认的处置利得或损失，以及处置未划分为持有待售的固定资产、在建工程、生产性生物资产及无形资产而产生的处置利得或损失，还包括债务重组中因处置非流动资产产生的利得或损失和非货币性资产交换中换出非流动资产产生的利得或损失。

三、利润总额

利润总额是指税前利润，也就是企业在缴纳所得税前一定时期内经营活动的总成果。企业的利润总额包括收入减去费用后的净额（营业利润）、直接计入当期损益的利得和损失。其计算公式为

利润总额=营业利润+营业外收入-营业外支出

其中，营业外收入是指企业发生的与其日常活动没有直接关系的各项利得；营业外支出是指企业发生的与其日常活动没有直接关系的各项损失。

四、净利润

企业的净利润为企业利润总额扣除所得税费用后的净额。税法规定，企业在获取利润后，应按一定比例缴纳所得税。所得税作为企业的一种费用，可以从利润总额中扣减，从而得到净利润。其计算公式为

净利润=利润总额-所得税费用

提示 我国现在有四种企业所得税税率，一是一般企业25%的所得税率，即利润总额中的25%要作为税收上缴国家财政；另外非居民企业适用税率20%；符合条件的小型微利企业适用税率20%；国家需要重点扶持的高新技术企业适用税率15%；国家规划布局内的重点软件企业和集成电路设计企业等适用税率10%。

第二节 营业外收支

一、营业外收支概述

1. 营业外收入

营业外收入是指企业确认的与其日常活动无直接关系的各项利得，主要包括非流动资产毁损报废收益、与企业日常活动无关的政府补助、盘盈利得、捐赠利得、债务重组利得等。

其中：非流动资产毁损报废收益是指因自然灾害等发生毁损、已丧失使用功能而报废非流动资产所产生的清理收益；与企业日常活动无关的政府补助是指企业从政府无偿取得货币性资产或非货币性资产，且与企业日常活动无关的利得；盘盈利得是企业对现金等资产清查

盘点时发生盘盈，报经批准后计入营业外收入的金额；捐赠利得是指企业接收捐赠产生的利得。

注意 营业外收入并不是企业经营资金耗费所产生的，实际上是经济利益的净流入，不需要与有关的费用进行配比。

2. 营业外支出

营业外支出是企业发生的与其日常活动无直接关系的各项损失，主要包括非流动资产毁损报废损失、债务重组损失、捐赠支出、盘亏损失、非常损失、罚款支出等。

其中：非流动资产毁损报废损失是指因自然灾害发生毁损、已丧失使用功能而报废非流动资产所产生的清理损失；盘亏损失主要指对于财产清查盘点中盘亏的资产，查明原因并报经批准计入营业外支出的损失；捐赠支出是指企业对外进行捐赠发生的支出；非常损失是指企业对于因客观因素（如自然灾害等）造成的损失，扣除保险公司赔偿后应计入营业外支出的净损失；罚款支出是指企业支付的行政罚款、税务罚款，以及其他违反法律法规、合同协议等而支付的罚款、违约金、赔偿金等支出。

二、营业外收支核算账户的设置

为了核算和监督企业营业外收支的取得及结转情况，企业应设置如下科目：

（1）“营业外收入”科目，属于损益类科目，用来核算和监督企业发生的营业外收入。贷方登记企业确认的各项营业外收入，期末，应将该科目余额转入“本年利润”科目，结转后该科目应无余额。该科目可按收入项目进行明细核算。

（2）“营业外支出”科目，属于损益类科目，用来核算和监督企业发生的营业外支出。借方登记企业确认的各项营业外支出，期末，应将该科目余额转入“本年利润”科目，结转后该科目应无余额。该科目可按支出项目进行明细核算。

三、营业外收支的核算

1. 营业外收入的核算

发生营业外收入时，借记“库存现金”“银行存款”“原材料”“待处理财产损溢”“固定资产清理”“应付账款”等科目，贷记“营业外收入”科目。期末，结转营业外收入时，借记“营业外收入”科目，贷记“本年利润”科目。

2. 营业外支出的核算

发生营业外支出时，借记“营业外支出”科目，贷记“库存现金”“银行存款”“固定资产清理”“无形资产”“原材料”等科目。期末，结转营业外支出时，借记“本年利润”科目，贷记“营业外支出”科目。

例 6-1 淮洲公司本月发生如下经济业务：

（1）将固定资产报废清理的净收益 2 000 元转作营业外收入。

（2）有一笔前欠货款 10 000 元，因供货单位撤销而无法支付，经批准后核销应付账款。

（3）处理因自然灾害造成的已经挂账的原材料非常损失 3 000 元。

（4）公司向希望工程捐款 50 000 元。

（5）公司因污水处理不当，造成环境污染，被环保部门罚款 2 000 元，罚款用银行存款支付。

（6）月末结转本月的营业外收支。

淮洲公司应做如下账务处理：

（1）借：固定资产清理	2 000	
贷：营业外收入		2 000
（2）借：应付账款	10 000	
贷：营业外收入		10 000
（3）借：营业外支出	3 000	
贷：待处理财产损溢		3 000
（4）借：营业外支出	50 000	
贷：银行存款		50 000
（5）借：营业外支出	2 000	
贷：银行存款		2 000
（6）借：营业外收入	12 000	
贷：本年利润		12 000
借：本年利润	55 000	
贷：营业外支出		55 000

第三节 政府补助

一、政府补助的概述

政府补助是指企业从政府无偿取得货币性资产或非货币性资产。

> **注意** “政府”包括各级人民政府以及政府组成部门（如财政、卫生部门）、政府直属机构（如税务、环保部门）等。

1. 政府补助的特征

（1）政府补助是来源于政府的经济资源。政府补助是企业从政府取得的资产，包括货币性资产和非货币性资产。例如，企业取得的财政拨款，先征后返（退）、即征即退等方式返还的税款，行政划拨的土地使用权等。

对于企业收到的来源于其他方的补助，有确凿证据表明政府是补助的实际拨付者，其他方只起到代收代付作用的，该项补助也属于来源于政府的经济资源。例如，政府将补助拨付给集团母公司，集团母公司再将其转拨给下属子公司时，下属子公司是可以将其确认为政府补助的。

注意 政府以投资者身份向企业投入资本，享有相应的所有者权益，不属于政府补助。

企业从政府取得的经济资源，如果与企业销售商品或提供服务等活动密切相关，且是企业商品或服务的对价或者是对价的组成部分，适用《企业会计准则第14号——收入》等相关会计准则，也不属于政府补助。不涉及资产直接转移的经济支持，不属于政府补助准则规范的政府补助，如政府与企业间的债务豁免，除税收返还外的税收优惠（如直接减征、免税、增加计税扣除额、抵免部分税额等）。增值税出口退税不属于政府补助，这是为了避免国际间的重复征税。

（2）政府补助具有无偿性。政府补助是无偿的，即企业取得来源于政府的经济资源，不需要向政府交付商品或服务等对价。

提示 “政府”兼具多个角色，既可以是市场的宏观调控和管理者，也可以是企业的所有者，或者是市场经济活动的参与者（如商品采购方）。政府补助的无偿性，将其与政府资本性投入、政府采购等政府与企业之间双向、互惠的正常商业行为区分开来。

2. 政府补助的确认和计量

政府补助同时满足下列条件的，才能予以确认：

（1）企业能够满足政府补助所附条件。

（2）企业能够收到政府补助。

政府补助为货币性资产的，应当按照收到或应收的金额计量。政府补助为非货币性资产的，应当按照公允价值计量；公允价值不能可靠取得的，按照名义金额计量。

二、政府补助的主要形式

政府补助通常为货币性资产形式，最常见的就是通过银行转账的方式；也存在非货币性资产形式的政府补助，如无偿划拨的土地使用权等。

1. 财政拨款

财政拨款是指政府无偿拨付给企业的资金，通常在拨款时明确了资金用途。例如，财政部门拨付给企业用于购建固定资产或进行技术改造的专项资金，鼓励企业安置职工就业而给予的奖励款项等。

2. 财政贴息

财政贴息是指政府为支持特定领域或区域发展，根据国家宏观经济形势和政策目标，对承贷企业的银行贷款利息给予的补贴。财政贴息的补贴对象通常是符合申报条件的某类项目。例如，农业产业化项目、中小企业技术创新项目等。贴息项目通常是综合性项目，包括设备购置、人员培训、研发费用、人员开支、购买服务等；也可以是单项的，如仅限于固定资产贷款项目。

3. 税收返还

税收返还是指政府以先征后返（退）、即征即退等方式向企业返还的税款，属于以税收优惠形式给予的一种政府补助。

除了税收返还之外，税收优惠还包括直接减征、免征、增加计税抵扣额、抵免部分税额等形式。这类税收优惠体现了政策导向，但政府并未直接向企业无偿提供资产，因此不作为企业会计准则规范的政府补助处理。

提示 增值税出口退税不属于政府补助。

4. 无偿划拨的非货币性资产

属于无偿划拨的非货币性资产的情况主要有无偿划拨土地使用权、天然起源的天然林等。实务中，这种情况发生的较少。

三、政府补助的分类

根据财政部发布的《企业会计准则第 16 号——政府补助》（财会〔2017〕15 号）的规定，政府补助应当划分为与资产相关的政府补助和与收益相关的政府补助两类。

1. 与资产相关的政府补助

与资产相关的政府补助是指企业取得的、用于购建或以其他方式形成长期资产的政府补助。企业通常先收到补助资金，再将补助资金用于购建长期资产，如政府向企业拨款并指定企业将财政拨款资金用于购买固定资产或无形资产，或政府以财政贴息等方式对企业购建长期资产给予经济支持等。在这种情况下，企业应当在取得时按照实际收到或应收的金额确认和计量政府补助。与资产相关的政府补助也可能表现为政府向企业无偿划拨非货币性长期资产的形式。在这种情况下，企业应当在实际取得资产并办妥相关受让手续时按照其公允价值确认和计量，公允价值不能可靠取得的，按照名义金额（即 1 元人民币）计量。

2. 与收益相关的政府补助

与收益相关的政府补助是指除与资产相关的政府补助之外的政府补助。企业应当在取得时按照实际收到或应收的金额确认和计量政府补助。

四、政府补助核算账户的设置

为了核算和监督企业确认的应在以后期间计入当期损益的政府补助，企业应设置“递延收益”科目。该科目是负债类科目，贷方登记企业收到或应收的与资产相关的政府补助；与收益相关的政府补助，用于补偿企业以后期间相关费用或损失的金额。借方登记在相关资产使用寿命内分配递延收益；在发生相关费用或损失的未来期间，按应补偿的金额摊销。期末贷方余额，反映企业应在以后期间计入当期损益的政府补助。该科目可按政府补助的项目进行明细核算。

提示 准则明确了企业应当在利润表中的“营业利润”项目之上单独列报“其他收益”项目，规定与日常活动相关的政府补助计入其他收益或冲减相关成本，与企业日常活动无关的政府补助计入营业外收支。因此企业有必要增设“其他收益”会计科目。

五、政府补助的核算

1. 与资产相关的政府补助核算

企业取得与资产相关的政府补助，应当冲减相关资产的账面价值或确认为递延收益。与资产相关的政府补助确认为递延收益的，应当在相关资产使用寿命内按照合理、系统的方法分期计入损益。按照名义金额计量的政府补助，直接计入当期损益。

注意 （1）递延收益分配的起点是“相关资产可供使用时”，对于应计提折旧或摊销的长期资产，即为资产开始折旧或摊销的时点。

（2）递延收益分配的终点是“资产使用寿命结束或资产被处置时（孰早）”。相关资产在使用寿命结束前被处置（出售、转让、报废等），尚未分配的递延收益余额应当一次性转入资产处置当期的损益，不再予以递延。

与资产相关的政府补助通常为货币性资产形式，企业应当在取得时按实际收到或应收的金额，借记“银行存款”或“其他应收款”等科目，贷记“递延收益”科目。自相关长期资产可供使用时起，在相关资产计提折旧或摊销时，按照长期资产的使用寿命，将递延收益按照合理、系统的方法分期计入当期损益，借记“递延收益”科目，贷记“其他收益”或“营业外收入”科目。相关资产在使用寿命结束时或结束前被处置（出售、转让、报废等），尚未分摊的递延收益余额应当一次性转入资产处置当期的损益，不再予以递延。借记“递延收益”科目，贷记“其他收益”或“营业外收入”科目。

例 6－2 2020 年 1 月 1 日，财政局拨付给淮洲公司 5 100 000 元补助款（同日到账），用于购买环保设备 1 台，并规定若有结余，留归企业自行支配。2020 年 3 月 26 日，该公司购入设备（假定从 2020 年 3 月 31 日开始使用，不考虑安装费用），购置设备的实际成本为 4 020 000 元，增值税为 522 600 元，以银行存款付讫。该设备使用寿命为 5 年，按直线法计提折旧，假设不考虑净残值。2023 年 3 月 31 日，该公司出售了这台设备。淮洲公司相关账务处理如下：

（1）2020 年 1 月 1 日收到财政拨款，确认政府补助：

借：银行存款　　　　5 100 000

　　贷：递延收益——财政拨款　　　　5 100 000

（2）2020 年 3 月 26 日购入设备：

借：固定资产　　4 020 000

　　应交税费——应交增值税（进项税额）　　522 600

　　贷：银行存款　　4 542 600

（3）在该项固定资产使用期间，每个月计提折旧：

每月应计提折旧＝4 020 000÷5÷12＝67 000（元）

借：制造费用　　67 000

　　贷：累计折旧　　67 000

（4）每个月分配递延收益：

每月应分配递延收益＝5 100 000÷5÷12＝85 000（元）

借：递延收益——财政拨款　　85 000

　　贷：其他收益　　85 000

（5）2023 年 3 月 31 日出售该设备时：

已计提折旧数额＝67 000×(9+12+12+3)＝2 412 000（元）

借：固定资产清理　　1 608 000

　　累计折旧　　2 412 000

　　贷：固定资产　　4 020 000

（6）结转尚未分配的递延收益：

已分配递延收益＝85 000×(9+12+12+3)＝3 060 000（元）

尚未分配的递延收益＝5 100 000－3 060 000＝2 040 000（元）

借：递延收益——财政拨款　　2 040 000

　　贷：营业外收入　　2 040 000

企业取得政策性优惠贷款贴息的，应当区分财政将贴息资金拨付给贷款银行和财政将贴息资金直接拨付给企业两种情况。

财政将贴息资金拨付给贷款银行，由贷款银行以政策性优惠利率向企业提供贷款的，企业可以选择下列方法之一进行会计处理：①以实际收到的借款金额作为借款的入账价值，按照借款本金和该政策性优惠利率计算相关借款费用。②以借款的公允价值作为借款的入账价值，并按照实际利率法计算借款费用，实际收到的金额与借款公允价值之间的差额确认为递延收益。递延收益在借款存续期内采用实际利率法摊销，冲减相关借款费用。企业选择了上述两种方法之一后，应当一致运用，不得随意变更。

财政将贴息资金直接拨付给企业，企业应当将对应的贴息冲减相关借款费用。

例 6－3　2020 年 1 月 1 日，淮洲公司为建造一项环保工程向银行贷款 500 万元，期限 2 年，年利率为 6%。当年 12 月 31 日，淮洲公司向当地政府提出财政贴息申请。经审核，当地政府批准按照实际贷款额 500 万元给予淮洲公司年利率 3% 的财政贴息，共计 30 万元，分两次支付。2021 年 1 月 15 日，第一笔财政贴息资金 12 万元到账。2021 年 7 月 1 日，工程完工，第二笔财政贴息资金 18 万元到账，该工程预计使用寿命 10 年。

淮洲公司的账务处理如下：

(1) 2021年1月15日实际收到财政贴息，确认政府补助：

借：银行存款 120 000

贷：递延收益——财政贴息 120 000

(2) 2021年7月1日实际收到财政贴息，确认政府补助：

借：银行存款 180 000

贷：递延收益——财政贴息 180 000

(3) 2021年7月1日工程完工，按10年开始分配递延收益：

每月应分配递延收益＝300 000÷10÷12＝2 500（元）

借：递延收益——财政贴息 2 500

贷：营业外收入 2 500

2. 与收益相关的政府补助核算

与收益相关的政府补助，用于补偿企业以后期间的相关成本费用或损失的，确认为递延收益，并在确认相关成本费用或损失的期间，计入当期损益或冲减相关成本；用于补偿企业已发生的相关成本费用或损失的，直接计入当期损益或冲减相关成本。

企业应当在取得政府补助时按照实际收到或应收的金额，借记“银行存款”或“其他应收款”等科目，贷记“其他收益”“营业外收入”或“递延收益”科目。涉及按期分摊递延收益的，在分期摊销时，借记“递延收益”科目，贷记“其他收益”或“营业外收入”科目。

例6－4 淮洲公司完成政府下达技能培训任务，收到财政补助资金80 000元，应编制如下会计分录：

借：银行存款 80 000

贷：营业外收入 80 000

例6－5 淮洲公司生产一种先进的模具产品，按照国家相关规定，该公司的这种产品适用增值税先征后返政策，即先按规定征收增值税，然后按实际缴纳增值税额返还70%。某年7月，该公司实际缴纳增值税额120万元。当年8月，该企业实际收到返还的增值税额84万元。

淮洲公司实际收到返还的增值税额的账务处理如下：

借：银行存款 840 000

贷：其他收益 840 000

例6－6 某年3月，淮洲公司为购买储备粮从中国农业发展银行贷款2 000万元，同期银行贷款利率为6%。自当年4月开始，财政部门于每季度初，按照淮洲公司的实际贷款额和贷款利率拨付淮洲公司贷款利息，淮洲公司收到财政部门拨付的利息后再支付给银行。

淮洲公司的账务处理如下：

(1) 4月，实际收到二季度财政贴息30万元时：

借：银行存款 300 000

贷：递延收益 300 000

(2) 将补偿4月份利息费用的补贴计入当期收益：

借：递延收益　　　　　　　　　　　　　　　　　　100 000

　　贷：营业外收入　　　　　　　　　　　　　　　　100 000

提示 当年5月和6月的会计分录同上。

（3）支付利息时：

借：财务费用　　　　　　　　　　　　　　　　　　300 000

　　贷：银行存款　　　　　　　　　　　　　　　　300 000

对于同时包含与资产相关部分和与收益相关部分的政府补助，应当区分不同部分分别进行会计处理；难以区分的，应当整体归类为与收益相关的政府补助。

已确认的政府补助需要退回的，应当在需要退回的当期分情况按照以下规定进行会计处理：

（1）初始确认时冲减相关资产账面价值的，调整资产账面价值。

（2）存在相关递延收益的，冲减相关递延收益账面余额，超出部分计入当期损益。

（3）属于其他情况的，直接计入当期损益。

第四节　所得税费用

一、所得税费用的内容

所得税是根据企业应纳税所得额的一定比例上缴的一种税金。所得税费用就是根据企业会计准则计算的，企业为获得收益所发生的一项支出。根据企业会计准则的规定，我国所得税费用核算采用资产负债表债务法。企业的所得税费用包括当期所得税和递延所得税两个部分。其中，当期所得税是指当期应纳所得税；递延所得税包括递延所得税资产和递延所得税负债。

递延所得税资产是指以未来期间很可能取得用来抵扣可抵扣暂时性差异的应纳税所得额为限确认的一项资产。

递延所得税负债是指根据应纳税暂时性差异计算的未来期间应付所得税的金额。

二、资产负债表债务法

1. 资产负债表债务法的概念

资产负债表债务法是指从企业资产负债表出发，通过比较资产负债表上列示的资产、负债按照企业会计准则规定确定的账面价值与按照税法规定确定的计税基础，对于两者之间的差异分应纳税暂时性差异与可抵扣暂时性差异，确认相关的递延所得税负债与递延所得税资产，并在此基础上确定每一期间利润表中的所得税费用。从本质上来看，该方法中涉及两张资产负债表：一个是按照会计准则规定编制的资产负债表，有关资产、负债在该表上以其账面价值体现；另外一个是假定按照税法规定进行核算编制的资产负债表，其中资产、负债列示的价值量为其计税基础，即从税法的角度来看，企业持有的有关资产、负债的金额。

2. 计税基础

（1）资产的计税基础是指在企业收回资产账面价值过程中，计算应纳税所得额时按照税法规定可以自应税经济利益中抵扣的金额，即某一项资产在未来期间计税时可以税前扣除的金额。从税收的角度考虑，资产的计税基础是假定企业按照税法规定进行核算所提供的资产负债表中资产的应有金额。

资产在初始确认时，其计税基础一般为取得成本。从所得税角度考虑，某一单项资产产生的所得是指该项资产产生的未来经济利益流入扣除其取得成本之后的金额。一般情况下，税法认定的资产取得成本为购入时实际支付的金额。在资产持续持有的过程中，可在未来期间税前扣除的金额是指资产的取得成本减去以前期间按照税法规定已经税前扣除的金额后的余额。如固定资产、无形资产等长期资产，在某一资产负债表日的计税基础是指其成本扣除按照税法规定已在以前期间税前扣除的累计折旧额或累计摊销额后的金额。

（2）负债的计税基础是指负债的账面价值减去未来期间计算应纳税所得额时按照税法规定可予抵扣的金额。即假定企业按照税法规定进行核算，在其按照税法规定确定的资产负债表上有关负债的应有金额。

负债的确认与偿还一般不会影响企业未来期间的损益，也不会影响其未来期间的应纳税所得额，因此未来期间计算应纳税所得额时按照税法规定可予抵扣的金额为零，计税基础即为账面价值，如企业的短期借款、应付账款等。但是，某些情况下，负债的确认可能会影响企业的损益，进而影响不同期间的应纳税所得额，使其计税基础与账面价值之间产生差额，如按照会计规定确认的某些预计负债。

3. 暂时性差异

暂时性差异是指资产、负债的账面价值与其计税基础不同产生的差额。其中，账面价值是指按照会计准则规定确定的有关资产、负债在资产负债表中应列示的金额。由于资产、负债的账面价值与其计税基础不同，产生了在未来收回资产或清偿负债的期间内，应纳税所得额增加或减少并导致未来期间应纳所得税增加或减少的情况，在这些暂时性差异发生的当期，一般应当确认相应的递延所得税负债或递延所得税资产。

（1）可抵扣暂时性差异是指资产的账面价值小于其计税基础或负债的账面价值大于其计税基础而产生的差异，在其产生当期，应确认相关的递延所得税资产。可抵扣暂时性差异将导致在销售或使用资产或偿付负债的未来期间内减少应纳税所得额。

（2）应纳税暂时性差异是指资产的账面价值大于其计税基础或负债的账面价值小于其计税基础而产生的差异，在其产生当期，应确认相关的递延所得税负债。应纳税暂时性差异将导致在销售或使用资产或偿付负债的未来期间内增加应纳税所得额。

4. 所得税核算程序

在采用资产负债表债务法核算所得税的情况下，企业一般应于每一资产负债表日进行所得税核算。发生特殊交易或事项时，如企业合并，在确认因交易或事项产生的资产、负债时即应确认相关的所得税影响。企业进行所得税核算时一般应遵循以下程序：

（1）按照会计准则规定确定资产负债表中除递延所得税资产和递延所得税负债以外的其他资产和负债项目的账面价值。

（2）按照会计准则中对于资产和负债计税基础的确定方法，以适用的税收法规为基础，确定资产负债表中有关资产、负债项目的计税基础。

（3）比较资产、负债的账面价值与其计税基础，对于两者之间存在差异的，分析其性质，除会计准则中规定的特殊情况外，分应纳税暂时性差异与可抵扣暂时性差异，确定该资产负债表日递延所得税负债和递延所得税资产的应有金额，并与期初递延所得税资产和递延所得税负债的余额相比，确定当期应予进一步确认的递延所得税资产和递延所得税负债金额或应予转销的金额，作为构成利润表中所得税费用的递延所得税费用（或收益）。

（4）按照适用的税法规定计算确定当期应纳税所得额，将应纳税所得额与适用的所得税税率计算的结果确认为当期应纳所得税，作为利润表中应予确认的所得税费用中的当期所得税部分。

（5）确定利润表中的所得税费用。利润表中的所得税费用包括当期所得税和递延所得税两个组成部分。企业在计算确定当期所得税和递延所得税后，两者之和（或之差），即为利润表中的所得税费用。

三、应纳所得税的计算

应纳所得税是指企业按照税法规定计算确定的针对当期发生的交易和事项，应缴纳给税务部门的所得税金额，即当期应纳所得税。应纳税所得额是在企业税前会计利润（即利润总额）的基础上调整确定的，计算公式为

应纳税所得额＝税前会计利润+纳税调整增加额−纳税调整减少额

纳税调整增加额主要包括税法规定允许扣除项目中，企业已计入当期费用但超过税法规定扣除标准的金额（如超过企业所得税法规定标准的职工福利费、工会经费、职工教育经费、业务招待费、公益性捐赠支出、广告费和业务宣传费等），以及企业已计入当期损失但税法规定不允许扣除项目的金额（如税收滞纳金、罚款、罚金）。

纳税调整减少额主要包括按企业所得税法规定允许弥补的亏损和准予免税的项目，如前五年内的未弥补亏损和国债利息收入等。

企业当期应纳所得税的计算公式为

应纳所得税＝应纳税所得额×所得税税率

例 6－7 淮洲公司 2020 年度按企业会计准则计算的税前会计利润为 29 850 000 元，所得税税率为 25%。当年公司实发工资、薪酬 3 000 000 元，职工福利费 450 000 元，工会经费 75 000 元，职工教育经费 400 000 元；经查，淮洲公司当年营业外支出中有 210 000 元为税收滞纳罚金。假定淮洲公司全年无其他纳税调整因素。

淮洲公司当期所得税的计算如下：

纳税调整数＝(450 000−420 000)+(75 000−60 000)+(400 000−240 000)+210 000
＝415 000（元）

应纳税所得额＝29 850 000+415 000＝30 265 000（元）

当期应纳所得税额＝30 265 000×25%＝7 566 250（元）

提示 税法规定，在计算应纳税所得额时：企业发生的合理的工资、薪金支出准予据实扣除；企业发生的职工福利费支出，不超过工资、薪金总额的14%的部分准予扣除；企业拨缴的工会经费，不超过工资、薪金总额的2%的部分准予扣除；除国务院财政、税务主管部门另有规定外，企业发生的职工教育经费支出，不超过工资、薪金总额的8%的部分准予扣除，超过部分准予结转以后纳税年度扣除。

例6－7中，按税法规定，企业在计算当期应纳税所得额时，可以扣除工资、薪金支出3 000 000元，扣除职工福利费支出420 000（3 000 000×14%）元，工会经费支出60 000（3 000 000×2%）元，职工教育经费支出240 000（3 000 000×8%）元。淮洲公司有两种纳税调整因素，一是已计入当期费用但超过税法规定标准的费用支出；二是已计入当期营业外支出但按税法规定不允许扣除的税收滞纳金，这两种因素均应调整增加应纳税所得额。

四、所得税费用的计算

利润表中的所得税费用包括当期应纳所得税和递延所得税费用（或收益）。其计算公式如下：

所得税费用＝当期应纳所得税＋递延所得税费用（－递延所得税收益）

递延所得税费用＝递延所得税负债增加额＋递延所得税资产减少额

递延所得税收益＝递延所得税负债减少额＋递延所得税资产增加额

注意 计入当期损益的所得税费用或收益不包括企业合并和直接在所有者权益中确认的交易或事项产生的所得税影响。与直接计入所有者权益的交易或者事项相关的当期所得税和递延所得税，应当计入所有者权益。所得税费用应当在利润表中单独列示。

例6－8 淮海公司2019年度发生亏损100万元，2020年全年利润总额（即税前会计利润）为2 050万元，其中包括本年收到的国债利息收入80万元，在营业外支出中有税收滞纳金罚款70万元。2020年，公司递延所得税负债年初数为30万元，年末数为40万元；递延所得税资产年初数为35万元，年末数为30万元。所得税税率为25%。假定公司全年无其他纳税调整因素。

淮海公司当期所得税的计算如下：

应纳税所得额＝20 500 000－1 000 000－800 000＋700 000＝19 400 000（元）

当期应纳所得税额＝19 400 000×25%＝4 850 000（元）

递延所得税负债增加额＝400 000－300 000＝100 000（元）

递延所得税资产减少额＝350 000－300 000＝50 000（元）

递延所得税费用＝递延所得税负债增加额＋递延所得税资产减少额

＝100 000＋50 000＝150 000（元）

所得税费用＝当期应纳所得税＋递延所得税费用＝4 850 000＋150 000

＝5 000 000（元）

五、所得税费用核算账户的设置

为了核算和监督企业所得税费用的计算，企业应设置如下科目：

（1）“所得税费用”科目，属于损益类科目，用来核算企业确认的按照税法规定应当从当期利润总额中扣除的所得税费用。借方登记企业按照税法规定计算确定的当期应纳所得税，及递延所得税资产的应有余额小于其科目余额的差额；贷方登记递延所得税资产的应有余额大于其科目余额的差额及期末结转到“本年利润”科目的数额，期末结转后无余额。

（2）“递延所得税资产”科目，属于资产类科目，用来核算企业确认的可抵扣暂时性差异产生的递延所得税资产。借方登记资产负债表日，企业确认的递延所得税资产，及资产负债表日递延所得税资产的应有余额大于其账面余额的差额；贷方登记资产负债表日递延所得税资产的应有余额小于其账面余额的差额；期末借方余额，反映企业已确认的递延所得税资产。该科目应按可抵扣暂时性差异的项目进行明细核算。

（3）“递延所得税负债”科目，属于负债类科目，用来核算企业确认的应纳税暂时性差异产生的递延所得税负债。贷方登记资产负债表日，企业确认的递延所得税负债，及资产负债表日递延所得税负债的应有余额大于其账面余额的差额；借方登记资产负债表日递延所得税负债的应有余额小于其账面余额的差额；期末贷方余额，反映企业已确认的递延所得税负债。该科目应按应纳税暂时性差异的项目进行明细核算。

六、所得税费用的核算

企业根据会计准则的规定，对当期所得税加以调整计算后，据以确认应从当期利润总额中扣除的所得税费用，借记“所得税费用”科目，按应纳所得税额，贷记“应交税费——应交所得税”，同时相应地调整“递延所得税负债”和“递延所得税资产”科目。

例 6－9 承例 6－8，淮海公司 2020 年当期所得税费用应做如下账务处理：

借：所得税费用	5 000 000	
贷：应交税费——应交所得税		4 850 000
递延所得税负债		100 000
递延所得税资产		50 000

例 6－10 淮洲公司 2020 年度利润表中利润总额为 24 000 000 元，该公司适用的所得税税率为 25%。递延所得税资产及递延所得税负债不存在期初余额。该公司 2020 年发生的有关交易和事项中，会计处理与税收处理存在差别的有：

（1）2019 年 12 月 31 日取得的一项固定资产，成本为 6 000 000 元，使用年限为 10 年，预计净残值为 0，会计处理按双倍余额递减法计提折旧，税收处理按直线法计提折旧。假定税法规定的使用年限及预计净残值与会计规定相同。

（2）向关联企业捐赠现金 3 000 000 元。

（3）应付违反环保法规定罚款 2 000 000 元。

（4）期末对持有的存货计提了 400 000 元的存货跌价准备。

淮洲公司2020年度有关所得税费用的账务处理如下：

（1）2020年度当期应纳所得税：

应纳税所得额 = 24 000 000+600 000+3 000 000+2 000 000+400 000

= 30 000 000（元）

应纳所得税 = 30 000 000×25% = 7 500 000（元）

（2）2020年度递延所得税：

该公司2020年度资产负债表相关项目金额及其计税基础见表6-1。

表6-1 2020年度淮洲公司资产负债表相关项目金额及其计税基础 （单位：元）

项 目	账面价值	计税基础	差 异	
			应纳税暂时性差异	可抵扣暂时性差异
存货	8 000 000	8 400 000		400 000
固定资产				
固定资产原价	30 000 000	30 000 000		
减：累计折旧	4 600 000	4 000 000		
固定资产账面价值	25 400 000	26 000 000		600 000
总 计				1 000 000

递延所得税收益 = 1 000 000×25% = 250 000（元）

（3）利润表中应确认的所得税费用：

所得税费用 = 7 500 000−250 000 = 7 250 000（元）

借：所得税费用 7 250 000

　　递延所得税资产 250 000

　贷：应交税费——应交所得税 7 500 000

第五节 本年利润

一、结转本年利润的方法

企业应按月度、年度计算本年利润。会计实务中，本年利润形成的方法有账结法和表结法两种。每月月末，企业可根据其实际情况自行选择；年终，应采用账结法。

1. 表结法

表结法下，各损益类科目每月月末只需结计出本月发生额和月末累计余额，不结转到“本年利润”科目，只有在年末时才将全年累计余额结转入“本年利润”科目。但每月月末要将损益类科目的本月发生额合计数填入利润表的本月数栏，同时将本月末累计余额填入利润表的本年累计数栏，通过利润表计算反映各期的利润（或亏损）。表结法下，年中损益类科目无需结转入“本年利润”科目，从而减少了转账环节和工作量，同时并不影响利润表的编制及有关损益指标的利用。

2. 账结法

账结法下，每月月末均需编制转账凭证，将在账上结计出的各损益类科目的余额结转入“本年利润”科目。结转后“本年利润”科目的本月余额反映当月实现的利润或发生的亏损，“本年利润”科目的本年余额反映本年累计实现的利润或发生的亏损。账结法在各月均可通过“本年利润”科目提供当月及本年累计的利润（或亏损）额，但增加了转账环节和工作量。

二、本年利润的核算

为了核算和监督企业本年度实现的净利润（或发生的净亏损），企业应设置“本年利润”科目。该科目是所有者权益类科目，会计期末，企业应将“主营业务收入”“其他业务收入”“营业外收入”等科目的余额分别转入“本年利润”科目的贷方，将“主营业务成本”“其他业务成本”“税金及附加”“销售费用”“管理费用”“财务费用”“资产减值损失”“营业外支出”“所得税费用”等科目的余额分别转入“本年利润”科目的借方。企业还应将“公允价值变动损益”“投资收益”科目的净收益转入“本年利润”科目的贷方，将“公允价值变动损益”“投资收益”科目的净损失转入“本年利润”科目的借方。结转后“本年利润”科目如为贷方余额，表示当年实现的净利润；如为借方余额，表示当年发生的净亏损。

年度终了，企业应将“本年利润”科目的本年累计余额转入“利润分配——未分配利润”科目。“本年利润”科目如为贷方余额，借记“本年利润”科目，贷记“利润分配——未分配利润”科目；如为借方余额，做相反的会计分录。结转后“本年利润”科目应无余额。

例 6-11 淮洲公司某年 1~11 月份实现累计利润 540 000 元。12 月月末各损益类账户结转前余额见表 6-2，所得税税率为 25%，假设公司该年度不存在所得税纳税调整因素。

表 6-2 账户及其余额表

科目名称	余额方向	结账前余额（元）
主营业务收入	贷	400 000
税金及附加	借	20 000
主营业务成本	借	200 000
销售费用	借	10 000
管理费用	借	40 000
财务费用	借	20 000
其他业务收入	贷	40 000
其他业务成本	借	20 000
投资收益	贷	8 000
营业外收入	贷	20 000
营业外支出	借	18 000

编制会计分录如下：

(1) 结转各项收入、利得类账户余额：

借：主营业务收入　　400 000
　　其他业务收入　　40 000
　　投资收益　　8 000
　　营业外收入　　20 000
　贷：本年利润　　468 000

(2) 结转各项费用、损失类账户余额：

借：本年利润　　328 000
　贷：主营业务成本　　200 000
　　　税金及附加　　20 000
　　　销售费用　　10 000
　　　管理费用　　40 000
　　　财务费用　　20 000
　　　其他业务成本　　20 000
　　　营业外支出　　18 000

(3) 计提所得税：

本月实现利润=468 000-328 000=140 000（元）

应纳所得税=140 000×25%=35 000（元）

借：所得税费用　　35 000
　贷：应交税费——应交所得税　　35 000

同时结转所得税费用：

借：本年利润　　35 000
　贷：所得税费用　　35 000

(4) 年末结转“本年利润”账户：

该公司 1~12 月份累计实现利润=540 000+(468 000-328 000-35 000)=645 000（元）

借：本年利润　　645 000
　贷：利润分配——未分配利润　　645 000

例 6-12　江淮公司某年有关损益类科目的年末余额见表 6-3（该企业采用表结法年末一次结转损益类科目，所得税税率为 25%）：

表 6-3　江淮公司某年有关损益类科目年末余额

科目名称	余额方向	结账前余额（元）
主营业务收入	贷	85 000 000
其他业务收入	贷	850 000
投资收益	贷	800 000
营业外收入	贷	400 000
主营业务成本	借	55 400 000

（续）

科目名称	余额方向	结账前余额（元）
其他业务成本	借	600 000
税金及附加	借	800 000
销售费用	借	1 850 000
管理费用	借	2 300 000
财务费用	借	600 000
资产减值损失	借	750 000
营业外支出	借	358 000

当年向关联企业提供现金捐赠200 000元，违反合同规定被罚滞纳金50 000元，国债利息收入450 000元。假定本年无其他调整因素，江淮公司应做如下账务处理：

（1）将损益类科目年末余额结转入“本年利润”科目：

借：主营业务收入　　85 000 000
　　其他业务收入　　850 000
　　投资收益　　800 000
　　营业外收入　　400 000
　　贷：本年利润　　87 050 000

借：本年利润　　62 658 000
　　贷：主营业务成本　　55 400 000
　　　　其他业务成本　　600 000
　　　　税金及附加　　800 000
　　　　销售费用　　1 850 000
　　　　管理费用　　2 300 000
　　　　财务费用　　600 000
　　　　资产减值损失　　750 000
　　　　营业外支出　　358 000

（2）计提所得税：

税前会计利润=87 050 000−62 658 000=24 392 000（元）

应纳税所得额=24 392 000+200 000+50 000−450 000=24 192 000（元）

当年应纳所得税=24 192 000×25%=6 048 000（元）

借：所得税费用　　6 048 000
　　贷：应交税费——应交所得税　　6 048 000
借：本年利润　　6 048 000
　　贷：所得税费用　　6 048 000

（3）将“本年利润”科目年末余额转入“利润分配——未分配利润”科目：

本年利润年末余额=87 050 000−62 658 000−6 048 000=18 344 000（元）

借：本年利润　　18 344 000
　　贷：利润分配——未分配利润　　18 344 000

本章内容在报表中的信息披露

资产负债表

资 产	负债和所有者权益
流动资产：	流动负债：
……	……
非流动资产：	非流动负债：
……	
递延所得税资产（=递延所得税资产）	递延收益（=递延收益）
……	递延所得税负债（=递延所得税负债）
	……
	所有者权益：
	……
	未分配利润（年末根据“利润分配——未分配利润”明细科目的期末余额填列，若借方余额则以“-”号填列；平时根据“利润分配——未分配利润”明细科目的期末余额+“本年利润”科目的余额填列，若余额为借方，则以“-”号填列）

利润表

项 目	金 额
一、营业收入	
……	
加：其他收益	（根据“其他收益”科目的发生额分析填列）
投资收益（损失以“-”号填列）	（根据“投资损益”科目的发生额分析填列）
净敞口套期收益（损失以“-”号填列）	（根据“净敞口套期损益”科目的发生额分析填列）
公允价值变动收益(损失以“-”号填列)	（根据“公允价值变动损益”科目的发生额分析填列）
信用减值损失（损失以“-”号填列）	（根据“信用减值损失”科目的发生额分析填列）
资产减值损失（损失以“-”号填列）	（根据“资产减值损失”科目的发生额分析填列）
资产处置收益（损失以“-”号填列）	（根据“资产处置损益”科目的发生额分析填列）
二、营业利润	
加：营业外收入	（根据“营业外收入”科目的发生额分析填列）
减：营业外支出	（根据“营业外支出”科目的发生额分析填列）
三、利润总额	
减：所得税费用	（根据“所得税费用”科目的发生额分析填列）
四、净利润	
……	

本章习题

一、单项选择题（下列答案中有一个答案是正确的，请将正确答案前的英文字母填入括号内）

1. 下列业务或者事项中，会影响企业营业外收入的是（　　）。
   A. 确实无法支付的应付账款　　B. 国债利息收入
   C. 存货盘盈　　D. 固定资产盘盈
2. 下列各项中，不影响当期营业利润的是（　　）。
   A. 出租固定资产取得收入　　B. 无形资产减值损失
   C. 所得税费用　　D. 交易性金融资产公允价值变动损失
3. 某企业全年实现利润总额105万元，其中包括国债利息收入35万元，税收滞纳金20万元，超标的业务招待费10万元。该企业的所得税税率为25%。假设不存在递延所得税，则计算的本期所得税费用为（　　）万元。
   A. 25　　B. 26.25　　C. 35　　D. 31.25
4. 下列项目中，应计入营业外支出的是（　　）。
   A. 计提的无形资产减值准备　　B. 无法查明原因的现金盘亏
   C. 经营租入固定资产支付的租金　　D. 转让无形资产所有权形成的净损失
5. 甲企业某年取得了国库券投资的利息30 000元，其他公司债券投资利息70 000元，全年税前利润为690 000元，所得税税率为25%。若无其他纳税调整项目，则当年该企业的净利润为（　　）元。
   A. 542 500　　B. 442 500　　C. 525 000　　D. 495 000
6. 下列各项中不应计入“营业外收入”科目的是（　　）。
   A. 捐赠利得　　B. 固定资产盘盈
   C. 处置固定资产净收益　　D. 处置无形资产净收益
7. 某企业某年8月份因雷击造成火灾，共计损失150万元，其中，流动资产损失90万元，固定资产损失60万元。企业收到保险公司的赔偿款90万元，其中，流动资产保险赔偿款70万元，固定资产保险赔偿款20万元。企业由于这次火灾损失而应计入营业外支出的金额为（　　）万元。
   A. 150　　B. 90　　C. 60　　D. 70
8. 根据税法规定，下列各项中，需要进行纳税调整的是（　　）。
   A. 公司债券的利息收入　　B. 国债利息收入
   C. 支付的合同违约金　　D. 无形资产转让净收益
9. 根据规定，企业支付的税收滞纳金应记入“（　　）”科目。

A. 财务费用　　B. 其他业务支出　　C. 营业外支出　　D. 管理费用

10. 甲公司转让一台设备，该设备原值 80 万元，已提折旧 40 万元，取得转让价款 35 万元，发生清理费用 2 万元，假定不考虑其他因素，则该项经济业务对于当期损益的影响金额为（　）万元。

A. 7　　B. 9　　C. −7　　D. −9

11. 下列各项中，影响当期利润表中利润总额的是（　）。

A. 固定资产盘盈　　B. 库存现金盘盈
C. 确认所得税费用　　D. 代扣代缴的个人所得税

12. 某企业本期营业收入为 1 000 万元，主营业务成本为 500 万元，其他业务成本为 80 万元，资产减值损失为 15 万元，公允价值变动收益为 30 万元，营业外收入为 20 万元，营业外支出为 10 万元，所得税税率为 25%。假定不考虑其他因素，该企业本期净利润为（　）万元。

A. 408. 75　　B. 401. 25　　C. 333. 75　　D. 130

13. 企业发生的违约金支出应计入（　）。

A. 营业外支出　　B. 销售费用　　C. 其他业务成本　　D. 财务费用

14. 下列各项中，不影响营业利润项目的是（　）。

A. 企业发生的业务招待费　　B. 公益性捐赠支出
C. 转让股权收益　　D. 取得交易性金融资产支付的手续费

15. 下列各项中，不需要做纳税调增的项目是（　）。

A. 已计入投资收益的国库券利息收入
B. 超过税法规定扣除标准，但已计入当期损益的公益性捐赠支出
C. 超过税法规定扣除标准，但已计入当期损益的业务招待费支出
D. 支付并已计入当期损失的各种税收滞纳金

16. 企业取得与日常活动无关、与收益相关的政府补助，用于补偿企业已发生的相关费用或损失的，应该借记“银行存款”科目，同时贷记“（　）”科目。

A. 实收资本　　B. 递延收益　　C. 资本公积　　D. 营业外收入

17. 甲企业本期主营业务收入为 450 万元，主营业务成本为 300 万元，其他业务收入为 150 万元，其他业务成本为 80 万元，销售费用为 70 万元，资产减值损失为 60 万元，公允价值变动损益为收益 50 万元，投资收益为 60 万元，营业外收入为 100 万元，营业外支出为 40 万元。假定不考虑其他因素，该企业本期营业利润为（　）万元。

A. 240　　B. 200　　C. 150　　D. 140

18. 下列各项中，不应计入营业外支出的是（　）。

A. 无形资产处置损失　　　　B. 存货自然灾害损失
C. 固定资产清理损失　　　　D. 长期股权投资处置损失

19.“利润分配”科目归属于（　）类科目。
A. 资产　　B. 负债　　C. 利润　　D. 所有者权益

20. 假设企业全年应纳税所得额为 180 000 元，按税法规定 25%的税率计算应纳所得税额，下列账务处理中正确的是（　）。

A. 借：所得税费用　45 000
　　贷：银行存款　45 000

B. 借：税金及附加　45 000
　　贷：应交税费——应交所得税　45 000

C. 借：税金及附加　45 000
　　贷：银行存款　45 000

D. 借：所得税费用　45 000
　　贷：应交税费——应交所得税　45 000

21. 企业发生因债权人撤销而无法支付的应付账款时，应将其计入（　）。
A. 资本公积　　B. 其他应付款　　C. 营业外收入　　D. 营业外支出

22. 下列科目中，（　）期末一般无余额。
A. 管理费用　　B. 生产成本　　C. 利润分配　　D. 应付账款

23. 企业根据净利润的一定比例计提盈余公积，会计分录为（　）。

A. 借：利润分配——提取法定（或任意）盈余公积
　　贷：盈余公积——法定（或任意）盈余公积

B. 借：利润分配——未分配利润
　　贷：盈余公积——法定（或任意）盈余公积

C. 借：盈余公积——法定（或任意）盈余公积
　　贷：未分配利润

D. 借：盈余公积——法定（或任意）盈余公积
　　贷：本年利润

24. 下列各项中，不会引起利润总额增减变化的是（　）。
A. 销售费用　　B. 管理费用　　C. 所得税费用　　D. 营业外支出

25. 甲公司本期收到先征后返的增值税 100 万元，应（　）。
A. 冲减应交税费 100 万元　　B. 确认营业外收入 100 万元
C. 确认递延收益 100 万元　　D. 确认其他收益 100 万元

26. 已确认的政府补助需要退回的，下列处理方法不正确的是（ ）。

A. 初始确认时冲减相关资产账面价值的，调整资产账面价值

B. 存在相关递延收益的，冲减相关递延收益账面余额，超出部分计入当期损益

C. 属于其他情况的，直接计入当期损益

D. 不存在相关递延收益的，直接计入资本公积

27. K公司某年应纳税所得额为3 000万元，递延所得税资产期初余额为70万元，期末余额为50万元，递延所得税负债期初余额为100万元，期末余额为60万元。K公司适用的企业所得税税率为25%，则K公司当年度应确认的所得税费用为（ ）万元。

A. 730　　B. 750　　C. 770　　D. 810

28. 下列关于企业所得税费用的表述中，不正确的是（ ）。

A. 企业所得税费用为当期应缴纳的所得税加上递延所得税费用减去递延所得税收益

B. 递延所得税费用一定会影响当期所得税费用

C. 企业应纳所得税等于企业应纳税所得额乘以所得税税率

D. 所得税费用科目发生额应结转至利润分配科目

二、多项选择题（下列答案中有多个答案是正确的，请将正确答案前的英文字母填入括号内）

1. 下列各项中，影响当期利润表中净利润的有（ ）。

A. 固定资产盘亏净损失　　B. 所得税费用

C. 对外捐赠固定资产　　D. 无形资产出售利得

2. 下列原材料损失项目中，不应计入营业外支出的有（ ）。

A. 计量差错引起的原材料盘亏　　B. 原材料运输途中发生的合理损耗

C. 自然灾害造成的原材料净损失　　D. 人为责任造成的原材料损失

3. 下列会计科目中，应结转到“本年利润”科目的有（ ）。

A. 营业外支出　　B. 公允价值变动损益

C. 以前年度损益调整　　D. 主营业务成本

4. 下列项目中，作为当期营业利润抵减项目的有（ ）。

A. 产品广告费　　B. 转让无形资产所有权净收益

C. 增值税　　D. 计提的坏账准备

5. 下列各项中，影响企业营业利润的有（ ）。

A. 处置无形资产净收益　　B. 出租包装物取得的收入

C. 接受公益性捐赠利得　　D. 经营租出固定资产的折旧额

6. 下列项目中，作为当期营业利润增加项目的有（ ）。

A. 作为销售方负担的运费　　B. 转让股权投资获得的收益

C. 交易性金融资产期末公允价值增加额　　D. 取得的罚款收入

7. 下列项目中，应计入营业外支出的有（　　）。
A. 出售固定资产净损失
B. 因债务人无力支付欠款而发生的应收账款损失
C. 对外捐赠支出
D. 违反经济合同的罚款支出

8. 下列各项中，需调整增加企业应纳税所得额的项目有（　　）。
A. 国债利息收入　　B. 已计入损益的税收滞纳金
C. 超标的业务招待费支出　　D. 合同违约金

9. 下列属于营业外收入核算内容的有（　　）。
A. 出售无形资产净收益　　B. 固定资产盘盈
C. 聘请中介机构费　　D. 罚没收入

10. 下列各项中，属于期间费用的有（　　）。
A. 董事会费　　B. 销售人员工资
C. 季节性停工损失　　D. 车间管理人员工资

11. 下列各项中，应记入"营业外收入"科目的有（　　）。
A. 盘盈存货取得的净收益　　B. 转让交易性金融资产的净收益
C. 收到的合同赔款　　D. 接受现金捐赠

12. 下列各事项中，会计上和税法上核算不一致，需要进行纳税调整的有（　　）。
A. 行政性罚款支出　　B. 国债利息收入
C. 公司债券的利息收入　　D. 公司债券转让净收益

13. 下列税金中，可能记入"税金及附加"科目的有（　　）。
A. 印花税　　B. 资源税　　C. 消费税　　D. 增值税

14. 某企业某年利润总额是 1 000 万元，本年的罚款支出是 5 万元，国债利息收入是 10 万元，超过税法规定扣除标准的公益性捐赠支出是 100 万元，所得税税率是 25%，不存在其他纳税调整事项，下列说法正确的有（　　）。
A. 企业当年应纳所得税金额是 273.75 万元
B. 企业当年的所得税费用金额是 250 万元
C. 企业当年的净利润金额是 726.25 万元
D. 企业当年应该纳税调增的金额是 105 万元

15. 利润分配的明细科目包括（　　）。
A. 提取任意盈余公积　　B. 盈余公积补亏

C. 未分配利润　　D. 转作股本的股利

16. 下列项目中，应记入“营业外支出”科目的有（　　）。

A. 广告费　　B. 借款利息　　C. 固定资产盘亏　　D. 捐赠支出

17. 下列属于损益类科目的有“（　　）”科目。

A. 管理费用　　B. 销售费用　　C. 制造费用　　D. 财务费用

18. 下列各项中，应计入营业收入的有（　　）。

A. 商品销售收入　　B. 原材料销售收入

C. 固定资产租金收入　　D. 无形资产使用费收入

19. 下列情况中，属于政府补助的有（　　）。

A. 增值税的出口退税　　B. 财政拨款

C. 先征后返的税金　　D. 即征即退的税金

20. 下列各项中，影响利润表“所得税费用”项目金额的有（　　）。

A. 当期应纳所得税额　　B. 递延所得税收益

C. 递延所得税费用　　D. 代扣代缴的个人所得税

三、判断题（正确的在括号内打“✓”，错误的打“×”）

1. 企业发生的固定资产毁损净损失，应记入“营业外支出”科目。（　　）
2. 非流动资产处置损失、公益性捐赠支出、出租包装物的成本、行政性罚款支出等都计入营业外支出。（　　）
3. 企业计算所得税费用时，应该用当期所得税加上递延所得税资产本期发生额，减去递延所得税负债本期发生额。（　　）
4. 企业发生的固定资产盘盈，应该计入当期的营业外收入。（　　）
5. 企业销售不动产应该缴纳的增值税应直接计入营业外收支。（　　）
6. 企业的所得税费用一定等于企业的利润总额乘以所得税税率。（　　）
7. 企业采用“表结法”结转本年利润的，年度内每月月末损益类科目发生额合计数和月末累计余额无需转入“本年利润”科目，但要将其填入利润表，在年末时将损益类科目全年累计余额转入“本年利润”科目。（　　）
8. 利润是企业一定期间的经营成果，是收入与费用以及利得与损失的差额之和，与收入和费用要素密切相关，与资产要素无直接的关系。（　　）
9. 期末销售费用、制造费用、管理费用期末应结转入本年利润，期末无余额。（　　）
10. 企业出租固定资产净收益应该记入“营业外收入”科目。（　　）
11. 企业缴纳的房产税、印花税、城市维护建设税、矿产资源补偿费应记入“管理费用”科目。（　　）
12. 企业所得税是企业根据应纳税所得额的一定比例上缴的一种税金。应纳税所得额是在企

业税前会计利润（即利润总额）的基础上调整确定的。（ ）

13. 企业已计入营业外支出的合同违约金应调整增加企业的应纳税所得额。（ ）

14. 某企业年初有上年形成的亏损25万元，当年实现利润10万元。假设企业本期无纳税调整事项，则企业当年还应缴纳一定的企业所得税。（ ）

15. 年末结账后，本年利润科目一定没有余额。（ ）

16. “盈余公积”科目属于所有者权益类科目，该科目借方登记提取的盈余公积，贷方登记实际使用的盈余公积。期末借方余额，反映结余的盈余公积。（ ）

17. 企业计算所得税费用时应以净利润为基础，根据适用税率计算确定。（ ）

18. “税金及附加”科目在期末结转时，借记“税金及附加”科目，贷记“本年利润”科目。（ ）

19. 商品取得的收入均属于“主营业务收入”，而提供劳务取得的收入则属于“其他业务收入”。（ ）

20. 如果不存在年初累计亏损，提取法定盈余公积的基数为可供分配利润；如果存在年初累计亏损，提取的法定盈余公积的基数为当年实现的净利润。（ ）

四、计算及账务处理题

1. 甲股份有限公司2020年未分配利润年初贷方余额为100万元，每年按10%提取法定盈余公积，所得税税率为25%，2020~2022年的有关资料如下：

（1）2020年实现净利润200万元；提取法定盈余公积后，宣告派发现金股利150万元。

（2）2021年发生亏损500万元。

（3）2022年实现利润600万元。

（假设2022年盈余公积在2023年年初计提，2022年年末未计提，也未发放现金股利。）

要求：根据上述资料，不考虑其他因素，编制相应的会计分录。

2. 2020年1月5日，政府拨付甲企业420万元财政拨款（同日到账），要求用于购买大型科研设备1台。2020年1月31日，甲企业购入大型设备（假设不需安装），实际成本为480万元，其中60万元以自有资金支付，使用寿命10年，采用直接法计提折旧（假设无残值）。2028年1月31日，甲企业出售了这台设备，取得价款120万元。假定不考虑其他因素。

要求：做出与政府补助相关的会计处理。

3. 某企业某年12月有关损益类科目的累计发生额见表6－4。

表6－4 损益类科目累计发生额

科目	方向	金额（元）
主营业务收入	贷方	170 000
主营业务成本	借方	98 000

（续）

科目	方向	金额（元）
其他业务收入	贷方	120 000
其他业务成本	借方	67 000
税金及附加	借方	5 800
营业外收入	贷方	50 000
营业外支出	借方	21 000
投资收益	贷方	9 600
公允价值变动损益	借方	1 800
销售费用	借方	3 700
管理费用	借方	4 600
财务费用	借方	2 900
资产减值损失	借方	3 800

要求：假如没有纳税调整事项，企业适用的所得税税率为25%，根据要求编制下列业务的会计分录。

（1）结转各项收入、收益及利得。

（2）结转各项费用及损失。

（3）计算并结转所得税费用。

（4）净利润转入利润分配。

（5）按净利润的10%提取法定盈余公积，分配现金股利10 000元。

（6）结转利润分配各明细。

4. 某增值税一般纳税人企业某年12月发生如下经济业务：

（1）企业以银行存款支付税收滞纳金罚款20 000元。

（2）计提本月工程用长期借款利息9 600元，该借款到期一次还本付息。

（3）出售库存闲置材料，售价5 000元，增值税税率13%，款未收。

（4）计提本月城市维护建设税1 300元，教育费附加810元。

（5）以银行存款93 000元支付上月工资。

（6）结转出售材料的实际成本3 500元。

（7）按本月实现利润85 000元的25%计算应纳所得税额。

（8）结转本月所得税至本年利润科目。

（9）结转本年利润。

（10）按全年净利润的10%提取法定盈余公积30 000元。

（11）经股东大会决定向投资者分配现金股利70 000元。

（12）结转利润分配各明细。

要求：根据上述经济业务编制相关会计分录。

第七章

Chapter Seven

非货币性资产交换

本章学习目标

- 掌握非货币性资产交换的界定
- 掌握非货币性资产交换具有商业实质的条件
- 掌握涉及补价和不涉及补价的非货币性资产交换的核算
- 掌握涉及多项资产的非货币性资产交换的核算
- 掌握非货币性资产交换具有商业实质的会计处理

本章主要科目

- 固定资产清理
- 资产处置损益
- 长期股权投资
- 无形资产

第一节　非货币性资产交换概述

企业在生产经营过程中，有时会出现甲企业需要乙企业拥有的某项设备，而乙企业恰好需要甲企业研发的专利权作为无形资产，双方可能通过相互交换上述设备和专利权达成交易，这就是一种非货币性资产交换行为。

一、非货币性资产交换的概念

非货币性资产交换是一种非经常性的特殊交易行为，是企业主要以固定资产、无形资产、投资性房地产和长期股权投资等非货币性资产进行的交换。这里的非货币性资产是相对于货币性资产而言的。货币性资产是指企业持有的货币资金和收取固定或可确定金额的货币资金的权利，包括现金、银行存款、应收账款和应收票据以及以摊余成本计量的债权投资等；非货币性资产是指货币性资产以外的资产，该类资产在将来为企业带来的经济利益，即货币金额是不固定的或不可确定的，包括长期股权投资、投资性房地产、固定资产、工程物资、在建工程、无形资产等。

提示 这里所说的非货币性资产交换，仅包括企业之间主要以非货币性资产形式进行的互惠转让，即企业取得一项非货币性资产，必须以付出自己拥有的非货币性资产作为代价。企业与所有者或所有者以外方面的非货币性资产非互惠转让，如以非货币性资产作为股利发放给股东，或政府无偿提供非货币性资产给企业等，或在企业合并、债务重组中取得的非货币性资产，或企业以发行股票形式取得的非货币性资产等，均不属于本章所讲的非货币性资产交换的范围。

《企业会计准则第 7 号——非货币性资产交换》适用于所有非货币性资产交换，但下列各项适用其他相关会计准则：

（1）企业以存货换取客户的非货币性资产的，适用《企业会计准则第 14 号——收入》。

（2）非货币性资产交换中涉及企业合并的，适用《企业会计准则第 20 号——企业合并》《企业会计准则第 2 号——长期股权投资》和《企业会计准则第 33 号——合并财务报表》。

（3）非货币性资产交换中涉及由《企业会计准则第 22 号——金融工具确认和计量》规范的金融资产的，金融资产的确认、终止确认和计量适用《企业会计准则第 22 号——金融工具确认和计量》和《企业会计准则第 23 号——金融资产转移》。

（4）非货币性资产交换中涉及由《企业会计准则第 21 号——租赁》规范的使用权资产或应收融资租赁款等的，相关资产的确认、终止确认和计量适用《企业会计准则第 21 号——租赁》。

（5）非货币性资产交换的一方直接或间接对另一方持股且以股东身份进行交易的，或者非货币性资产交换的双方均受同一方或相同的多方最终控制，且该非货币性资产交换的交易实质是交换的一方向另一方进行了权益性分配或交换的一方接受了另一方权益性投入的，适用权益性交易的有关会计处理规定。

非货币性资产交换是一种特殊交易行为，通过非货币性资产交换，一方面可以满足各自生产经营的需要，同时可在一定程度上减少货币性资产的流出。

二、非货币性资产交换的认定

非货币性资产交换的交易对象主要是非货币性资产，交易中一般不涉及货币性资产，或只涉及少量货币性资产，即补价。通常以补价占整个资产交换金额的比例是否低于25%作为参考。支付的货币性资产占换入资产公允价值（或占换出资产公允价值与支付的货币性资产之和）的比例低于25%（不含25%）的，视为非货币性资产交换；高于25%（含25%）的，则视为用货币性资产取得非货币性资产。例如，对于公允价值能够可靠确定的非货币性资产，非货币性资产交换的认定条件可以用下列公式表示：

$$\frac{\text{支付的货币性资产}}{\text{换入资产公允价值（或换出资产公允价值+支付的货币性资产）}}<25\%$$

或者：

$$\frac{\text{收到的货币性资产}}{\text{换出资产公允价值（或换入资产公允价值+收到的货币性资产）}}<25\%$$

提示 整个资产交换金额即为在整个非货币性资产交换中最大的公允价值。在计算补价时，不考虑增值税之间的差额。

三、非货币性资产交换的确认和计量

（一）确认原则

企业应当分别按照下列原则对非货币性资产交换中的换入资产进行确认，对换出资产终止确认：

（1）对于换入资产，企业应当在换入资产符合资产定义并满足资产确认条件时予以确认。

（2）对于换出资产，企业应当在换出资产满足资产终止确认条件时终止确认。

换入资产的确认时点与换出资产的终止确认时点存在不一致的，企业应当在资产负债表日按照下列原则进行处理：

（1）换入资产满足资产确认条件，换出资产尚未满足终止确认条件的，在确认换入资产的同时将交付换出资产的义务确认为一项负债。

（2）换入资产尚未满足资产确认条件，换出资产满足终止确认条件的，在终止确认换出资产的同时将取得换入资产的权利确认为一项资产。

（二）计量原则

在非货币性资产交换的情况下，不论何种交换方式，换入资产的成本都有两种计量基础。

1. 以公允价值为基础

非货币性资产交换同时满足下列条件的，应当以公允价值为基础计量：

（1）该项交换具有商业实质。

（2）换入资产或换出资产的公允价值能够可靠地计量。

换入资产和换出资产的公允价值均能够可靠计量的，应当以换出资产的公允价值为基础计量，但有确凿证据表明换入资产的公允价值更加可靠的除外。

2. 以账面价值为基础

不满足前述两个条件，即该项交换不具有商业实质或换入资产和换出资产的公允价值都无法可靠计量的非货币性资产交换，应当以账面价值为基础计量。对于换入资产，企业应当以换出资产的账面价值和应支付的相关税费作为换入资产的初始计量金额；对于换出资产，终止确认时不确认损益。

（三）商业实质的判断

1. 判断条件

认定某项非货币性资产交换具有商业实质，必须满足下列条件之一：

（1）换入资产的未来现金流量在风险、时间分布和金额方面与换出资产显著不同。

（2）使用换入资产所产生的预计未来现金流量现值与继续使用换出资产不同，且其差额与换入资产和换出资产的公允价值相比是重大的。

企业如果难以判断某项非货币性资产交换是否满足第一项条件，则应当考虑第二项条件。

资产的预计未来现金流量现值，应当按照资产在持续使用过程和最终处置时预计产生的税后未来现金流量（因为交易双方适用的所得税税率可能不同），根据企业自身而不是市场参与者对资产特定风险的评价，选择恰当的折现率对预计未来现金流量折现后的金额加以确定。强调企业自身，是由于考虑到换入资产的性质和换入企业经营活动的特征，换入资产与换入企业其他现有资产相结合，可能比换出资产产生更大的作用，即换入资产与换出资产对换入企业的使用价值明显不同，使换入资产的预计未来现金流量现值与继续使用换出资产相比产生明显差异，表明该两项资产的交换具有商业实质。

例如，某企业以一项专利权换入另一企业拥有的长期股权投资，假定从市场参与者角度看，该项专利权与该项长期股权投资的公允价值相同，同时假定两项资产未来现金流量的风险、时间和金额亦相同，但是对换入企业来讲，换入该项长期股权投资使该企业与被投资方的投资关系由重大影响变为控制，另一企业换入的专利权能够解决生产中的技术难题，两企业换入资产的预计未来现金流量现值与换出资产相比均有明显差异，可以判断两项资产的交换具有商业实质。

2. 关联方之间交换资产与商业实质的关系

在确定非货币性资产交换是否具有商业实质时，企业应当关注交易各方之间是否存在关联方关系。关联方关系的存在可能导致发生的非货币性资产交换不具有商业实质。

例 7－1 下列项目中，属于非货币性资产交换的有（　　）。

A. 以公允价值 100 万元的专利权换取一项设备

B. 以公允价值 500 万元的长期股权投资换取专利权

C. 以公允价值 100 万元的 A 车床换取 B 车床，同时收到 20 万元的补价

D. 以公允价值 70 万元的电子设备换取一辆小汽车，同时支付 30 万元的补价

答案：ABC

解析：$20 \div 100 \times 100\% = 20\%$，小于 25%，选项 C 属于非货币性资产交换。

$30 \div (70+30) \times 100\% = 30\%$，大于 25%，选项 D 不属于非货币性资产交换。

第二节 以公允价值计量的非货币性资产交换

一、公允价值能否可靠计量的判断

属于以下三种情形之一的，换入资产或换出资产的公允价值视为能够可靠计量：

（1）换入资产或换出资产存在活跃市场，以市场价格为基础确定公允价值。

（2）换入资产或换出资产不存在活跃市场，但同类或类似资产存在活跃市场，以同类或类似资产市场价格为基础确定公允价值。

（3）换入资产或换出资产不存在同类或类似资产可比市场交易，采用估值技术确定公允价值。

提示 采用估值技术确定公允价值时，要求采用该估值技术确定的公允价值估计数的变动区间很小，或者在公允价值估计数变动区间内，各种用于确定公允价值估计数的概率能够合理确定。

二、以公允价值计量的非货币性资产交换会计处理原则

以公允价值为基础计量的非货币性资产交换，对于换入资产，应当以换出资产的公允价值和应支付的相关税费作为换入资产的成本进行初始计量；对于换出资产，应当在终止确认时，将换出资产的公允价值与其账面价值之间的差额计入当期损益。

有确凿证据表明换入资产的公允价值更加可靠的，对于换入资产，应当以换入资产的公允价值和应支付的相关税费作为换入资产的初始计量金额；对于换出资产，应当在终止确认

时，将换入资产的公允价值与换出资产账面价值之间的差额计入当期损益。

提示 一般来说，取得资产的成本应当按照所放弃资产的对价来确定，在非货币性资产交换中，换出资产的价值就是放弃的对价，如果其公允价值能够可靠计量，应当优先考虑按照换出资产的公允价值作为确定换入资产成本的基础；如果有确凿证据表明换入资产的公允价值更加可靠的，应当以换入资产公允价值为基础确定换入资产的成本。这种情况多发生在非货币性资产交换存在补价的情况，因为存在补价表明换入资产和换出资产公允价值不相等，一般不能直接以换出资产的公允价值作为换入资产的成本。

对不符合条件的，以换出资产的账面价值计量且不确认损益。

在以公允价值计量的情况下，不论是否涉及补价，只要换出资产的公允价值与其账面价值不相同，就通常会涉及损益的确认，因为非货币性资产交换损益通常是由换出资产公允价值与换出资产账面价值的差额通过非货币性资产交换予以实现的。

非货币性资产交换中损益的会计处理，视同换出资产的处置，视换出资产类别不同而有所区别：

（1）换出资产为固定资产、无形资产的，换出资产公允价值与其账面价值的差额，计入资产处置损益。

（2）换出资产为投资性房地产的，视同投资性房地产的处置，按照公允价值确认收入，同时结转成本，两者的差额即换出资产公允价值与换出资产账面价值的差额，在利润表中作为营业利润的构成部分予以列示。

（3）换出资产为长期股权投资的，换出资产公允价值与其账面价值的差额，计入投资收益，并将持有期间形成的“其他综合收益”转入投资收益。

注意 非货币性资产交换涉及相关税费的，与换出资产有关的相关税费与出售资产相关税费的会计处理相同，如换出固定资产支付的清理费用影响资产处置损益，换出应税消费品应交的消费税计入税金及附加等。与换入资产有关的相关税费与购入资产相关税费的会计处理相同，如换入资产的运杂费和保险费计入换入资产的成本等。

三、不涉及补价情况下非货币性资产交换的会计处理

以公允价值计量的非货币性资产交换，以换出资产的公允价值加上应支付的相关税费，作为换入资产的入账价值，换出资产公允价值与其账面价值的差额计入当期损益。换入资产的入账价值的计算公式为

换入资产的入账价值=换出资产的公允价值+换出资产增值税销项税额−换入资产可抵扣的增值税进项税额+应支付的相关税费。

例 7－2 2020 年 5 月，淮洲公司以其作为固定资产的生产经营设备与广源公司的一批

办公设备进行交换，淮洲公司换入的办公设备用于日常经营，广源公司换入的设备继续用于生产。淮洲公司设备的账面原价为 1 500 000 元，在交换日的累计折旧为 400 000 元，不含税公允价值为 1 000 000 元，计税价格等于公允价值，淮洲公司此前没有为该设备计提资产减值准备。此外，淮洲公司以银行存款支付清理费 1 500 元。广源公司办公设备的账面原价为 1 200 000 元，在交换日的累计折旧为 120 000 元，在交换日的不含税市场价格为 1 000 000元，计税价格等于市场价格，广源公司此前也没有为该批办公设备计提资产减值准备。

淮洲公司、广源公司均为增值税一般纳税人，适用的增值税税率为 13%。假设整个交易过程中没有发生除增值税以外的其他税费，淮洲公司和广源公司均开具了增值税专用发票。

（1）淮洲公司的会计处理：

换入资产的增值税进项税额 = 1 000 000×13% = 130 000（元）

换出资产的增值税销项税额 = 1 000 000×13% = 130 000（元）

换入资产的入账价值 = 换出设备的公允价值 + 换出设备增值税销项税额 − 换入设备增值税进项税额 = 1 000 000+130 000−130 000 = 1 000 000（元）

该项非货币性资产交换应确认的损益 = 换出资产的公允价值 − 换出资产的账面价值 = 1 000 000−(1 500 000−400 000) = −100 000（元）

1）生产经营设备转入清理：

借：固定资产清理	1 100 000	
累计折旧	400 000	
贷：固定资产——生产经营设备		1 500 000

2）支付清理费用：

借：固定资产清理	1 500	
贷：银行存款		1 500

3）换入办公设备：

借：固定资产——办公设备	1 000 000	
应交税费——应交增值税（进项税额）	130 000	
贷：固定资产清理		1 000 000
应交税费——应交增值税（销项税额）		130 000

4）结转固定资产清理账户：

借：资产处置损益	100 000	
贷：固定资产清理		100 000

（2）广源公司的会计处理：

换入资产的增值税进项税额 = 1 000 000×13% = 130 000（元）

换出资产的增值税销项税额 = 1 000 000×13% = 130 000（元）

换入资产的入账价值 = 换出设备的公允价值 + 换出设备增值税销项税额 − 换入设备增值税进项税额 = 1 000 000+130 000−130 000 = 1 000 000（元）

该项非货币性资产交换应确认的损益 = 换出资产的公允价值 − 换出资产的账面价值 = 1 000 000−(1 200 000−120 000) = −80 000（元）

1）办公设备转入清理：

借：固定资产清理	1 080 000
累计折旧	120 000
贷：固定资产——办公设备	1 200 000

2）换入生产经营设备：

借：固定资产——生产经营设备	1 000 000
应交税费——应交增值税（进项税额）	130 000
贷：固定资产清理	1 000 000
应交税费——应交增值税（销项税额）	130 000

3）结转固定资产清理账户：

借：资产处置损益	80 000
贷：固定资产清理	80 000

四、涉及补价情况下非货币性资产交换的会计处理

在以公允价值确定换入资产成本的情况下，发生补价的，支付补价方和收到补价方应当分情况处理。

1. 支付补价方

支付补价的，以换出资产的公允价值，加上支付补价的公允价值和应支付的相关税费，作为换入资产的成本，换出资产的公允价值与其账面价值之间的差额计入当期损益。相关计算公式为

换入资产成本=换出资产公允价值+换出资产增值税销项税额−换入资产可抵扣的增值税进项税额+支付的补价+支付的应计入换入资产成本的相关税费

有确凿证据表明换入资产的公允价值更加可靠的，以换入资产的公允价值和应支付的相关税费作为换入资产的初始计量金额，换入资产的公允价值减去支付补价的公允价值，与换出资产账面价值之间的差额计入当期损益。

2. 收到补价方

收到补价的，以换出资产的公允价值，减去收到补价的公允价值，加上应支付的相关税费，作为换入资产的成本，换出资产的公允价值与其账面价值之间的差额计入当期损益。相关计算公式为

换入资产成本=换出资产公允价值+换出资产增值税销项税额−换入资产可抵扣的增值税进项税额−收到的补价+支付的应计入换入资产成本的相关税费

有确凿证据表明换入资产的公允价值更加可靠的，以换入资产的公允价值和应支付的相关税费作为换入资产的初始计量金额，换入资产的公允价值加上收到补价的公允价值，与换出资产账面价值之间的差额计入当期损益。

提示 在涉及补价的情况下，对于支付补价方而言，作为补价的货币性资产构成

换入资产所放弃对价的一部分；对于收到补价方而言，作为补价的货币性资产构成换入资产的一部分。

例7－3 2020年5月，淮洲公司以其拥有的一幢用于经营出租目的的写字楼与三亚公司持有的对甲公司的长期股权投资交换。淮洲公司的写字楼符合投资性房地产定义，但公司未采用公允价值模式计量。在交换日，该幢写字楼的账面原价为12 000 000元，已提折旧4 800 000元，未计提减值准备，在交换日的公允价值为8 500 000元；三亚公司持有的对甲公司长期股权投资账面价值为6 500 000元，交换日公允价值为8 450 000元。三亚公司换入写字楼后继续用于经营出租，并拟采用公允价值模式计量。淮洲公司因转让写字楼向三亚公司开具的增值税专用发票上的销售额为8 500 000元，销项税额为765 000元。三亚公司另支付815 000元给淮洲公司，包括因换入换出资产公允价值不同而支付的50 000元补价，以及增值税进销差价765 000元。假设除增值税外，不涉及其他相关税费。

本例中，该项资产交换涉及收付货币性资产，即淮洲公司收到的815 000元，其中包括由于换出换入资产公允价值不同而收到的补价50 000元，以及换出资产销项税额与换入资产进项税额（本例中为0）的差额765 000元。而在判断是否为非货币性资产交换时，补价应为不含税的补价。

（1）淮洲公司的账务处理如下：

淮洲公司收到的补价50 000元÷换出资产的公允价值8 500 000元（或换入长期股权投资公允价值8 450 000元+收到的补价50 000元）= 0.59%，小于25%，属于非货币性资产交换。

1）结转投资性房地产：

借：其他业务成本	7 200 000	
投资性房地产累计折旧	4 800 000	
贷：投资性房地产		12 000 000

2）交换：

借：长期股权投资	8 450 000	
银行存款	815 000	
贷：其他业务收入		8 500 000
应交税费——应交增值税（销项税额）		765 000

（2）三亚公司的账务处理如下：

三亚公司支付的补价50 000元÷换入资产的公允价值8 500 000元（或换出长期股权投资公允价值8 450 000元+支付的补价50 000元）=0.59%，小于25%，属于非货币性资产交换。

借：投资性房地产——成本	8 500 000	
应交税费——应交增值税（进项税额）	765 000	
贷：长期股权投资		6 500 000
银行存款		815 000
投资收益		1 950 000

例7－3属于以投资性房地产交换以公允价值计量且其变动计入当期损益的金融资产。由于两项资产的交换具有商业实质，且股票投资和写字楼的公允价值均能够可靠地计量，因此，淮洲、三亚公司均应当以公允价值为基础确认换入资产的成本，并确认产生的损益。

第三节　以账面价值计量的非货币性资产交换

非货币性资产交换不具有商业实质，或者虽然具有商业实质但换入资产和换出资产的公允价值均不能可靠计量的，应当以换出资产的账面价值和应支付的相关税费作为换入资产的成本，无论是否支付补价，均不确认损益。

一、不涉及补价情况下非货币性资产交换的会计处理

若以账面价值计价，不涉及补价情况下，以换出资产的账面价值加上应支付的相关税费作为换入资产的入账价值，不涉及损益。此时换入资产成本的计算公式为

换入资产的成本=换出资产的账面价值+换出资产增值税销项税额-换入资产可抵扣的增值税进项税额+应支付的相关税费。

例 7-4　淮洲公司以其持有的对英伦公司的长期股权投资交换现代公司拥有的商标权。在交换日，淮洲公司持有的长期股权投资账面余额为 6 000 000 元，已计提长期股权投资减值准备 2 400 000 元，该长期股权投资在市场上没有公开报价，公允价值也不能可靠计量；现代公司商标权的账面原价为 4 200 000 元，累计已摊销金额为 600 000 元，其公允价值也不能可靠计量，现代公司没有为该项商标权计提减值准备，现代公司因转让商标权向淮洲公司开具的增值税专用发票注明的销售额为 3 600 000 元，销项税额为 216 000 元。现代公司将换入的对英伦公司的投资仍作为长期股权投资，并采用成本法核算。整个交易过程中没有发生其他相关税费。

例 7-4 中，该项资产交换没有涉及收付货币性资产，因此属于非货币性资产交换，同时属于以长期股权投资交换无形资产。由于换出资产和换入资产的公允价值都无法可靠计量，因此，淮洲公司、现代公司换入资产的成本均应当按照换出资产的账面价值确定，不确认损益。

（1）淮洲公司的账务处理如下：

借：无形资产——商标权	3 384 000	
应交税费——应交增值税（进项税额）	216 000	
长期股权投资减值准备——英伦公司	2 400 000	
贷：长期股权投资——英伦公司		6 000 000

（2）现代公司的账务处理如下：

借：长期股权投资——英伦公司	3 816 000	
累计摊销	600 000	
贷：无形资产——商标权		4 200 000
应交税费——应交增值税（销项税额）		216 000

二、涉及补价情况下非货币性资产交换的会计处理

在以账面价值确定换入资产成本的情况下，发生补价的，支付补价方和收到补价方应当分情况处理。

1. 支付补价方

支付补价的，以换出资产的账面价值，加上支付补价的账面价值和应支付的相关税费，作为换入资产的初始计量金额，不确认损益。相关计算公式为

换入资产成本=换出资产账面价值+换出资产增值税销项税额−换入资产可抵扣的增值税进项税额+支付的补价+支付的应计入换入资产成本的相关税费

2. 收到补价方

收到补价的，以换出资产的账面价值，减去收到补价的公允价值，加上应支付的相关税费，作为换入资产的初始计量金额，不确认损益。相关计算公式为

换入资产成本=换出资产账面价值+换出资产增值税销项税额−换入资产可抵扣的增值税进项税额−收到的补价+支付的应计入换入资产成本的相关税费

提示 在计算增值税时要按照计税价格计算，一般计税价格与公允价值相同。

例 7-5 淮洲公司拥有一处厂房，该厂房账面原价 3 800 000 元，已计提折旧 2 650 000元；丰瑞公司拥有一项对英伦公司的长期股权投资，账面价值 1 050 000 元，两项资产均未计提减值准备。由于厂房离市区较远，公允价值不能可靠计量；丰瑞公司拥有的长期股权投资在活跃市场中没有报价，其公允价值也不能可靠计量。双方商定，丰瑞公司以两项资产账面价值的差额为基础，支付淮洲公司 100 000 元补价，以长期股权投资换取淮洲公司拥有的厂房。

淮洲公司因转让厂房向丰瑞公司开具的增值税专用发票上注明的销售额为 1 150 000 元，销项税额为 103 500 元。除增值税外，交易中没有涉及其他相关税费。

由于两项资产的公允价值不能可靠计量，因此，换入资产的成本均应当以换出资产的账面价值为基础确定，不确认损益。

（1）淮洲公司的账务处理如下：

换入资产成本=换出资产账面价值+换出资产增值税销项税额−
换入资产可抵扣的增值税进项税额−收到的补价
=3 800 000−2 650 000+103 500−100 000=1 153 500（元）

借：固定资产清理	1 150 000	
累计折旧	2 650 000	
贷：固定资产——厂房		3 800 000
借：长期股权投资——英伦公司	1 153 500	
银行存款	100 000	

贷：固定资产清理　　1 150 000

　　应交税费——应交增值税（销项税额）　　103 500

（2）丰瑞公司的账务处理如下：

换入资产的成本=换出资产账面价值+换出资产增值税销项税额-换入资产可抵扣的增值税进项税额+支付的补价+支付的应计入换入资产成本的相关税费

=1 050 000-103 500+100 000=1 046 500（元）

借：固定资产——厂房　　1 046 500

　　应交税费——应交增值税（进项税额）　　103 500

　贷：长期股权投资——英伦公司　　1 050 000

　　　银行存款　　100 000

第四节　涉及多项非货币性资产交换

非货币性资产交换有时涉及多项资产，例如，企业以一项非货币性资产同时换入另一企业的多项非货币性资产，或同时以多项非货币性资产换入另一企业的一项非货币性资产，或以多项非货币性资产同时换入多项非货币性资产，在此过程中，还可能涉及补价。与单项非货币性资产交换一样，涉及多项非货币性资产交换的计量，也应当首先确定换入资产成本的计量基础和损益确认原则，再计算换入资产的成本总额。

一、以公允价值为基础计量的非货币性资产交换

以公允价值为基础计量的非货币性资产交换，同时换入或换出多项资产的，应当按照下列规定进行处理：

1. 同时换入多项资产

对于同时换入多项资产，按照换入的金融资产以外的各项换入资产公允价值相对比例，将换出资产公允价值总额（涉及补价的，加上支付补价的公允价值或减去收到补价的公允价值）扣除换入金融资产公允价值后的净额进行分摊，以分摊至各项换入资产的金额，加上应支付的相关税费，作为各项换入资产的成本进行初始计量。

有确凿证据表明换入资产的公允价值更加可靠的，以各项换入资产的公允价值和应支付的相关税费作为各项换入资产的初始计量金额。

2. 同时换出多项资产

对于同时换出多项资产，将各项换出资产的公允价值与其账面价值之间的差额，在各项换出资产终止确认时计入当期损益。

有确凿证据表明换入资产的公允价值更加可靠的，按照各项换出资产的公允价值的相对比例，将换入资产的公允价值总额（涉及补价的，减去支付补价的公允价值或加上收到补

价的公允价值）分摊至各项换出资产，分摊至各项换出资产的金额与各项换出资产账面价值之间的差额，在各项换出资产终止确认时计入当期损益。

例 7-6 2020 年 9 月 10 日，为适应业务发展的需要，经与广源公司协商，淮洲公司决定以生产经营过程中使用的机器设备和当月购入的生产模具换入广源公司生产经营过程中使用的 12 辆货运车、8 台专用设备和 18 辆客运汽车。

淮洲公司机器设备账面原价为 6 075 000 元，在交换日的累计折旧为 2 025 000 元，不含税公允价值为 4 200 000 元；生产模具的账面价值为 6 750 000 元，不含税公允价值为 7 875 000 元。

广源公司货运车的账面原价为 3 375 000 元，在交换日的累计折旧为 1 125 000 元，不含税公允价值为 3 375 000 元；专用设备的账面原价为 4 500 000 元，在交换日的累计折旧为 2 025 000 元，不含税公允价值为 3 750 000 元；客运汽车的账面原价为 6 750 000 元，在交换日的累计折旧为 1 800 000 元，不含税公允价值为 5 400 000 元。

广源公司另外收取淮洲公司以银行存款支付的 508 500 元，其中包括由于换出资产和换入资产公允价值不同而支付的补价 450 000 元，以及换出资产销项税额与换入资产进项税额的差额 58 500 元。

假定淮洲公司和广源公司都没有为换出资产计提减值准备；淮洲公司换入广源公司的货运车、专用设备、客运汽车均作为固定资产使用和管理；广源公司换入淮洲公司的机器设备、生产模具也均作为固定资产使用和管理。淮洲公司和广源公司均为增值税一般纳税人，适用的增值税税率均为 13%，计税价格等于公允价值，淮洲公司、广源公司均开具了增值税专用发票。

本例中，交换涉及收付货币性资产，应当计算淮洲公司支付的货币性资产占淮洲公司换出资产公允价值与支付的货币性资产之和的比例，即 450 000÷(3 375 000+3 750 000+5 400 000)=3.59%<25%。可以认定这一涉及多项资产的交换行为属于非货币性资产交换。

（1）淮洲公司的账务处理如下：

1）换出机器设备的增值税销项税额=4 200 000×13%=546 000（元）

换出生产模具的增值税销项税额=7 875 000×13%=1 023 750（元）

换入货运车、专用设备和客运汽车的增值税进项税额=(3 375 000+3 750 000+5 400 000)×13%=1 628 250（元）

2）计算换入资产、换出资产公允价值总额。

换出资产公允价值总额=4 200 000+7 875 000=12 075 000（元）

换入资产公允价值总额=3 375 000+3 750 000+5 400 000=12 525 000（元）

3）计算换入资产总成本。

换入资产总成本=12 075 000+(546 000+1 023 750)−1 628 250+508 500=12 525 000（元）。

4）计算确定换入各项资产的成本。

货运车的成本=12 525 000×(3 375 000÷12 525 000×100%)=3 375 000（元）

专用设备的成本=12 525 000×(3 750 000÷12 525 000×100%)=3 750 000（元）

客运汽车的成本=12 525 000×(5 400 000÷12 525 000×100%)=5 400 000（元）

5）会计分录。

借：固定资产清理	10 800 000
累计折旧	2 025 000
贷：固定资产——机器设备	6 075 000
——生产模具	6 750 000
借：固定资产——货运车	3 375 000
——专用设备	3 750 000
——客运汽车	5 400 000
应交税费——应交增值税（进项税额）	1 628 250
贷：固定资产清理	12 075 000
银行存款	508 500
应交税费——应交增值税（销项税额）	1 569 750
借：固定资产清理	1 275 000
贷：资产处置损益	1 275 000

（2）广源公司的账务处理如下：

1）换入机器设备的增值税进项税额＝4 200 000×13%＝546 000（元）

换入生产模具的增值税进项税额＝7 875 000×13%＝1 023 750（元）

换出货运车、专用设备和客运汽车的增值税销项税额＝(3 375 000+3 750 000+5 400 000)×13%＝1 628 250（元）

2）计算换入资产、换出资产公允价值总额。

换出资产公允价值总额＝3 375 000+3 750 000+5 400 000＝12 525 000（元）

换入资产公允价值总额＝4 200 000+7 875 000＝12 075 000（元）

3）计算换入资产总成本。

换入资产总成本＝12 525 000＋1 628 250－(546 000＋1 023 750)－508 500＝12 075 000(元)。

4）计算确定换入各项资产的成本。

机器设备的成本＝12 075 000×(4 200 000÷12 075 000×100%)＝4 200 000（元）

生产模具的成本＝12 075 000×(7 875 000÷12 075 000×100%)＝7 875 000（元）

5）会计分录。

借：固定资产清理	9 675 000
累计折旧	4 950 000
贷：固定资产——货运车	3 375 000
——专用设备	4 500 000
——客运汽车	6 750 000
借：固定资产——机器设备	4 200 000
——生产模具	7 875 000
应交税费——应交增值税（进项税额）	1 569 750

银行存款　　508 500

　　贷：固定资产清理　　12 525 000

　　　　应交税费——应交增值税（销项税额）　　1 628 250

借：固定资产清理　　2 850 000

　　贷：资产处置损益　　2 850 000

二、以账面价值为基础计量的非货币性资产交换

以账面价值为基础计量的非货币性资产交换，同时换入或换出多项资产的，应当按照下列规定进行处理：

1. 同时换入多项资产

对于同时换入多项资产，按照各项换入资产的公允价值的相对比例，将换出资产的账面价值总额（涉及补价的，加上支付补价的账面价值或减去收到补价的公允价值）分摊至各项换入资产，加上应支付的相关税费，作为各项换入资产的初始计量金额。换入资产的公允价值不能够可靠计量的，可以按照各项换入资产的原账面价值的相对比例或其他合理的比例对换出资产的账面价值进行分摊。

2. 同时换出多项资产

对于同时换出多项资产，各项换出资产终止确认时均不确认损益。

例 7－7 2020 年 2 月 15 日，淮洲公司因经营战略发生较大转变，产品结构发生较大调整，原生产厂房、专利技术等已不符合生产新产品的需要，经与广源公司协商，淮洲公司将其生产厂房连同专利技术与广源公司正在建造中的一幢建筑物、广源公司对联营企业丙公司的长期股权投资（采用权益法核算）进行交换。

淮洲公司换出生产厂房的账面原价为 1 000 000 元，已提折旧 625 000 元；专利技术账面原价为 375 000 元，已摊销为 187 500 元。广源公司在建工程截止到交换日的成本为 437 500 元，对丙公司的长期股权投资成本为 125 000 元。

淮洲公司的厂房公允价值难以取得，专利技术市场上并不多见，公允价值也不能可靠计量。广源公司的在建工程因完工程度难以合理确定，其公允价值不能可靠计量，由于丙公司不是上市公司，广源公司对丙公司长期股权投资的公允价值也不能可靠计量。假定淮洲公司、广源公司均未对上述资产计提减值准备。根据《关于全面推开营业税改征增值税试点的通知》（财税〔2016〕36 号），转让专利技术免征增值税。

淮洲公司因转让厂房向广源公司开具的增值税专用发票上注明的销售额为 375 000 元，销项税额为 33 750 元；广源公司因转让在建工程向淮洲公司开具的增值税专用发票上注明的销售额为 437 500 元，销项税额为 39 375 元。

本例中，交换不涉及收付货币性资产，属于非货币性资产交换。由于换入资产、换出资产的公允价值均不能可靠计量，两公司均应当以换出资产账面价值总额作为换入资产的总成本。各项换入资产的成本，应当按各项换入资产的账面价值占换入资产账面价值总额的比例分配后确定。

（1）淮洲公司的账务处理如下：

1）计算换入资产、换出资产账面价值总额。

换入资产账面价值总额＝437 500+125 000＝562 500（元）

换出资产账面价值总额＝(1 000 000−625 000)+(375 000−187 500)＝562 500（元）

2）计算换入资产总成本。

换入资产总成本＝562 500+33 750−39 375＝556 875（元）

3）计算各项换入资产成本。

在建工程成本＝556 875×(437 500÷562 500×100%)＝433 125（元）

长期股权投资成本＝556 875×(125 000÷562 500×100%)＝123 750（元）

4）会计分录。

借：固定资产清理	375 000	
累计折旧	625 000	
贷：固定资产——厂房		1 000 000
借：在建工程——××工程	433 125	
应交税费——应交增值税（进项税额）	39 375	
长期股权投资	123 750	
累计摊销	187 500	
贷：固定资产清理		375 000
无形资产——专利技术		375 000
应交税费——应交增值税（销项税额）		33 750

(2) 广源公司的账务处理如下：

1）计算换入资产、换出资产账面价值总额。

换入资产账面价值总额＝(1 000 000−625 000)+(375 000−187 500)＝562 500（元）

换出资产账面价值总额＝437 500+125 000＝562 500（元）

2）计算换入资产总成本。

换入资产总成本＝562 500+39 375−33 750＝568 125（元）

3）计算各项换入资产成本。

厂房成本＝568 125×(375 000÷562 500×100%)＝378 750（元）

专利技术成本＝568 125×(187 500÷562 500×100%)＝189 375（元）

4）会计分录。

借：固定资产清理	437 500	
贷：在建工程——××工程		437 500
借：固定资产——厂房	378 750	
应交税费——应交增值税（进项税额）	33 750	
无形资产——专利技术	189 375	
贷：固定资产清理		437 500
长期股权投资		125 000
应交税费——应交增值税（销项税额）		39 375

本章习题

一、单项选择题（下列答案中有一个答案是正确的，请将正确答案前的英文字母填入括号内）

1. 确定一项资产是货币性资产还是非货币性资产的主要依据是（　　）。
   A. 是否可以给企业带来经济利益
   B. 是否具有流动性
   C. 是否为出售而持有
   D. 将为企业带来的经济利益是否是固定或可确定的

2. 下列项目中，属于货币性资产的是（　　）。
   A. 作为交易性金融资产的股票投资　　B. 准备持有至到期的债券投资
   C. 不准备持有至到期的债券投资　　D. 作为其他权益工具投资的股票投资

3. 甲股份有限公司发生的下列非关联交易中，属于非货币性资产交换的是（　　）。
   A. 以公允价值为 360 万元的固定资产换入乙公司账面价值为 400 万元的无形资产，并支付补价 40 万元
   B. 以账面价值为 280 万元的固定资产换入丙公司公允价值为 200 万元的一项专利权，并收到补价 80 万元
   C. 以公允价值为 320 万元的长期股权投资换入丁公司账面价值为 460 万元的短期股票投资，并支付补价 140 万元
   D. 以账面价值为 420 万元、准备持有至到期的债券投资换入戊公司公允价值为 390 万元的一台设备，并收到补价 30 万元

4. 以下交易具有商业实质的是（　　）。
   A. 用 A 设备换入 B 设备
   B. 以一项长期股权投资换入另一项长期股权投资
   C. 以一批存货换入一项设备
   D. 以一批商品换入一批商品

5. 甲公司以 M 设备换入乙公司 N 设备，另向乙公司支付补价 5 万元，该项交换具有商业实质。交换日，M 设备账面原价为 66 万元，已计提折旧 9 万元，已计提减值准备 8 万元，公允价值无法合理确定；N 设备公允价值为 72 万元。假定不考虑其他因素，该项交换对甲公司当期损益的影响金额为（　　）万元。
   A. 0　　B. 18　　C. 11　　D. 6

6. 下列关于不具有商业实质的企业非货币性资产交换的会计处理表述中，不正确的是（　　）。
   A. 不涉及补价的，不应确认损益
   B. 涉及补价的，应当确认损益

C. 收到补价的，应以换出资产的账面价值减去收到的补价，加上应支付的相关税费，作为换入资产的成本

D. 支付补价的，应以换出资产的账面价值加上支付的补价和应支付的相关税费，作为换入资产的成本

7. 10月，甲公司以一台生产经营用设备换入乙公司的一辆生产经营用小轿车，该设备的账面原值为50万元，不含税公允价值为35万元，累计折旧为20万元；乙公司小轿车的不含税公允价值为29万元，账面原值为35万元，已提折旧3万元。双方协议，乙公司支付甲公司6.78万元补价，甲公司为换入小轿车发生相关税费3万元。甲公司未对该设备计提减值准备。假设交易具有商业实质，换入换出资产的公允价值均能可靠计量，适用的增值税税率为13%，则甲公司换入资产的入账价值为（　　）万元。

A. 30　　B. 29　　C. 32　　D. 27

8. 7月，A公司以一项固定资产与B公司的一项长期股权投资进行资产置换，A公司另向B公司支付补价3万元。资料如下：①A公司换出固定资产，原值为30万元，已计提折旧4.5万元，公允价值为27万元；②B公司换出长期股权投资，账面余额为28.5万元，已计提减值准备6万元，公允价值为30万元；假定该项交换具有商业实质且其换入或换出资产的公允价值均能够可靠地计量。则A公司该项非货币性资产交换产生的利得为（　　）万元（假定不考虑各种税费）。

A. 1.5　　B. 30　　C. 22.5　　D. 27

9. 苏威企业10月10日将一台机床换入一台设备，并收到对方支付的补价15.65万元。该机床的账面价值为120万元，不含增值税的公允价值为150万元，计税价格为140万元，适用的增值税税率为13%；换入设备的原账面价值为160万元，公允价值为135万元。苏威企业因该项非货币性资产交换影响损益的金额为（　　）万元。

A. 140　　B. 150　　C. 120　　D. 30

10. 爱尚公司以一台设备换入丰良公司的一项长期股权投资。换出设备的账面原价为1 200万元，已计提折旧50万元，未计提减值准备，公允价值为1 250万元；长期股权投资的账面价值为1 320万元，未计提减值准备，公允价值为1 200万元；丰良公司另外向爱尚公司支付现金50万元。假定该交换不具有商业实质且不考虑相关税费，爱尚公司应就此项非货币性资产交换确认的非货币性资产交换收益（损失以负数表示）为（　　）万元。

A. 5　　B. −2.8　　C. 2.08　　D. 0

11. 10月，甲公司用一台已使用2年的设备A从乙公司换入一台设备B，支付清理费1 000元，从乙公司收取补价4 000元。设备A的账面原价为50 000元，原预计使用年限为5年，预计净残值为0，并采用双倍余额递减法计提折旧，未计提减值准备；设备B的账面原价为24 000元，已提折旧3 000元。置换时，设备A的公允价值为26 000元，设备B的公允价值为22 000元。该交换不具有商业实质，且假定不考虑相关税费，则甲公司换入设备B的入账价值为（　　）元。

A. 16 840　　B. 15 000　　C. 18 240　　D. 20 000

12. 企业发生的具有商业实质且换入、换出资产的公允价值能够可靠计量的非货币性资产交换，在没有补价的情况下，如果同时换入多项资产，应当按照（　　）的比例，对换入资产的成本总额进行分配，以确定各项换入资产的入账价值。

A. 换入各项资产的公允价值占换入资产公允价值总额

B. 换出各项资产的公允价值占换出资产公允价值总额

C. 换入各项资产的账面价值占换入资产账面价值总额

D. 换出各项资产的账面价值占换出资产账面价值总额

13. 下列有关非货币性资产交换的核算中，正确的是（　　）。

A. 非货币性资产交换的核算中，无论是支付补价的一方还是收到补价的一方，都要解决换入资产的入账价值和确认换出资产的非货币性资产交换利得或损失的问题

B. 多项资产交换与单项资产交换的主要区别在于，需要对换入各项资产的价值进行分配，其分配方法按各项换入资产的公允价值占换入资产公允价值总额的比例进行分配，以确定各项换入资产的入账价值

C. 非货币性资产交换具有商业实质且公允价值能够可靠计量的，在发生补价的情况下，支付补价方，应当以换出资产的公允价值和应支付的相关税费，以及支付的补价作为换入资产的成本

D. 不具有商业实质的非货币性资产交换中，一般纳税人的增值税对换入或换出资产的入账价值一定无影响

14. 下列有关非货币性资产交换的说法中，不正确的是（　　）。

A. 非货币性资产交换可以涉及少量补价，通常以补价占整个资产交换金额的比例是否低于25%作为参考

B. 当交换具有商业实质并且公允价值能够可靠计量时，在不涉及补价的情况下，应当以换出资产的公允价值和应支付的相关税费作为换入资产的成本

C. 不具有商业实质的交换，在不涉及补价的情况下，应当以换出资产的账面价值和为换入资产支付的相关税费作为换入资产的成本（不考虑增值税）

D. 收到补价时应确认收益，支付补价时不能确认收益

15. 6月，A公司以无形资产交换B公司其他权益工具投资，假定该交易具有商业实质并且公允价值能够可靠计量。A公司另向B公司支付补价5万元。A公司换出无形资产的原值为1 800万元，累计摊销为900万元，计税价格为公允价值1 000万元。另以银行存款支付换入金融资产的相关税费10万元。假设不考虑增值税，则A公司换入可供出售金融资产的入账成本为（　　）万元。

A. 1 065　　B. 965　　C. 915　　D. 1 015

16. 3月，甲公司以其持有的5 000股丙公司股票交换乙公司生产的一台办公设备，并将换入办公设备作为固定资产核算。甲公司所持有丙公司股票的成本为18万元，累计确认公允价值变动收益为5万元，在交换日的公允价值为28万元。甲公司另向乙公司支付银行存

款 0.25 万元。乙公司用于交换的办公设备的账面余额为 20 万元，未计提跌价准备，在交换日的公允价值为 25 万元。乙公司换入丙公司股票作为交易性金融资产核算。甲公司和乙公司均为增值税一般纳税人，适用的增值税税率为 13%。不考虑转让金融资产的增值税。甲公司和乙公司不存在任何关联方关系。甲公司换入办公设备的入账价值是（　　）万元。

A. 20.00　　B. 25.00　　C. 24.25　　D. 29.25

17. 下列关于非货币性资产交换的描述，不正确的是（　　）。

A. 在同时换入多项资产，具有商业实质且换入资产的公允价值能够可靠计量的情况下，应当按照换入各项资产的公允价值占换入资产账面价值总额的比例，对换入资产的成本总额进行分配，确认各项换入资产的成本

B. 企业持有的应收账款、应收票据以及债权投资，均属于企业的货币性资产

C. 在具有商业实质且其公允价值能够可靠计量的非货币性资产交换中，换出资产的公允价值和账面价值之间的差额计入当期损益

D. 在不具有商业实质的情况下，交换双方不确认交换损益

18. 3 月 2 日，甲公司以账面价值为 350 万元的厂房和 150 万元的专利权，换入乙公司账面价值为 300 万元的在建房屋和 100 万元的长期股权投资，不涉及补价。上述资产的公允价值均无法获得。不考虑相关税费及其他因素，甲公司换入在建房屋的入账价值为（　　）万元。

A. 280　　B. 300　　C. 375　　D. 350

19. 10 月，大东公司以一台当年购入的设备与正保公司的一项专利权交换。设备的账面原值为 20 万元，折旧为 4 万元，已提减值准备 2 万元，公允价值 10 万元。大东公司另向正保公司支付银行存款 3 万元。假设该交换具有商业实质，不考虑增值税，则大东公司应确认的资产转让损失为（　　）万元。

A. 4　　B. 12　　C. 8　　D. 1

20. 2020 年 10 月，甲公司以自己生产经营用的华山牌客车和货车交换乙公司生产经营用的未来牌客车和货车（该交换不具有商业实质），有关资料如下：甲公司换出华山牌客车原值 100 万元，已计提折旧 16 万元，公允价值 80 万元；华山牌货车原值 80 万元，已计提折旧 26 万元，公允价值 60 万元。乙公司换出未来牌客车原值 50 万元，已计提折旧 10 万元，公允价值 30 万元；未来牌货车原值 130 万元，已计提折旧 20 万元，公允价值 116 万元。甲、乙公司均为增值税一般纳税人，适用的增值税税率为 13%，则甲公司取得的未来牌货车的入账价值为（　　）。

A. 111 万元　　B. 126 万元　　C. 101.2 万元　　D. 98.8 万元

二、多项选择题（下列答案中有多个答案是正确的，请将正确答案前的英文字母填入括号内）

1. 下列各项目中，属于货币性资产的有（　　）。

A. 存出投资款　　B. 银行本票存款
C. 交易性金融资产　　D. 债权投资
E. 其他权益工具投资

2. 以下不属于货币性资产的是（　　）。
A. 预付账款　　B. 长期股权投资
C. 分期收款发出商品　　D. 不准备持有至到期的债券投资
E. 应收补贴款

3. 具有商业实质且公允价值能够可靠计量的情况下，计算补价是否占整个交易金额25%比例时，下列公式中正确的有（　　）。
A. 收到的补价÷换出资产公允价值<25%
B. 收到的补价÷(收到的补价+换出资产公允价值)<25%
C. 支付的补价÷(支付的补价+换入资产的账面价值)<25%
D. 支付的补价÷(支付的补价+换出资产公允价值)<25%
E. 支付的补价÷换入资产的账面价值<25%

4. 下列各项交易中，属于非货币性资产交换的有（　　）。
A. 以固定资产换入股权　　B. 以银行汇票购买设备
C. 以银行本票购买固定资产　　D. 以无形资产换入设备
E. 以长期股权投资换入无形资产

5. 下列交易中，属于非货币性资产交换的有（　　）。
A. 以市价400万元的股票和票面金额200万元的应收票据换取公允价值为750万元的机床
B. 以账面价值为560万元，公允价值为600万元的厂房换取一套电子设备，另收取补价140万元
C. 以账面价值为560万元，公允价值为600万元的专利技术换取一套电子设备，另支付补价160万元
D. 以账面价值为560万元，公允价值为600万元的厂房换取一套电子设备，另收取补价200万元
E. 以账面价值为560万元，公允价值为600万元的厂房换取一套电子设备，另交付市价为120万元的债券

6. 甲股份有限公司发生的下列非关联交换中，属于非货币性资产交换的有（　　）。
A. 以公允价值为260万元的交易性金融资产换入乙公司账面价值为320万元的无形资产，并支付补价70万元
B. 以账面价值为280万元的固定资产换入丙公司公允价值为200万元的一项专利权，并支付补价30万元
C. 以公允价值为300万元的长期股权投资换入丁公司账面价值为500万元的设备，并收

到补价 75 万元

D. 以账面价值为 420 万元的债权投资换入戊公司公允价值为 390 万元的一台设备，并收到补价 30 万元

E. 以公允价值为 309 万元的交易性金融资产换入己公司账面价值为 420 万元的投资性房地产

7. 下列各项中，可视为非货币性资产交换具有商业实质的有（ ）。

A. 未来现金流量的风险、金额相同，时间相同

B. 未来现金流量的时间、金额相同，风险不同

C. 未来现金流量的风险、时间相同，金额不同

D. 未来现金流量的风险、时间、金额均不同

E. 换入资产与换出资产的预计未来现金流量不同且其差额与换入资产和换出资产的公允价值相比是重大的

8. 7 月 10 日，甲公司以其拥有的一辆作为固定资产核算的轿车换入乙公司一项非专利技术，并支付补价 5 万元。当日，甲公司该轿车原价为 80 万元，累计折旧为 16 万元，公允价值为 60 万元；乙公司该项非专利技术的公允价值为 65 万元。该项交换具有商业实质，不考虑相关税费及其他因素，甲公司进行的下列会计处理中，正确的有（ ）。

A. 按 5 万元确定营业外支出

B. 按 4 万元确定处置非流动资产损失

C. 按 1 万元确定处置非流动资产利得

D. 按 65 万元确定换入非专利技术的成本

E. 按 55 万元确定换入非专利技术的成本

9. 在收到补价的具有商业实质并且公允价值能够可靠计量的非货币性资产交换业务中，如果换入单项固定资产，影响固定资产入账价值的因素可能有（ ）。

A. 收到的补价　　　　B. 换入资产的账面价值

C. 换出资产的公允价值　　　　D. 换出资产的账面价值

E. 换入资产应缴的相关税金

10. 依据企业会计准则的规定，下列有关非货币性资产的表述中，正确的有（ ）。

A. 关联方关系的存在可能导致发生的非货币性资产交换不具有商业实质

B. 具有商业实质的，换入和换出资产的公允价值通常应当相等

C. 具有商业实质的，换出资产的公允价值与其账面价值之间的差额计入当期损益

D. 不具有商业实质的，应以换出资产的账面价值和应支付的相关税费为基础确定换入资产的成本，不确认损益

E. 具有商业实质的，以换出资产的公允价值和为换出资产而专门支付的相关税费来确定换入资产的成本，同时确认损益

11. 关于不具有商业实质的非货币性资产交换，下列项目会影响支付补价企业计算换入资产

入账价值的有（　　）。

A. 支付的补价　　B. 可以抵扣的进项税额

C. 换出资产已计提的减值准备　　D. 换入资产的账面价值

E. 换出资产的增值税销项税额

12. 下列关于以公允价值计量的企业非货币性资产交换会计处理的表述中，正确的有（　　）。

A. 换出资产为无形资产的，应将换出资产公允价值小于其账面价值的差额计入营业外支出

B. 换出资产为固定资产的，应将换出资产公允价值大于其账面价值的差额计入营业外收入

C. 换出资产为长期股权投资的，应将换出资产公允价值与其账面价值的差额计入投资收益

D. 换出资产为固定资产的，应将换出资产公允价值小于其账面价值的差额计入资产处置损益

E. 换出资产为投资性房地产的，应按换出资产的公允价值确认营业外收入

13. 在换入资产按公允价值计量的情况下，换出资产为固定资产、无形资产、投资性房地产的，其换出资产公允价值和换出资产账面价值的差额，可计入（　　）。

A. 营业外收入　　B. 其他业务收入　　C. 营业外支出

D. 其他业务成本　　E. 资产处置损益

14. 在不具有商业实质、不涉及补价的非货币性资产交换中，确定换入资产入账价值应考虑的因素有（　　）。

A. 换出资产的账面余额　　B. 换出资产计提的减值准备

C. 换出资产计提的折旧　　D. 换出资产应支付的相关税费

E. 换出资产账面价值与其公允价值的差额

15. 下列表述符合“换入资产或换出资产公允价值能够可靠计量”条件的有（　　）。

A. 换入资产或换出资产存在活跃市场

B. 换入资产或换出资产不存在活跃市场，但同类或类似资产存在活跃市场

C. 换入资产或换出资产不存在同类或类似资产的可比市场交易，应当采用估值技术确定其公允价值。该公允价值估计数的变动区间很小，或者在公允价值估计数变动区间内，各种用于确定公允价值估计数的概率能够合理确定

D. 能采用估值技术计算

E. 能估计未来现金流量和折现率来计算现值

三、判断题（正确的在括号内打“✓”，错误的打“×”）

1. 非货币性资产交换准则规范了所有非货币性资产交换，包括企业合并中发生的非货币性资产交换。（　　）

2. 应收票据和应收股利都属于货币性资产。（　　）

3. 应收账款和预付账款都属于货币性资产。（ ）

4. 由于增值税为价外税，所以增值税税率的变动对换入或换出资产的入账价值没有影响。（ ）

5. 由于债券投资到期均要兑换，所以无论企业是否准备将债券投资持有至到期，债券投资都属于货币性资产。（ ）

6. 非货币性资产交换中收到补价的一方要计算应确认的收益，不得计算应确认的损失。（ ）

7. 非货币性资产交换的核算中，无论是支付补价的一方还是收到补价的一方，都要解决换入资产的入账价值和换出资产的收益确认问题。（ ）

8. 对于具有商业实质且公允价值能够可靠计量的非货币性资产交换，若涉及多项资产，在没有补价的情况下，应按换入各项资产的公允价值占换入资产公允价值总额的比例，对换入资产的成本总额进行分配，以确定各项换入资产的入账价值。（ ）

9. 非货币性资产交换具有商业实质且公允价值能够可靠计量的，应按公允价值计量换入资产成本，换出资产公允价值大于其账面价值的差额，均应计入营业外收入。（ ）

10. 在非货币性资产交换中，换出无形资产如涉及税费，应当将其计入换入资产的入账价值。（ ）

11. 在不具有商业实质的非货币性资产交换中，收到补价的一方，应当按照换出资产的账面价值减去收到的补价再加上为换入资产支付的相关税费，作为换入资产的入账价值。（ ）

12. 换入资产和换出资产公允价值均能够可靠计量的，在具有商业实质的情况下，必须以换出资产的公允价值作为确定换入资产成本的基础。（ ）

13. 某企业以其不准备持有至到期的国库券换入一幢房屋以备出租，该项交易具有商业实质。（ ）

14. 以账面价值 500 万元，准备持有至到期的长期债券投资换入 A 公司公允价值为 490 万元的专利技术，并支付补价 10 万，该项非关联交易属于非货币性资产交换。（ ）

15. 非货币性资产交换不具有商业实质的，对于换出资产公允价值与账面价值的差额通常不确认损益。（ ）

四、计算及账务处理题

1. 某年末，甲公司以持有的股票投资交换乙公司的一台生产设备，换入的生产设备作为固定资产管理。在交换日，甲公司股票投资的账面余额为 100 000 元，其中成本 80 000 元，累计公允价值上升 20 000 元，公允价值即市价为 85 000 元；乙公司生产设备的账面原价为 120 000 元，已计提的累计折旧为 30 000 元，支付清理费 5 000 元，公允价值 85 000 元，增值税税率 13%，没有计提减值准备，甲公司支付补价 11 050 元，该交易具有商业实质。甲、乙公司均将股票投资作为“交易性金融资产”核算，不考虑转让金融资产的增值税。

要求：写出甲、乙公司与交易相关的会计分录。

2. 7月，胜利公司决定以投资性房地产和交易性金融资产——B股票与A公司交换其持有的长期股权投资。胜利公司投资性房地产账面余额为150万元（其中，累计公允价值变动为0），公允价值（计税价格）为200万元；B股票的账面余额为260万元（其中：成本为210万元，公允价值变动为50万元），公允价值为300万元。A公司的长期股权投资的账面余额为440万元，公允价值为480万元，另外A公司向胜利公司支付银行存款38万元作为补价。胜利公司和A公司换入的资产均不改变其用途。投资性房地产采用公允价值模式计量。

假设两公司都没有为资产计提减值准备，整个交易过程中没有发生除增值税以外的其他相关税费，胜利公司和A公司均为增值税一般纳税人。转让不动产适用增值税税率9%，不考虑转让金融资产的增值税。非货币性资产交换具有商业实质且公允价值能够可靠计量。

要求：

（1）计算胜利公司换入长期股权投资的成本。

（2）编制胜利公司有关会计分录。

（3）计算A公司换入各项资产的成本。

（4）编制A公司有关会计分录。

3. 6月，A公司决定和B公司进行非货币性资产交换，有关资料如下：

（1）A公司换出：

1）固定资产——机床：原价为120万元，累计折旧为10万元，公允价值为130万元。

2）无形资产——专利权：初始成本为100万元，累计摊销额为10万元，计提减值准备20万元，公允价值为80万元。

3）固定资产——电子设备：原价为90万元，累计折旧为10万元，公允价值为100万元。

A公司换出资产公允价值合计310万元。

（2）B公司换出：

1）固定资产——客运汽车：原价为140万元，累计折旧为10万元，公允价值为140万元。

2）固定资产——货运汽车：原价为120万元，累计折旧为20万元，公允价值为100万元。

3）固定资产——办公设备：原价为110万元，累计折旧为20万元，公允价值为90万元。

B公司换出资产公允价值合计330万元。

A、B公司的增值税税率为13%，假设各自的计税价格都等于公允价值。整个交换过程中没有发生除增值税（转让专利权适用增值税税率6%）以外的其他相关税费。A公司另外向B公司支付银行存款28.2万元作为补价。双方的交换具有商业实质且其换入或换出资产的公允价值能够可靠地计量。

要求：编制A公司和B公司的会计分录。

4. 10月，东方公司以一项长期股权投资与红晶公司交换一幢办公楼和一项无形资产。东方公司的长期股权投资账面余额为1 000万元，计提减值准备120万元，公允价值为760万元。红晶公司的办公楼原价为320万元，累计折旧160万元，公允价值为200万元；无形资产账面价值为680万元，公允价值为600万元。东方公司支付给红晶公司银行存款40万元。假设不考虑相关税费，该交换具有商业实质且换出资产和换入资产的公允价值均能够可靠地计量。

要求：

(1) 计算东方公司换入各项资产的入账价值。

(2) 编制东方公司的有关会计分录。

(答案中的金额单位用万元表示)

第八章

Chapter Eight

债务重组

本章学习目标

- 掌握债务重组的含义、方式
- 掌握《企业会计准则第 12 号——债务重组》中关于不同方式进行债务重组业务的核算方法
- 熟悉债务重组会计核算岗位的工作职责和账务处理流程，能根据原始凭证正确分析经济业务，熟练进行债务重组业务的会计处理

本章主要科目

- 营业外收入
- 营业外支出

第一节 债务重组概述

一、债务重组的含义

债务重组是指在债务人发生财务困难的情况下，债权人按照其与债务人达成的协议或者法院的裁定做出让步的事项。

债务人发生财务困难是指因债务人出现资金周转困难、经营陷入困境或者其他方面的原因，导致其无法或者没有能力按原定条件偿还债务。债权人做出让步是指债权人同意发生财务困难的债务人现在或者将来以低于重组债务账面价值的金额或者价值偿还债务。债权人做出让步的情形主要包括债权人减免债务人部分债务本金或者利息、降低债务人应付债务的利率等。

提示 债务人发生财务困难、债权人做出让步是会计准则中债务重组的基本特征。

债务重组又称债务重整，与同样具有消灭债权债务关系功能的破产程序相比，债务重组体现为双方当事人之间的谈判与协议的过程，法律干预程度较低，与破产程序的“法定准则”及“司法主导”两大特征形成鲜明的对比。但是，债务重组既然是当事人之间的协商活动，也应当贯彻、体现法律对缔约过程所要求的平等、自愿、互利诸原则，以均衡双方当事人的利益。由于债务重组本身意味着债权人做出了让步，遭受了一定的利益损失，这就更需要人们关注如何在这一协议过程中实现利益均衡的问题。

二、债务重组的方式

债务重组的方式主要有以下几种：

(1) 以资产清偿债务。

(2) 将债务转为资本。

(3) 修改其他债务条件。

(4) 将以上三种方式进行组合。

第二节 以资产清偿债务

一、以资产清偿债务的含义

以资产清偿债务是指债务人转让其资产给债权人以清偿债务的债务重组方式。

债务人用于清偿债务的资产主要有：现金、存货、金融资产、固定资产、无形资产等。

此处的现金包括库存现金、银行存款和其他货币资金。

二、以资产清偿债务的核算

（一）以现金清偿债务的核算

1. 债务人的核算

以现金清偿债务的，债务人应当在满足金融负债终止确认条件时，终止确认重组债务，并将重组债务的账面价值与实际支付现金之间的差额确认为债务重组利得，计入营业外收入。重组债务的账面价值，一般为债务的面值或本金（如应付账款），重组债务如有利息的，还应加上应计未付利息（如长期借款等）。

2. 债权人的核算

债权人应当在满足金融资产终止确认条件时，终止确认重组债权，并将重组债权的账面余额与收到的现金之间的差额确认为债务重组损失，计入营业外支出。债权人已对债权计提减值准备的，应当先将该差额冲减减值准备，冲减后尚有余额的，计入营业外支出；若冲减后减值准备仍有余额的，应予转回并抵减当期信用减值损失。

例 8-1 淮洲公司于3月5日从兴盛公司购买一批材料（如无特殊说明，本章中各公司均为增值税一般纳税人），增值税专用发票上的价款为400 000元，增值税额为52 000元。按合同规定：淮洲公司应于6月5日前偿付价款。由于淮洲公司发生财务困难，无法按合同规定的期限偿还债务，经双方协商于次年3月1日进行债务重组。债务重组协议规定，兴盛公司同意减免淮洲公司50 000元债务，余额用现金立即清偿。兴盛公司于3月8日收到淮洲公司通过银行转账偿还的剩余款项。兴盛公司已为该项应收账款计提了20 000元坏账准备。

（1）淮洲公司的账务处理：

计算债务重组利得：

应付账款账面余额	452 000
减：支付的现金	402 000
债务重组利得	50 000

会计分录为：

借：应付账款——兴盛公司	452 000	
贷：银行存款		402 000
营业外收入——债务重组利得		50 000

（2）兴盛公司账务处理：

计算债务重组损失：

应收账款账面余额	452 000
减：收到的现金	402 000
差额	50 000
减：已计提坏账准备	20 000
债务重组损失	30 000

会计分录为：

借：银行存款	402 000
坏账准备	20 000
营业外支出——债务重组损失	30 000
贷：应收账款——淮洲公司	452 000

（二）以非现金资产清偿债务的核算

1. 债权人的核算

债务人以非现金资产清偿债务，债权人在债务重组日，按照非现金资产的公允价值作为受让资产的入账价值。债权人应当在满足金融资产终止确认条件时，终止确认重组债权，并将重组债权的账面余额与受让的非现金资产的公允价值之间的差额，计入当期损益。债权人已对债权计提减值准备的，应当先将该差额冲减减值准备，冲减后尚有余额的计入营业外支出；若冲减后减值准备仍有余额的，应予转回并抵减当期信用减值损失。

注意 债权人收到的相关非现金资产的公允价值，应按照《企业会计准则第39号——公允价值计量》计算确定。

2. 债务人的核算

以非现金资产清偿债务的，债务人应当在满足金融负债终止确认条件时，终止确认重组债务，并将重组债务的账面价值与转让的非现金资产的公允价值之间的差额确认为债务重组利得，计入营业外收入。转让的非现金资产的公允价值与其账面价值的差额为资产转让损益，计入当期损益。非现金资产的账面价值，一般为非现金资产的账面原价扣除累计折旧或累计摊销，以及资产减值准备后的金额。

提示 债务人在转让非现金资产过程中发生的一些税费，如资产评估费、运杂费等，直接计入资产转让损益。

企业以非现金资产清偿债务的，因非现金资产类别不同，其会计处理也略有不同。

（1）以库存材料、商品产品抵偿债务。

债务人以库存材料、商品产品抵偿债务，应视同销售进行会计处理。企业可将该项业务分为两部分：① 将库存材料、商品产品出售给债权人，取得货款。出售库存材料、商品产品业务与企业正常的销售业务处理相同，其发生的损益计入当期损益；② 以取得的货币清偿债务。当然在这项业务中并没有发生实际的货币流入和流出。

例 8-2 淮洲公司从南方公司购买了一批货物，货款800 000元（包括应收取的增值税额），按照购销合同约定，淮洲公司应于10月5日前支付该货款，但至12月31日淮洲公司尚未支付。由于淮洲公司财务发生困难，短期内不能偿还债务，经双方协商，南方公司同意淮洲公司以其生产的产品偿还债务。该产品的公允价值为650 000元，实际成本为550 000元，适用的增值税税率为13%。南方公司于次年1月5日收到淮洲公司抵债的产品，并作为商品入库。南方公司对该项应收账款计提了15 000元坏账准备。

（1）淮洲公司的账务处理：

计算债务重组利得：

800 000-(650 000+650 000×13%)=65 500（元）

借：应付账款——南方公司	800 000	
贷：主营业务收入		650 000
应交税费——应交增值税（销项税额）		84 500
营业外收入——债务重组利得		65 500

同时，结转该批产品成本：

借：主营业务成本	550 000	
贷：库存商品		550 000

提示 销售产品取得的利润体现在主营业务利润中，债务重组利得作为营业外收入处理。

（2）南方公司的账务处理：

计算债务重组损失：

重组债权的账面价值与受让的产成品公允价值和未支付的增值税进项税额的差额=800 000-15 000-650 000-650 000×13%=50 500（元）

借：库存商品	650 000	
应交税费——应交增值税（进项税额）	84 500	
坏账准备	15 000	
营业外支出——债务重组损失	50 500	
贷：应收账款——淮洲公司		800 000

（2）以固定资产清偿债务。

债务人以固定资产清偿债务，应将固定资产的公允价值与该项固定资产账面价值和清理费用的差额作为转让固定资产的损益处理。将固定资产公允价值与重组债务的账面价值的差额，作为债务重组利得。

例8-3 4月2日，淮洲公司从东方公司购买一批材料，价款2 100 000元（包括应收取的增值税额），按购销合同约定，淮洲公司应于6月2日前支付价款，但至7月31日淮洲公司尚未支付。由于淮洲公司发生财务困难，短期内无法偿还债务。经过协商，东方公司同意淮洲公司用其一台甲设备抵偿债务。甲设备的账面原价为2 800 000元，累计折旧为1 180 000元，公允价值为1 550 000元，该设备为2011年购置。抵债甲设备已于9月10日运抵东方公司，东方公司将其用于本企业的产品生产。

（1）淮洲公司的账务处理：

计算债务重组利得：

2 100 000-(1 550 000+1 550 000×13%)=348 500（元）

计算固定资产清理损益：

1 550 000-(2 800 000-1 180 000)= -70 000（元）

1）将固定资产净值转入固定资产清理：

借：固定资产清理——甲设备　　1 620 000
　　累计折旧　　1 180 000
　　贷：固定资产——甲设备　　2 800 000

2）结转债务重组利得：

借：应付账款——东方公司　　2 100 000
　　贷：固定资产清理——甲设备　　1 550 000
　　　　应交税费——应交增值税（销项税额）　　201 500
　　　　营业外收入——债务重组利得　　348 500

3）结转固定资产清理损失：

借：资产处置损益　　70 000
　　贷：固定资产清理——甲设备　　70 000

（2）东方公司的账务处理：

计算债务重组损失：

2 100 000-(1 550 000+1 550 000×13%)= 348 500（元）

借：固定资产——甲设备　　1 550 000
　　应交税费——应交增值税（进项税额）　　201 500
　　营业外支出——债务重组损失　　348 500
　　贷：应收账款——淮洲公司　　2 100 000

（3）以股票、债券等金融资产清偿债务。

债务人以股票、债券等金融资产清偿债务，应按相关金融资产的公允价值与其账面价值的差额，作为转让金融资产的利得或损失处理；相关金融资产的公允价值与重组债务的账面价值的差额，作为债务重组利得。债权人收到的相关金融资产按公允价值计量。

例 8-4　淮洲公司于4月1日从北方公司购买一批产品，货款600 000元（包括应收取的增值税额），按购销合同约定，淮洲公司应于9月1日前支付货款，但至10月20日淮洲公司尚未支付。由于淮洲公司发生财务困难，短期内无法偿还债务。经过协商，北方公司同意淮洲公司用其所持有的作为可供出售金融资产核算的A公司股票抵偿债务。该股票账面价值540 000元，公允价值变动计入其他综合收益的金额为0，债务重组日的公允价值为560 000元。北方公司为该项应收账款提取了坏账准备30 000元。用于抵债的股票已于10月25日办理了相关转让手续，北方公司将取得的股票作为交易性金融资产核算。假定不考虑相关税费和其他因素。

（1）淮洲公司的账务处理：

计算债务重组利得：

600 000-560 000=40 000（元）

转让股票收益：

560 000-540 000=20 000（元）

借：应付账款——北方公司　　600 000
　贷：交易性金融资产——A公司股票——成本　　540 000
　　营业外收入——债务重组利得　　40 000
　　投资收益　　20 000

（2）北方公司的账务处理：

计算债务重组损失：

600 000-560 000-30 000=10 000（元）

借：交易性金融资产——A公司股票——成本　　560 000
　坏账准备　　30 000
　营业外支出——债务重组损失　　10 000
　贷：应收账款——淮洲公司　　600 000

第三节 将债务转为资本

一、将债务转为资本的含义

将债务转为资本是指债务人将债务转为资本，同时债权人将债权转为股权的债务重组方式。其结果是，债务人因此而增加股本（或实收资本），债权人因此而增加长期股权投资等。债务人根据转换协议，将应付可转换公司债券转为资本的，属于正常情况下的债务转为资本，不能作为本项目所指的债务重组。

二、将债务转为资本的核算

将债务转为资本，应分以下情况处理：

1. 债务人的核算

（1）债务人为股份有限公司时，应当在满足金融负债终止确认条件时，终止确认重组债务，并将债权人放弃债权而享有股份的面值总额确认为股本；股份的公允价值总额与股本之间的差额确认为股本溢价，计入资本公积。重组债务账面价值超过股份的公允价值总额的差额，作为债务重组利得，计入当期营业外收入。

（2）债务人为其他企业时，应当在满足金融负债终止确认条件时，终止确认重组债务，并将债权人放弃债权而享有的股权份额确认为实收资本；股权的公允价值与实收资本之间的差额确认为资本溢价，计入资本公积。重组债务账面价值超过股权的公允价值的差额，作为债务重组利得，计入当期营业外收入。

2. 债权人的核算

债权人应当在满足金融资产终止确认条件时，终止确认重组债权，并将因放弃债权而享有股份的公允价值确认为对债务人的投资，重组债权的账面余额与股份的公允价值之间的差额确认为债务重组损失，计入当期营业外支出。债权人已对债权计提减值准备的，应当先将该差额冲减减值准备，减值准备不足以冲减的部分，作为债务重组损失，计入当期营业外支出。减值准备冲减后仍有余额的，应予转回并抵减当期信用减值损失。发生的相关税费，分别按照长期股权投资或者金融工具确认计量的规定进行处理。

例 8-5 2月10日，淮洲公司从南方公司购买一批材料，价款300 000元（包括应收取的增值税额），合同约定6个月后结清款项。6个月后，由于淮洲公司发生财务困难，无法支付该价款，与南方公司协商进行债务重组。经双方协议，南方公司同意淮洲公司将该债务转为淮洲公司的股份。南方公司对该项应收账款计提了坏账准备18 000元。转股后淮洲公司注册资本为5 000 000元，抵债股权占淮洲公司注册资本的3%。假定南方公司将债权转为股权后，长期股权投资按照成本法核算。债务重组日，抵债股权的公允价值为252 000元。11月1日，相关手续办理完毕。假定不考虑其他相关税费。

（1）淮洲公司的账务处理：

计算应计入资本公积的金额：

252 000−5 000 000×3%＝102 000（元）

计算债务重组利得：

300 000−252 000＝48 000（元）

借：应付账款——南方公司	300 000	
贷：实收资本——南方公司		150 000
资本公积——资本溢价		102 000
营业外收入——债务重组利得		48 000

（2）南方公司的账务处理：

计算债务重组损失：

300 000−252 000−18 000＝30 000（元）

借：长期股权投资——淮洲公司	252 000	
坏账准备	18 000	
营业外支出——债务重组损失	30 000	
贷：应收账款——淮洲公司		300 000

第四节 修改其他债务条件

一、修改其他债务条件的含义

修改其他债务条件是指修改不包括以资产清偿债务及债务转为资本两种方式在内的其他债务条件进行债务重组的方式，如减少债务本金、降低利率、减少或免去债务利息、延长偿还期限等。

二、修改其他债务条件的核算

企业采用修改其他债务条件进行债务重组的，应当区分是否涉及或有应付（或应收）金额进行会计处理。或有应付（或应收）金额是指需要根据未来某种事项出现而发生的应付（或应收）金额，而且该未来事项的出现具有不确定性。

1. 不涉及或有应付（或应收）金额的债务重组

以修改其他债务条件进行债务重组的，如果修改后的债务条款中不涉及或有应付金额，则债务人应当将重组债务的账面价值大于重组后债务的入账价值的差额作为债务重组利得，计入营业外收入。

以修改其他债务条件进行债务重组的，如果修改后的债务条款中不涉及或有应收金额，债权人应当将修改其他债务条件后的债权的公允价值作为重组后债权的账面价值，重组债权的账面余额与重组后债权的账面价值之间的差额作为债务重组损失，计入营业外支出。如果债权人已对该债权计提减值准备，应当先将该差额冲减减值准备，减值准备不足以冲减的部分作为债务重组损失，计入营业外支出。减值准备冲减后仍有余额的，应予以转回并抵减当期信用减值损失。

例 8-6 至 12 月 31 日，淮洲公司从交通银行贷款的账面余额为 1 070 万元，其中 70 万元为累计应付的利息，贷款年利率为 7%。由于淮洲公司连年亏损，资金周转困难，不能偿付应于当年 12 月 31 日到期的贷款。经双方协商，于次年 1 月 1 日进行债务重组。交通银行同意将贷款本金减至 800 万元，免去债务人所欠的全部利息，将利率从 7% 降至 5%（等于实际利率），并将债务到期日延长至第三年 12 月 31 日，利息按年支付。该项债务重组协议从协议签订日起开始实施。交通银行为该项贷款计提了 50 万元的贷款减值准备。

（1）淮洲公司的账务处理：

1）次年 1 月 1 日，计算债务重组利得：

10 700 000−8 000 000＝2 700 000（元）

借：长期借款——交通银行	10 700 000	
贷：长期借款——债务重组——交通银行		8 000 000
营业外收入——债务重组利得		2 700 000

2）次年 12 月 31 日，计提和支付利息：

借：财务费用	400 000	
贷：应付利息——交通银行		400 000
借：应付利息——交通银行	400 000	
贷：银行存款		400 000

3）第三年 12 月 31 日，偿还本金及最后一年利息：

借：财务费用	400 000	
贷：应付利息——交通银行		400 000
借：长期借款——债务重组——交通银行	8 000 000	

应付利息——交通银行　　400 000

　　贷：银行存款　　8 400 000

(2) 交通银行的账务处理：

1) 次年1月1日，计算债务重组损失：

10 700 000−8 000 000−500 000＝2 200 000（元）

借：长期贷款——债务重组——淮洲公司——本金　8 000 000

　　贷款减值准备　　500 000

　　营业外支出——债务重组损失　　2 200 000

　　贷：长期贷款——淮洲公司——本金、利息调整、应计利息

　　　　　　10 700 000

2) 次年12月31日，收到利息：

借：吸收存款——淮洲公司　　400 000

　　贷：利息收入　　400 000

3) 第三年12月31日，收到本金及最后一年利息：

借：吸收存款——淮洲公司　　8 400 000

　　贷：长期贷款——债务重组——淮洲公司——本金　8 000 000

　　　　利息收入　　400 000

2. 涉及或有应付（或应收）金额的债务重组

以修改其他债务条件进行债务重组的，修改后的债务条款如涉及或有应付金额，且该或有应付金额符合《企业会计准则第13号——或有事项》中有关预计负债确认条件的，债务人应当将该或有应付金额确认为预计负债。例如，债务重组协议规定，债务人在债务重组后一定期间内，其业绩改善到一定程度或者符合一定要求（如扭亏为盈、摆脱财务困境等），应向债权人额外支付一定款项，当债务人承担的或有应付金额符合预计负债确认条件时，应当将该或有应付金额确认为预计负债。重组债务的账面价值与重组后债务的入账价值和预计负债金额之和的差额作为债务重组利得，计入营业外收入。或有应付金额在随后的会计期间没有发生的，企业应当冲销已确认的预计负债，同时确认营业外收入。

以修改其他债务条件进行债务重组的，修改后的债务条款中涉及或有应收金额的，债权人不应当确认或有应收金额，不得将其计入重组后债权的账面价值。根据谨慎性要求，或有应收金额属于或有资产，或有资产不予确认。只有在或有应收金额实际发生时，才计入当期损益。

第五节　组合方式进行债务重组

一、组合方式债务重组的含义

组合方式进行债务重组是指采用以资产清偿债务、债务转为资本及修改其他债务条件三

种方式共同清偿债务的债务重组方式。例如，以转让资产清偿某项债务的一部分，另一部分债务通过修改其他债务条件进行债务重组。

二、组合方式债务重组的核算

前述三种方式的组合方式进行债务重组，主要有以下几种情况：

（1）债务人以现金、非现金资产两种方式的组合清偿某项债务的，应将重组债务的账面价值与支付的现金、转让的非现金资产的公允价值之间的差额作为债务重组利得。非现金资产的公允价值与其账面价值的差额作为资产转让损益。

债权人应将重组债权的账面余额与收到的现金、受让的非现金资产的公允价值，以及已提坏账准备之间的差额作为债务重组损失。

（2）债务人以现金、债务转为资本两种方式的组合清偿某项债务的，应将重组债务的账面价值与支付的现金、债权人因放弃债权而享有的股权的公允价值之间的差额作为债务重组利得。股权的公允价值与股本（或实收资本）的差额作为资本公积。

债权人应将重组债权的账面余额与收到的现金、因放弃债权而享有股权的公允价值，以及已提坏账准备之间的差额作为债务重组损失。

（3）债务人以非现金资产、债务转为资本两种方式的组合清偿某项债务的，应将重组债务的账面价值与转让的非现金资产的公允价值、债权人因放弃债权而享有的股权的公允价值之间的差额作为债务重组利得。非现金资产的公允价值与账面价值的差额作为资产转让损益；股权的公允价值与股本（或实收资本）的差额作为资本公积。

债权人应将重组债权的账面余额与受让的非现金资产的公允价值、因放弃债权而享有的股权的公允价值，以及已提坏账准备的差额作为债务重组损失。

（4）债务人以现金、非现金资产、债务转为资本三种方式的组合清偿某项债务的，应将重组债务的账面价值与支付的现金、转让的非现金资产的公允价值、债权人因放弃债权而享有股权的公允价值的差额作为债务重组利得。非现金资产的公允价值与账面价值的差额作为资产转让损益；股权的公允价值与股本（或实收资本）的差额作为资本公积。

债权人应将重组债权的账面余额与收到的现金、受让的非现金资产的公允价值、因放弃债权而享有的股权的公允价值，以及已提坏账准备的差额作为债务重组损失。

（5）以资产、债务转为资本等方式清偿某项债务的一部分，并对该项债务的另一部分以修改其他债务条件进行债务重组。在这种方式下，债务人应先以公允价值冲减重组债务的账面价值，余额与将来应付金额进行比较，据此计算债务重组利得。非现金资产的公允价值与其账面价值的差额作为资产转让损益；股权的公允价值与股本（或实收资本）的差额作为资本公积。

债权人应先以收到的现金、受让的非现金资产的公允价值、因放弃债权而享有的股权的公允价值冲减重组债权的账面价值，余额与将来应收金额进行比较，据此计算债务重组损失。

例 8-7 1月10日，淮洲公司从南方公司购买一批产品，价款1 300 000元（包括应收取的增值税额）。至12月31日，南方公司对该应收账款计提的坏账准备为18 000元。由于淮洲公司发生财务困难，无法偿还债务，与南方公司协商进行债务重组。次年1月1日，淮洲公司与南方公司达成债务重组协议如下：

（1）淮洲公司以甲材料一批偿还部分债务。该批材料的账面价值为280 000元（未提取存货跌价准备），公允价值为300 000元，适用的增值税税率为13%。假定材料同日送抵南方公司，淮洲公司开出增值税专用发票，南方公司将该批材料作为原材料验收入库。

（2）将250 000元的债务转为淮洲公司的股份，其中50 000元为股份面值。假定股份转让手续同日办理完毕，南方公司将其作为长期股权投资核算。

（3）南方公司同意减免淮洲公司所负全部债务扣除实物抵债和股权抵债后剩余债务的40%，其余债务的偿还期延长至次年6月30日。

（1）淮洲公司账务处理：

债务重组后债务的公允价值=［1 300 000−300 000×(1+13%)−250 000］×(1−40%)

= 711 000×60%=426 600（元）

债务重组利得=1 300 000−339 000−250 000−426 600=284 400（元）

借：应付账款——南方公司　1 300 000

贷：其他业务收入——销售甲材料　300 000

应交税费——应交增值税（销项税额）　39 000

股本　50 000

资本公积——股本溢价　200 000

应付账款——债务重组——南方公司　426 600

营业外收入——债务重组利得　284 400

同时，结转材料成本：

借：其他业务成本——销售甲材料　280 000

贷：原材料——甲材料　280 000

（2）南方公司的账务处理：

债务重组损失=1 300 000−339 000−250 000−426 600−18 000

=266 400（元）

借：原材料——甲材料　300 000

应交税费——应交增值税（进项税额）　39 000

长期股权投资——淮洲公司　250 000

应收账款——债务重组——淮洲公司　426 600

坏账准备　18 000

营业外支出——债务重组损失　266 400

贷：应收账款——淮洲公司　1 300 000

本章习题

一、单项选择题（下列答案中有一个答案是正确的，请将正确答案前的英文字母填入括号内）

1. 甲公司因乙公司发生严重财务困难，预计难以全额收回乙公司所欠货款 120 万元，经协商，乙公司以银行存款 90 万元结清了全部债务。甲公司对该项应收账款已计提坏账准备 12 万元。假定不考虑其他因素，债务重组日甲公司应确认的损失为（　　）万元。

   A. 0　　B. 12　　C. 18　　D. 30

2. 下列各项以非现金资产清偿全部债务的债务重组中，属于债务人债务重组利得的是(　　)。

   A. 非现金资产账面价值小于其公允价值的差额
   B. 非现金资产账面价值大于其公允价值的差额
   C. 非现金资产公允价值小于重组债务账面价值的差额
   D. 非现金资产账面价值小于重组债务账面价值的差额

3. 甲公司为增值税一般纳税人，适用的增值税税率为 13%。甲公司与乙公司就其所欠乙公司购货款 420 万元进行债务重组。根据协议，甲公司以其产品抵偿债务；甲公司交付产品后双方的债权债务结清。甲公司已将用于抵债的产品发出，并开出增值税专用发票。甲公司用于抵债产品的账面余额为 300 万元，已计提的存货跌价准备为 30 万元，公允价值（计税价格）为 350 万元。甲公司对该债务重组应确认的债务重组利得为（　　）万元。

   A. 70　　B. 24.5　　C. 60.5　　D. 69

4. 对于以非现金资产清偿债务的债务重组，下列各项中，债权人应确认债务重组损失的是（　　）。

   A. 收到的非现金资产公允价值小于该资产原账面价值的差额
   B. 收到的非现金资产公允价值大于该资产原账面价值的差额
   C. 收到的非现金资产公允价值小于重组债权账面价值的差额
   D. 收到的非现金资产原账面价值小于重组债权账面价值的差额

5. 下列关于债务重组会计处理的表述中，正确的是（　　）。

   A. 债务人以债转股方式抵偿债务的，债务人将重组债务的账面价值大于相关股份公允价值的差额计入资本公积
   B. 债务人以债转股方式抵偿债务的，债权人将重组债权的账面价值大于相关股权公允价值的差额计入营业外支出
   C. 债务人以非现金资产抵偿债务的，债权人将重组债权的账面价值大于受让非现金资产公允价值的差额计入信用减值损失
   D. 债务人以非现金资产抵偿债务的，债务人将重组债务的账面价值大于转让非现金资产

公允价值的差额计入其他业务收入

6. A公司赊销一批商品给B公司，含税价为15万元。由于B公司发生财务困难，无法偿付该应付账款。6月1日，A公司与B公司进行债务重组，A公司同意B公司以其普通股3万股抵偿该项债务，该股票每股面值为1元，每股市价为4元。A公司对该项债权计提了2万元坏账准备。假定不考虑其他因素，下列说法正确的是（　　）。

A. A公司应确认债务重组损失10万元，B公司应确认债务重组利得12万元

B. A公司应确认债务重组损失1万元，B公司应确认债务重组利得12万元

C. A公司应确认债务重组损失1万元，B公司应确认债务重组利得3万元

D. A公司应确认债务重组损失3万元，B公司应确认债务重组利得3万元

7. 因债务重组已确认为预计负债的或有应付金额，在随后会计期间最终没有发生的，企业应冲销已确认的预计负债，同时确认为（　　）。

A. 资本公积　　B. 财务费用　　C. 营业外支出　　D. 营业外收入

8. 7月5日，甲公司与乙公司协商债务重组，同意免去乙公司前欠款中的10万元，剩余款项在9月30日支付；同时约定，截至9月30日，乙公司如果经营状况好转，现金流量充裕，应再偿还甲公司6万元。当日，甲公司估计这6万元届时被偿还的可能性为70%。7月5日，甲公司应确认的债务重组损失为（　　）万元。

A. 4　　B. 5.8　　C. 6　　D. 10

9. M公司和N公司均系增值税一般纳税人，适用的增值税税率均为13%。M公司销售给N公司一批商品，价款为100万元，增值税额为13万元，款项未收到。到期时因N公司发生资金困难，已无力偿还M公司的全部款项，经协商，M公司同意货款中的20万元延期收回，不考虑货币时间价值，剩余款项N公司分别用一批材料和一项长期股权投资予以抵偿。已知，原材料的账面余额25万元，已提存货跌价准备1万元，公允价值30万元；长期股权投资账面余额42.5万元，已提减值准备2.5万元，公允价值45万元。对于上述债务重组，N公司应计入营业外收入的金额为（　　）万元。

A. 16　　B. 14.1　　C. 26.9　　D. 0

10. 2月20日，正保公司销售一批材料给大华公司，同时收到大华公司签发并承兑的一张面值100 000元、年利率7%、期限为6个月、到期还本付息的票据。8月20日，大华公司发生财务困难，无法兑现票据，经双方协议，正保公司同意大华公司以其普通股抵偿该票据。假设普通股的面值为1元，大华公司以5 000股抵偿该项债务，股票市价为每股10元。大华公司应确认的资本公积为（　　）元。

A. 12 500　　B. 500　　C. 45 000　　D. 50 000

11. 1月10日，因B公司出现严重财务困难，无力支付所欠A公司的货款1 000万元，双方达成债务重组协议，协议约定，B公司以一项生产经营设备偿还全部债务。该项设备是B公司2010年购入的，账面原价为800万元，累计折旧60万元，未计提减值准备，债务重组日公允价值为720万元（不含增值税）。A公司已对该项债权计提坏账准备30万元。假定不考虑其他相关税费，A公司取得固定资产的入账价值是（　　）万元。

A. 720　　B. 740　　C. 1 000　　D. 970

12. 在债务人发生财务困难的情况下，下列属于债务重组的是（　　）。
A. 债务人破产清算时发生的债务重组
B. 修改债务条件，如减少债务本金和债务利息
C. 债务人借新债偿还旧债
D. 债务人改组，债权人将债权转为对债务人的股权投资

13. 因乙公司发生严重财务困难，甲公司预计难以全额收回乙公司所欠货款200万元。经协商，乙公司以公允价值160万元的库存商品结清了全部债务。甲公司对该项应收账款已计提坏账准备24万元。假定不考虑其他因素，债务重组日甲公司应确认的损失为（　）万元。
A. 30　　B. 20　　C. 10　　D. 0

14. 1月3日，甲公司因购买材料而欠乙公司购货款及税款合计2 500万元，由于甲公司无法偿付应付账款，5月2日经双方协商同意，甲公司以投资性房地产作为对价支付给乙公司用以偿还该债务。该房地产的账面价值为2 000万元（其中成本为1 500万元，公允价值变动为500万元，原自用房地产转换为投资性房地产时产生其他综合收益100万元）。6月1日相关手续办理完毕，当日公允价值为2 300万元。乙公司已计提坏账准备10万元，乙公司收到房地产后继续确认为投资性房地产。下列有关债务重组会计处理表述中不正确的是（　　）。
A. 乙公司确认投资性房地产的入账价值为2 300万元
B. 乙公司确认债务重组损失190万元
C. 甲公司确认债务重组利得200万元
D. 甲公司确认处置投资性房地产的损益为300万元

15. 甲公司应收乙公司账款160万元，由于乙公司发生财务困难，无法偿付欠款。经协商，乙公司以价值100万元的材料抵债（增值税税率为13%），该批材料公允价值为120万元。甲公司不再向乙公司另行支付增值税。甲公司按应收账款的5‰计提坏账准备。乙公司应计入营业外收入的数额为（　　）万元。
A. 40　　B. 24.4　　C. 20.4　　D. 20

16. A公司销售给B公司一批库存商品，A公司收到B公司签发的商业承兑汇票，面值825万元。到期日由于B公司财务困难，经修改债务条件后，A公司同意将此债务延期1年，并按8%的利率计算延期1年的利息，债务本金减到700万元，免除剩余债务，但附或有条件，如果B企业在未来1年盈利，原免除的债务也一并归还，如果亏损则不再归还。A公司计提坏账准备50万元。A公司确认的债务重组损失是（　　）万元。
A. 75　　B. 27　　C. 125　　D. 152

17. 以修改其他债务条件进行债务重组的，如果债务重组协议中附有或有收益的，债权人应将其或有收益（　　）。
A. 在债务重组时计入当期损益

B. 在债务重组时计入重组后债权的入账价值

C. 在债务重组时不计入重组后债权的入账价值，实际收到时冲减营业外支出

D. 在债务重组时不计入重组后债权的入账价值，实际收到时计入资本公积

18. 甲公司销售一批商品给乙公司，货款总额（含增值税）为 1 000 万元。由于资金周转困难，乙公司到期不能偿付货款。3 月 1 日，经协商，甲公司与乙公司达成如下债务重组协议：乙公司以一批产品和一台生产设备偿还全部债务。乙公司用于偿债的产品成本为 340 万元，未计提存货跌价准备，公允价值（计税价格）为 400 万元；用于偿债的设备系 2016 年购入的，原价为 600 万元，已计提折旧 200 万元，已计提减值准备 50 万元，公允价值为 300 万元。甲公司和乙公司适用的增值税税率均为 13%。假定不考虑增值税以外的其他相关税费，则该项债务重组对乙公司利润总额的影响金额为（　　）万元。

A. 242　　B. 241　　C. 219　　D. 131

19. 甲公司应收乙公司的账款 2 100 万元已逾期，经协商决定进行债务重组。债务重组的内容是：①乙公司以银行存款偿付甲公司账款 300 万元；②乙公司以一项无形资产（专利权）和一项股权投资偿付所欠部分账款。乙公司该项无形资产的账面价值为 700 万元，公允价值为 800 万元；股权投资的账面价值为 850 万元，公允价值为 900 万元。假定不考虑相关税费，则该债务重组中甲公司产生的债务重组损失金额为（　　）万元。

A. 100　　B. 900　　C. 200　　D. 800

二、多项选择题（下列答案中有多个答案是正确的，请将正确答案前的英文字母填入括号内）

1. 债务人发生财务困难，债权人做出让步是债务重组的基本特征。下列各项中，属于债权人做出让步的有（　　）。

A. 债权人减免债务人部分债务本金

B. 债权人免去债务人全部应付利息

C. 债权人同意债务人以公允价值高于重组债务账面价值的股权清偿债务

D. 债权人同意债务人以公允价值低于重组债务账面价值的非现金资产清偿债务

2. 甲公司应付乙公司的款项 420 万元到期，因经营陷于困境，预计短期内无法偿还。当日，甲公司就该债务与乙公司达成的下列偿债协议中，属于债务重组的有（　　）。

A. 甲公司以公允价值为 410 万元的固定资产清偿

B. 甲公司以公允价值为 420 万元的长期股权投资清偿

C. 减免甲公司 220 万元债务，剩余部分甲公司延期两年偿还

D. 减免甲公司 220 万元债务，剩余部分甲公司立即以现金偿还

3. 关于债务重组准则中以非现金资产清偿债务的，下列说法中正确的有（　　）。

A. 债权人取得的非现金资产应以其公允价值为基础入账

B. 债务人以非现金资产清偿债务的，债务人应当将重组债务的账面价值与转让的非现金资产公允价值之间的差额，确认为资本公积

C. 债务人以非现金资产清偿债务的，债务人应当将重组债务的账面价值与转让的非现金资产公允价值之间的差额，计入当期损益

D. 债务人转让的非现金资产公允价值与其账面价值之间的差额，计入资本公积

4. 下列各项中，属于债务重组日债务人应计入重组后负债账面价值的有（　　）。
A. 债权人同意减免的债务
B. 债务人在未来期间应付的债务本金
C. 债务人在未来期间应付的债务利息
D. 债务人符合预计负债确认条件的或有应付金额

5. 下列关于债务重组会计处理的表述中，正确的有（　　）。
A. 债权人将很可能发生的或有应收金额确认为应收债权
B. 债权人收到的原未确认的或有应收金额计入当期损益
C. 债务人将很可能发生的或有应付金额确认为预计负债
D. 债务人确认的或有应付金额在随后不需支付时转入当期损益

6. 6月1日，甲公司因发生财务困难无力偿还欠乙公司的1 200万元到期货款，双方协议进行债务重组。按债务重组协议规定，甲公司以其普通股偿还债务。假设普通股每股面值1元，甲公司用500万股抵偿该项债务（不考虑相关税费），股权的公允价值为900万元。乙公司对应收账款计提了120万元的坏账准备。甲公司于9月1日办妥了增资批准手续，换发了新的营业执照，则下列表述正确的有（　　）。
A. 债务重组日为6月1日
B. 甲公司记入“股本”的金额为500万元
C. 甲公司记入“资本公积——股本溢价”的金额为400万元
D. 甲公司记入“营业外收入”的金额为300万元

7. 下列有关债务重组的会计处理方法，不正确的有（　　）。
A. 以修改其他债务条件进行的债务重组涉及或有应付金额的，重组后债务的公允价值一定大于重组后债权的公允价值
B. 以非现金资产清偿债务的，债务人应当将重组债务的账面价值与转让的非现金资产账面价值之间的差额，计入当期损益，不确认转让的非现金资产公允价值与其账面价值之间的差额
C. 将债务转为资本的，债务人应当将债权人放弃债权而享有股份的面值总额确认为股本（或者实收资本），股份的公允价值总额与股本（或者实收资本）之间的差额计入当期损益，重组债务的账面价值与股份的公允价值总额之间的差额，计入当期损益
D. 如果债权人受让涉及多项非现金资产，应在计算确定的入账价值范围内，按公允价值的相对比例确定各项非现金资产的入账价值

8. 债务重组的方式包括（　　）。
A. 债务转为资本　　B. 以资产清偿债务
C. 修改其他债务条件　　D. 以上三种方式组合进行债务重组

9. 下列有关债务重组的会计处理方法，正确的有（　　）。
A. 修改其他债务条件涉及的或有应付金额，该或有应付金额符合《企业会计准则第13

号——或有事项》中有关预计负债确认条件的，债务人应将该或有应付金额确认为预计负债

B. 修改其他债务条件涉及的或有应收金额，在债权人方面，债权人应确认为应收项目

C. 对于债务人而言，发生债务重组时，应当将重组债务的账面价值超过抵债资产的公允价值、所转股份的公允价值或者重组后债务账面价值之间的差额，确认为债务重组利得，计入资本公积

D. 在债务重组会计处理中，债务人以固定资产抵偿债务时，既要确认债务重组利得，又要确认处置非流动资产损益

10. 3 月 31 日，甲公司应收乙公司的一笔贷款 500 万元到期，由于乙公司发生财务困难，该笔贷款预计短期内无法收回。该公司已为该项债权计提坏账准备 100 万元。当日，甲公司就该债权与乙公司进行协商。下列协商方案中，属于甲公司债务重组的有（ ）。

A. 减免 100 万元债务，其余部分立即以现金偿还

B. 减免 50 万元债务，其余部分延期两年偿还

C. 以公允价值为 500 万元的固定资产偿还

D. 以现金 100 万元和公允价值为 400 万元的无形资产偿还

11. 在以非货币性资产偿还债务的债务重组中，下列说法中正确的有（ ）。

A. 债务人以存货偿还债务的，视同销售该存货，应按照其公允价值确认相应的收入，同时结转存货的成本

B. 债务人以固定资产偿还债务的，固定资产公允价值与其账面价值和支付的相关税费（不含增值税）之间的差额，计入资产处置损益

C. 债务人以长期股权投资偿还债务的，长期股权投资公允价值与其账面价值和支付的相关税费之间的差额，计入投资收益

D. 债务人以无形资产偿还债务的，无形资产公允价值与其账面价值和支付的相关税费之间的差额，计入资产处置损益

12. 关于以非现金资产清偿债务，下列说法中正确的有（ ）。

A. 非现金资产属于增值税应税项目的，则债务重组利得应为转让非现金资产的含税公允价值与重组债务账面价值的差额

B. 债务人以固定资产清偿债务的，应将固定资产的公允价值与该项固定资产账面价值的差额作为转让固定资产的损益处理；清理费用应冲减债务重组利得

C. 债务人以债券清偿债务的，应将相关金融资产的公允价值与账面价值的差额，作为转让金融资产的处置损益处理；相关金融资产的公允价值与重组债务的账面价值的差额，作为债务重组利得处理

D. 债务人以库存材料清偿债务的，应视同销售进行核算，取得的收入作为主营业务收入处理

13. 修改其他债务条件时，以下情况可能导致债权人产生债务重组损失的有（ ）。

A. 无坏账准备时，债权人重组债权的账面余额大于将来应收金额

B. 无坏账准备时，债权人重组债权的账面余额小于将来应收金额

C. 有坏账准备时，债权人放弃部分的债权小于已经计提的坏账准备
D. 有坏账准备时，债权人放弃部分的债权大于已经计提的坏账准备

14. 在混合重组方式下，下列会计处理正确的有（　　）。
A. 债权人依次以收到的现金、接受的非现金资产原账面价值、债权人享有股份的面值冲减重组债权的账面余额
B. 债权人依次以收到的现金、接受的非现金资产公允价值、债权人享有股份的公允价值冲减重组债权的账面价值
C. 债务人依次以支付的现金、转让的非现金资产原账面价值、债权人享有股份的面值冲减重组债务的账面价值
D. 债务人依次以支付的现金、转让的非现金资产公允价值、债权人享有股份的公允价值冲减重组债务的账面价值

15. 关于债务重组中以现金清偿债务的，下列说法中正确的有（　　）
A. 债务人应将重组债务的账面价值与实际支付现金之间的差额，计入当期营业外收入
B. 债权人应将应收债权的账面价值与收到的现金之间的差额，计入其他综合收益
C. 若债权人已对债权计提减值准备，则债权人实际收到的款项大于应收债权的账面价值的差额，应冲减信用减值损失
D. 若债权人已对债权计提减值准备，则债权人实际收到的款项大于应收债权的账面价值的差额，应计入当期营业外收入

三、判断题（正确的在括号内打“✓”，错误的打“×”）

1. 以修改债务条件进行的债务重组涉及或有应收金额的，债权人应将重组债权的账面价值，高于重组后债权账面价值和或有应收金额之和的差额，确认为债务重组损失。（　　）
2. 将债务转为资本的债务重组中，债务人应将股份的公允价值总额与股本（或实收资本）之间的差额确认为投资收益。（　　）
3. 在延期付款清偿债务并附或有支出条件的情况下，债权人应当将修改其他债务条件后的债权将来应收金额作为重组后债权的账面价值。重组债权的账面价值与重组后债权的入账价值之间的差额，计入当期损益。（　　）
4. 债务重组中，债权人一定会由于债务重组而确认营业外支出。（　　）
5. 债务人根据转换协议，将应付可转换公司债券转为资本属于债务重组。（　　）
6. 债务重组中以现金清偿债务的，债权人应当将重组债权的账面余额与收到的现金之间的差额，计入营业外支出。（　　）
7. 修改其他债务条件涉及或有应收金额的，在债权人方面，或有应收金额属于或有资产，债权人应确认或有应收金额。（　　）
8. 对于附或有应付条件的债务重组，债务重组利得为重组债务的账面价值与重组后债务的入账价值之间的差额，这部分利得应计入当期损益（营业外收入）。（　　）
9. 在混合重组方式下，债权人依次以收到的现金、接受的非现金资产原账面价值、债权人享有股份的面值冲减重组债权的账面余额。（　　）

10. 以现金清偿债务的，债务人应当将重组债权的账面余额与实际支付的现金之间的差额，计入营业收入。 （ ）
11. 以现金清偿债务的，若债权人已对债权计提减值准备，则债权人实际收到的现金大于应收债权账面价值的差额，应计入营业外收入。 （ ）
12. 以修改其他债务条件进行债务重组的，债务人不应将或有应付金额确认为预计负债。（ ）
13. 以修改其他债务条件进行债务重组的，修改后的债务条款中涉及或有应收金额的，债权人应当将符合条件的或有应收金额计入重组后债权的账面价值。 （ ）
14. 债务人以存货清偿债务的，按该存货的公允价值确认销售商品收入，同时按其账面价值结转相应的成本。 （ ）
15. 以固定资产清偿债务，影响债务人资产处置损益的金额为抵债资产公允价值与重组债务账面价值的差额。 （ ）

四、计算及账务处理题

1. 甲、乙企业为一般纳税企业，适用的增值税税率为 13%、消费税税率为 3%。2 月 1 日，甲企业因购买商品而欠乙企业购货款及税款合计 200 万元。由于甲企业财务发生困难，不能按照合同规定支付货款。10 月 1 日，双方经协商，甲企业以其生产的产品偿还债务，该产品的公允价格为 110 万元，成本为 120 万元，已计提存货跌价准备 18 万元。乙企业接受甲企业以产品偿还债务时，将该产品作为库存商品入库；乙企业对该项应收账款计提了 11 万元的坏账准备。

要求：

（1）编制甲企业与该项债务重组有关的会计分录。

（2）编制乙企业与该项债务重组有关的会计分录。

2. 2 月 1 日，乙公司销售一批商品给甲公司，形成应收款 250 万元。由于甲公司发生财务困难，不能按合同规定支付货款。8 月 1 日，经与乙公司协商，乙公司同意甲公司以一台生产设备偿还债务。该设备的账面原价为 300 万元，已提折旧 140 万元，计提的减值准备为 15 万元，支付清理费用 1 万元。该设备公允价值为 200 万元，增值税税率为 13%，甲公司支付补价 6 万元给乙公司。乙公司对该项债权未计提坏账准备。假定不考虑其他相关税费。

要求：

（1）编制甲公司与该项债务重组有关的会计分录。

（2）编制乙公司与该项债务重组有关的会计分录。

3. 甲公司为上市公司，该公司内部审计部门在对其年度财务报表进行内审时，对以下交易或事项的会计处理提出疑问：

（1）9 月 30 日，甲公司应收乙公司账款余额为 150 万元，已提坏账准备 20 万元，因乙公司发生财务困难，双方进行债务重组。10 月 10 日，乙公司用一批产品抵偿债务，该批产品不含税公允价值为 100 万元，增值税额为 13 万元，甲公司取得该批产品途中支付运费和保险费 2 万元。甲公司相关会计处理如下：

借：库存商品　　119
　　应交税费——应交增值税（进项税额）　　13
　　坏账准备　　20
　　贷：应收账款　　150
　　　　银行存款　　2

（2）12月31日，甲公司应收丙公司账款余额为200万元，已提坏账准备60万元，因丙公司发生财务困难，双方进行债务重组，甲公司同意免除丙公司债务100万元，剩余债务延期一年，但附有一条件，若丙公司在未来一年获利，则丙公司需另付甲公司50万元。估计丙公司在未来一年很可能获利。12月31日，甲公司相关会计处理如下：

借：应收账款——债务重组　　100
　　其他应收款　　50
　　坏账准备　　60
　　贷：应收账款　　200
　　　　信用减值损失　　10

要求：根据资料（1）和（2），逐项判断甲公司会计处理是否正确；如不正确，简要说明理由，并编制更正有关差错的会计分录（有关差错更正按当期差错处理，不要求编制结转损益的会计分录）。

4. 甲股份有限公司（本题下称“甲公司”）为上市公司，2019~2021年发生的相关交易或事项如下：

（1）2019年7月30日，甲公司就应收A公司账款6 000万元与A公司签订债务重组合同。合同规定：A公司以其拥有的一栋在建写字楼及一项长期股权投资偿付该项债务；A公司在建写字楼和长期股权投资所有权转移至甲公司后，双方债权债务结清。2019年8月10日，A公司将在建写字楼和长期股权投资所有权转移至甲公司。同日，甲公司该重组债权已计提的坏账准备为800万元；A公司该在建写字楼的账面余额为1 800万元，未计提减值准备，公允价值为2 200万元；A公司该长期股权投资的账面余额为2 600万元，已计提的减值准备为200万元，公允价值为2 300万元。

甲公司将取得的股权投资作为长期股权投资，采用成本法核算。

（2）甲公司取得在建写字楼后，委托某建造承包商继续建造。至2020年1月1日累计新发生工程支出800万元。2020年1月1日，该写字楼达到预定可使用状态并办理完毕资产结转手续。

对于该写字楼，甲公司与B公司于2019年11月11日签订租赁合同，将该写字楼整体出租给B公司。合同规定：租赁期自2020年1月1日开始，租期为5年；年租金为240万元，每年年底支付。甲公司预计该写字楼的使用年限为30年，预计净残值为零。

2020年12月31日，甲公司收到租金240万元。同日，该写字楼的公允价值为3 200

万元。

（3）2021年2月20日，甲公司与C公司签订资产转让合同。根据转让合同，甲公司将债务重组取得的长期股权投资及写字楼转让给C公司，并向C公司支付补价200万元，取得C公司一项土地使用权。同时，甲公司经与B、C公司协商，甲公司与B公司的租赁协议终止，由C公司向B公司继续出租该栋写字楼。

2月25日，甲公司以银行存款向C公司支付200万元补价；双方办理完毕相关资产的产权转让手续。同日，甲公司长期股权投资的账面价值为2 300万元，公允价值为2 000万元，写字楼的公允价值为3 300万元；C公司土地使用权的公允价值为5 500万元。甲公司将取得的土地使用权作为无形资产核算。

（4）其他资料如下：

1）假定甲公司投资性房地产均采用公允价值模式进行后续计量。

2）假定不考虑相关税费影响。

要求：

（1）计算甲公司债务重组业务应确认的损益并编制相关会计分录。

（2）计算A公司债务重组业务应确认的损益并编制相关会计分录。

（3）计算甲公司写字楼在2020年应确认的公允价值变动损益并编制相关会计分录。

（4）编制甲公司2020年收取写字楼租金的相关会计分录。

（5）编制甲公司转让长期股权投资及写字楼的相关会计分录。

5. A公司在2019~2020年发生了如下与债务重组相关的事项：

（1）2019年1月10日，A公司销售给B公司一批库存商品，价款2 200万元（包含应收取的增值税额），合同约定8个月后结清款项。8个月后，由于B公司发生财务困难，无法支付该价款。A公司已于2019年6月30日对该笔应收账款计提了坏账准备20万元。

（2）2020年1月1日，经双方协商，A公司同意免除B公司200万元债务，同时B公司应以一项无形资产和一项投资性房地产抵偿部分债务。

B公司的无形资产的账面原值为1 500万元，已计提摊销200万元，公允价值为1 200万元；投资性房地产的账面价值为600万元（其中成本为500万元，公允价值变动为100万元），公允价值为200万元。

剩余债务自2020年1月1日起延期2年，并按照4%（与实际利率相同）的利率计算利息，同时约定，如果2020年B公司实现盈利，则次年利率上升至6%，如果不能实现盈利则维持4%的利率，利息按年支付。

（3）B公司在债务重组时预计2020年很可能实现盈利。

假定不考虑税费等其他因素。

要求：

（1）计算A公司债务重组后剩余应收账款的公允价值。

（2）计算B公司债务重组利得的金额。

（3）分别编制A公司和B公司在债务重组日的会计分录。

（4）假如2020年B公司实现盈利，分别编制A公司和B公司债务重组后的会计处理。

（5）假如2020年B公司没有实现盈利，编制B公司偿还债务的会计处理。

6. 甲公司、乙公司和丙公司均为增值税一般纳税人，有关资料如下：

（1）10月12日，经与丙公司协商，甲公司以一项非专利技术和对丁公司股权投资（划分为交易性金融资产）换入丙公司持有的对戊公司长期股权投资。

甲公司非专利技术的原价为1 200万元，已摊销200万元，已计提减值准备100万元，公允价值为1 000万元；对丁公司股权投资账面价值和公允价值均为400万元。其中，成本为350万元，公允价值变动为50万元。甲公司换入的对戊公司长期股权投资采用成本法核算。

丙公司对戊公司长期股权投资的账面价值为1 100万元，未计提减值准备，公允价值为1 200万元。丙公司另以银行存款向甲公司支付补价200万元。

（2）12月31日，甲公司获悉乙公司发生财务困难，对应收乙公司销售商品的款项2 340万元计提坏账准备280万元，此前未对该款项计提坏账准备。

（3）次年1月1日，考虑到乙公司近期可能难以按时偿还前欠货款2 340万元，经协商，甲公司同意免去乙公司400万元债务，剩余款项应在次年5月31日前支付；同时约定，乙公司如果截至次年5月31日经营状况好转，现金流量比较充裕，应再偿还甲公司100万元。当日，乙公司估计截至次年5月31日经营状况好转的可能性为60%。

（4）次年5月31日，乙公司经营状况好转，现金流量较为充裕，按约定偿还了对甲公司的重组债务。

假定相关交易均具有商业实质，不考虑所得税等其他因素。

要求：

（1）分析判断甲公司和丙公司之间的资产交换是否属于非货币性资产交换。

（2）计算甲公司换出非专利技术应确认的损益，并编制甲公司有关业务的会计分录。

（3）编制甲公司与确认坏账准备有关的会计分录。

（4）计算甲公司重组后应收账款的账面价值和重组损益，并编制甲公司有关业务的会计分录。

（5）计算乙公司重组后应付账款的账面价值和重组损益，并编制乙公司有关业务的会计分录。

（6）分别编制甲公司、乙公司结清重组后债权债务的会计分录。

（答案中的金额单位用万元表示）

第九章

Chapter Nine

财务报告

本章学习目标

- 掌握财务报告的内容、分类与编制要求
- 掌握资产负债表的编制方法
- 掌握利润表的编制方法
- 掌握现金流量表的编制方法
- 掌握所有者权益变动表的编制方法
- 学会报表附注披露方法

第一节 财务报告概述

财务报告全面系统地揭示了企业一定时期的财务状况、经营成果和现金流量等有关的会计信息，有利于经营管理人员了解本单位各项任务指标的完成情况，评价管理人员的经营业绩，制定措施改善经营管理水平，提高经济效益，为经济预测和决策提供依据；有利于国家经济管理部门了解国民经济的运行状况，以便优化资源配置，保证国民经济稳定持续发展；有利于投资者、债权人和其他有关各方掌握企业的财务状况、经营成果和现金流量情况，进而分析企业的盈利能力、偿债能力、投资收益、发展前景等，为他们投资、贷款和贸易提供决策依据；有利于满足财政、税务、工商、审计等部门监督企业经营管理，检查、监督各企业是否遵守国家的各项法律、法规和制度，有无偷税漏税的行为。

一、财务报告的内容

财务报告是指企业对外提供的反映企业某一特定日期的财务状况和某一会计期间的经营成果、现金流量等会计信息的文件。

财务报告包括财务报表和其他应当在财务报告中披露的相关信息和资料。

财务报表是对企业财务状况、经营成果和现金流量的结构性表述。一套完整的财务报表至少应当包括资产负债表、利润表、现金流量表、所有者权益（或股东权益）变动表以及附注。

资产负债表反映企业在某一特定日期所拥有的资产、需偿还的债务以及股东（投资者）拥有的净资产情况。

利润表反映企业在一定会计期间的经营成果即利润或亏损的情况，表明企业运用所拥有的资产的获利能力。

现金流量表反映企业在一定会计期间现金和现金等价物流入和流出的情况。

所有者权益变动表反映构成所有者权益的各组成部分当期的增减变动情况，企业的净利润及其分配情况是所有者权益变动的组成部分。

附注是财务报表不可或缺的组成部分，是对在资产负债表、利润表、现金流量表和所有者权益变动表等报表中列示项目的文字描述或明细资料，以及对未能在这些报表中列示项目的说明等。

二、财务报表的分类

1. 按财务报表反映经济内容的不同，可以分为静态报表和动态报表

静态报表是指反映企业资金运动处于某一相对静止状态情况的会计报表，如反映企业某

一特定日期资产、负债和所有者权益情况的资产负债表。

动态报表是指反映企业资金运动情况的会计报表，如反映企业一定期间的经营成果情况的利润表，反映企业一定会计期间现金流入、流出及其增减变化情况的现金流量表等。

2. 按财务报表编报期间的不同，可以分为中期财务报表和年度财务报表

中期财务报表是指以短于一个完整会计年度的报告期间为基础编制的财务报表，包括月报、季报和半年报等。中期财务报表至少应当包括资产负债表、利润表、现金流量表和附注，其中附注的披露可以适当简略。

年度财务报表是反映一个完整会计年度的报告期间的财务报表，包括全部报表及其附注的完整内容。

3. 按财务报表编报主体的不同，可以分为个别财务报表和合并财务报表

个别财务报表是由独立的法人企业编制，反映的是单个企业法人的财务状况和经营成果，所有的企业都需要编制个别财务报表。

合并财务报表是以整个企业集团为一个会计主体，以组成这个企业集团的母公司和子公司的个别财务报表为基础并抵消内部交易事项对个别报表的影响而编制的报表。合并财务报表反映的是整个企业集团整体的财务状况和经营成果，反映的对象也是由若干个法人组成的会计主体，是经济意义上的会计主体而不是法律意义上的会计主体。

提示 合并财务报表一般是由企业集团中对其他企业有控制权的控股公司或母公司编制，并不是所有的企业都需要编制合并财务报表。

4. 按财务报表报送对象的不同，可以分为对外报表和对内报表

对外报表主要侧重于企业的财务、现金流量和营业状况等方面，资产负债表、利润表、现金流量表和所有者权益变动表及相关附注都属于对外报表。

对内报表侧重于财务管理方面，如企业编制的内部使用的成本报表、销售报表、应收款项明细表等。

三、财务报表的编制要求

1. 以持续经营为基础

持续经营是会计的基本假设之一，企业应当以持续经营为基础，根据实际发生的交易和事项，按照《企业会计准则——基本准则》和其他相关会计准则的规定进行确认、计量，在此基础上编制财务报表。

2. 遵循可比性列报要求

可比性要求是会计信息质量的一项重要要求，其目的是使会计信息在同一企业的不同时期具有可比性。财务报表项目的列报应当在各个会计期间保持一致，不得随意变更，但下列情况除外：会计准则要求改变财务报表项目的列报；企业经营业务的性质发生重大变化后，变更财务报表项目的列报能够提供更可靠、更相关的会计信息。

3. 考虑报表项目的重要性

若财务报表某项目的省略或错报会影响使用者据此做出的经济决策，则该项目具有重要性。也就是说，在财务报表列报时，对那些相对比较重要的项目予以全面和尽可能详细的披露；相反，不重要或与决策无关的项目则可以简要的方式披露，甚至不予披露。

注意 在评价某些项目重要与否时，很大程度上还取决于会计人员的职业判断。其处理的原则是：对于性质或功能不同的项目，一般应该单列（即为重要项目），但对不重要的项目可以合并列报；对性质或功能类似的项目，一般要合并列报，但对重要的类别应该单列。

4. 正确认识报表项目抵销的含义

财务报表所涉及的资产和负债、收益和费用在列报时不能相互抵销，而应以总额列报。但下列情况不属于抵销，可以净额列示：资产项目按扣除减值准备后的净额列示，不属于抵销；非日常活动产生的损益，以收入扣减费用后的净额列示，不属于抵销。

5. 遵循比较编报原则

本期财务报表的列报至少应当提供所有列报项目上可比会计期间的比较数据，以及与理解当期财务报表相关的说明。如果财务报表项目的列报发生变更，应当对上期比较数据按照当期的列报要求进行调整，并在附注中披露调整的原因和性质，以及调整的各项目金额。

第二节 资产负债表

一、资产负债表的内容

资产负债表是指反映企业在某一特定日期的财务状况的报表。资产负债表主要反映资产、负债和所有者权益三方面的内容。

1. 资产

资产按照流动资产和非流动资产两大类别在资产负债表中列示，在流动资产和非流动资产类别下进一步按性质分项列示。

资产负债表中列示的流动资产项目通常包括：货币资金、交易性金融资产、应收票据、应收账款、预付款项、其他应收款、存货、合同资产、持有待售资产和一年内到期的非流动资产等。

非流动资产是指流动资产以外的资产。资产负债表中列示的非流动资产项目通常包括：债权投资、其他债权投资、长期应收款、长期股权投资、其他权益工具投资、其他非流动金融资产、固定资产、在建工程、生产性生物资产、油气资产、使用权资产、无形资产、开发支出、长期待摊费用以及其他非流动资产等。

2. 负债

负债应当按照流动负债和非流动负债在资产负债表中进行列示，在流动负债和非流动负债类别下再进一步按性质分项列示。

资产负债表中列示的流动负债项目通常包括：短期借款、交易性金融负债、应付票据、应付账款、预收款项、合同负债、应付职工薪酬、应交税费、其他应付款、持有待售负债，一年内到期的非流动负债、其他流动负债等。

非流动负债是指流动负债以外的负债。非流动负债项目通常包括：长期借款、应付债券、长期应付款、预计负债、递延收益、递延所得税负债和其他非流动负债等。

3. 所有者权益

所有者权益是企业资产扣除负债后由所有者享有的剩余权益，反映企业在某一特定日期投资者（或股东）拥有的净资产的总额，它一般按照实收资本（或股本，下同）、其他权益工具、资本公积、其他综合收益、盈余公积和未分配利润等分项列示。

二、资产负债表的结构

资产负债表一般由表头、表体两部分组成。表头部分应列明报表名称、编制单位名称、资产负债表日、报表编号和计量单位；表体部分是资产负债表的主体，列示了用以说明企业财务状况的各个项目。资产负债表的表体格式一般有两种：报告式资产负债表和账户式资产负债表。报告式资产负债表是上下结构，上半部分列示资产各项目，下半部分列示负债和所有者权益各项目。账户式资产负债表是左右结构，左边列示资产各项目，反映全部资产的分布及存在状态；右边列示负债和所有者权益各项目，反映全部负债和所有者权益的内容及构成情况。不管采取什么格式，资产各项目的合计一定等于负债和所有者权益各项目的合计。

我国企业的资产负债表采用账户式结构，分为左右两方，左方为资产项目，大体按资产的流动性大小排列，流动性大的资产如“货币资金”“交易性金融资产”等排在前面，流动性小的资产如“长期股权投资”“固定资产”等排在后面。右方为负债及所有者权益项目，一般按要求清偿时间的先后顺序排列，“短期借款”“应付票据”及“应付账款”等需要在一年以内或者长于一年的一个正常营业周期内偿还的流动负债排在前面，“长期借款”等在一年以上才需偿还的非流动负债排在中间，在企业清算之前不需要偿还的所有者权益项目排在后面。

账户式资产负债表中的资产各项目的合计等于负债和所有者权益各项目的合计，即资产负债表左方和右方平衡。通过账户式资产负债表，可以反映资产、负债、所有者权益之间的内在关系，即“资产＝负债+所有者权益”。

根据《关于修订印发2019年度一般企业财务报表格式的通知》（财会〔2019〕6号），我国一般企业资产负债表格式（适用于已执行新金融准则、新收入准则和新租赁准则的企业）见表9-1。

表9-1 资产负债表

会企01表

编制单位： 年 月 日 单位：元

资产	期末余额	上年年末余额	负债及所有者权益	期末余额	上年年末余额
流动资产：			流动负债：		
货币资金			短期借款		
交易性金融资产			交易性金融负债		
衍生金融资产			衍生金融负债		
应收票据			应付票据		
应收账款			应付账款		
应收款项融资			预收款项		
预付款项			合同负债		
其他应收款			应付职工薪酬		
存货			应交税费		
合同资产			其他应付款		
持有待售资产			持有待售负债		
一年内到期的非流动资产			一年内到期的非流动负债		
其他流动资产			其他流动负债		
流动资产合计			流动负债合计		
非流动资产：			非流动负债：		
债权投资			长期借款		
其他债权投资			应付债券		
长期应收款			其中：优先股		
长期股权投资			永续债		
其他权益工具投资			租赁负债		
其他非流动金融资产			长期应付款		
投资性房地产			预计负债		
固定资产			递延收益		
在建工程			递延所得税负债		
生产性生物资产			其他非流动负债		
油气资产			非流动负债合计		
使用权资产			负债合计		
无形资产			所有者权益（或股东权益）		
开发支出			实收资本（或股本）		
商誉			其他权益工具		

（续）

资 产	期末余额	上年年末余额	负债及所有者权益	期末余额	上年年末余额
长期待摊费用			其中：优先股		
递延所得税资产			永续债		
其他非流动资产			资本公积		
非流动资产合计			减：库存股		
			其他综合收益		
			专项储备		
			盈余公积		
			未分配利润		
			所有者权益合计		
资产总计			负债和所有者权益总计		

三、资产负债表的编制方法

（一）资产负债表项目的填列方法

资产负债表各项目均需填列“期末余额”和“上年年末余额”两栏。其中“上年年末余额”栏内各项数字，应根据上年年末资产负债表的“期末余额”栏内所列数字填列。如果上年度资产负债表规定的各个项目的名称和内容与本年度不一致，应按照本年度的规定对上年年末资产负债表各项目的名称和数字进行调整，填入本表“上年年末余额”栏内。

1. 根据总账科目余额直接填列

资产负债表的“期末余额”栏内，有些项目可根据总账科目余额填列。如“短期借款”“资本公积”等项目，根据相关总账科目的余额直接填列。

2. 根据几个总账科目的余额分析计算填列

资产负债表“期末余额”栏内，有些项目可根据几个总账科目的余额计算填列。例如，“货币资金”项目，应当根据“库存现金”“银行存款”“其他货币资金”三个总账科目期末余额的合计数填列。

3. 根据有关明细科目的余额分析计算填列

资产负债表“期末余额”栏内，有些项目根据有关明细科目的余额计算填列。例如：“开发支出”项目，应根据“研发支出”科目中所属的“资本化支出”明细科目期末余额填列；“应付账款”项目，应当根据“应付账款”和“预付账款”科目所属的相关明细科目期末贷方余额合计数填列；“应交税费”项目，应根据“应交税费”科目的明细科目期末余额分析填列，其中的借方余额，应当根据其流动性在“其他流动资产”或“其他非流动资产”项目中填列，“应交税费——待转销项税额”等科目期末贷方余额应根据情况，在资产负债表中的“其他流动负债”或“其他非流动负债”项目列示；“一年内到期的非流动资产”“一年内到期的非流动负债”项目，应根据有关非流动资产或负债项目的明细科目余额分析填列；“应付职工薪酬”项目，应根据“应付职工薪酬”科目的明细科目期末余额分析填列；“未分配利润”项目，应根据“利润分配”科目中所属的“未分配利润”明细科目期末余额填列。

4. 根据总账科目和明细科目的余额分析计算填列

资产负债表“期末余额”栏内，有些项目根据总账科目和明细科目的余额分析计算填列。例如，“长期借款”项目，应当根据“长期借款”总账科目余额扣除“长期借款”科目所属的明细科目中将在资产负债表日起一年内到期，且企业不能自主地将清偿义务展期的长期借款后的金额计算填列。

5. 根据总账科目与其备抵科目抵消后的净额填列

资产负债表“期末余额”栏内，一些项目根据总账科目与其备抵科目抵消后的净额填列。例如：“固定资产”“无形资产”“投资性房地产”项目，应根据相关科目的期末余额扣减相关的累计折旧（或摊销、折耗）填列，已计提减值准备的，还应扣减相应的减值准备，折旧（或摊销、折耗）年限（或期限）只剩一年或不足一年的，仍在上述项目中列示，不转入“一年内到期的非流动资产”项目，采用公允价值计量的上述资产，应根据相关科目的期末余额填列；“长期应收款”项目，应根据“长期应收款”科目的期末余额，减去相应的“未实现融资收益”科目和“坏账准备”科目所属相关明细科目期末余额后的金额填列；“长期应付款”项目，应根据“长期应付款”和“专项应付款”科目的期末余额，减去相应的“未确认融资费用”科目期末余额后的金额填列。

6. 综合运用上述填列方法分析填列

资产负债表“期末余额”栏内，一些项目综合运用上述填列方法分析填列。例如：“应收票据”“其他应收款”项目，应根据相关科目的期末余额，减去“坏账准备”科目中有关坏账准备期末余额后的金额填列；“应收账款”项目，应当根据“应收账款”和“预收账款”科目所属各明细科目的期末借方余额合计数，减去“坏账准备”科目中有关应收账款计提的坏账准备期末余额后的金额填列；“预付款项”项目，应当根据“预付账款”和“应付账款”科目所属明细科目的期末借方余额合计数，减去“坏账准备”科目中有关预付款项计提的坏账准备期末余额后的金额填列；“存货”项目，应当根据“材料采购”“原材料”“库存商品”“委托加工物资”“发出商品”“周转材料”“生产成本”“受托代销商品”等科目期末余额合计，减去“受托代销商品款”“存货跌价准备”科目期末余额后的金额填列。

（二）资产负债表项目的填列说明

资产负债表中资产、负债和所有者权益主要项目的填列说明如下：

1. 资产项目的填列说明

（1）“货币资金”项目，反映企业库存现金、银行结算户存款、外埠存款、银行汇票存款、银行本票存款、信用卡存款、信用证保证金存款等的合计数。本项目应根据“库存现金”“银行存款”“其他货币资金”科目期末余额的合计数填列。

(2)“交易性金融资产”项目，反映资产负债表日企业分类为以公允价值计量且其变动计入当期损益的金融资产，以及企业持有的指定为以公允价值计量且其变动计入当期损益的金融资产的期末账面价值。该项目应根据“交易性金融资产”科目的相关明细科目期末余额分析填列。自资产负债表日起超过一年到期且预期持有超过一年的以公允价值计量且其变动计入当期损益的非流动金融资产的期末账面价值，在“其他非流动金融资产”项目反映。

(3)“应收票据”项目，反映资产负债表日以摊余成本计量的、企业因销售商品、提供服务等收到的商业汇票，包括银行承兑汇票和商业承兑汇票。该项目应根据“应收票据”科目的期末余额，减去“坏账准备”科目中相关坏账准备期末余额后的金额分析填列。

(4)“应收账款”项目，反映资产负债表日以摊余成本计量的、企业因销售商品、提供服务等经营活动应收取的款项。该项目应根据“应收账款”科目的期末余额，减去“坏账准备”科目中相关坏账准备期末余额后的金额分析填列。

(5)“应收款项融资”项目，反映资产负债表日以公允价值计量日其变动计入其他综合收益的应收票据和应收账款等。

(6)“预付款项”项目，反映企业按照购货合同规定预付给供应单位的款项等。该项目应根据“预付账款”和“应付账款”科目所属各明细科目的期末借方余额合计数，减去“坏账准备”科目中有关预付账款计提的坏账准备期末余额后的净额填列。如果“预付账款”科目所属明细科目期末为贷方余额的，应在资产负债表“应付账款”项目内填列。

(7)“其他应收款”项目，反映企业除应收票据、应收账款、预付账款等经营活动以外的其他各种应收、暂付的款项。该项目应根据“应收利息”“应收股利”和“其他应收款”科目的期末余额合计数，减去“坏账准备”科目中相关坏账准备期末余额后的金领填列。其中的“应收利息”仅反映相关金融工具已到期可收取但于资产负债表日尚未收到的利息。基于实际利率法计提的金融工具的利息应包含在相应金融工具的账面余额中。

(8)“存货”项目，反映企业期末在库、在途和在加工中的各种存货的可变现净值或成本（成本与可变现净值孰低）。存货包括各种材料、商品、在产品、半成品、包装物、低值易耗品、发出商品等。该项目应根据“材料采购”“原材料”“库存商品”“周转材料”“委托加工物资”“发出商品”“生产成本”“受托代销商品”等科目的期末余额合计数，减去“受托代销商品款”“存货跌价准备”科目期末余额后的净额填列。材料采用计划成本核算的，以及库存商品采用计划成本核算和售价核算的企业，还应按加或减材料成本差异、商品进销差价后的金额填列。

提示 按照《企业会计准则第 14 号——收入》（财会〔2017〕22 号）的相关规定确认为资产的合同履约成本，应当根据“合同履约成本”科目的明细科目初始确认时摊销期限是否超过一年或一个正常营业周期，在“存货”或“其他非流动资产”项目中填列，已计提减值准备的，还应减去“合同履约成本减值准备”科目中相关的期末余额后的金额填列。

(9)“合同资产”项目，反映企业按照《企业会计准则第 14 号——收入》（财会

〔2017〕22号）的相关规定，根据本企业履行履约义务与客户付款之间的关系在资产负债表中列示的合同资产。“合同资产”项目应根据“合同资产”科目的相关明细科目期末余额分析填列，同一合同下的合同资产或合同负债应当以净额列式，其中净额为借方余额的，还应根据其流动性在“合同资产”或“其他非流动资产”项目中填列，已计提减值准备的，还应以减去“合同资产减值准备”科目中相关的期末余额后的金额填列；其中净额为贷方余额的，应当根据其流动性在“合同负债”或“其他非流动负债”项目中填列。

（10）“持有待售资产”项目，反映资产负债表日划分为持有待售类别的非流动资产及划分为持有待售类别的处置组中的流动资产和非流动资产的期末账面价值。该项目应根据“持有待售资产”科目的期末余额，减去“持有待售资产减值准备”科目的期末余额后的金额填列。

（11）“一年内到期的非流动资产”项目，通常反映预计自资产负债表日起一年内变现的非流动资产。该项目应根据有关科目的期末余额分析填列。

（12）“债权投资”项目，反映资产负债表日企业以摊余成本计量的长期债权投资的期末账面价值。该项目应根据“债权投资”科目的相关明细科目期末余额，减去“债权投资减值准备”科目中相关减值准备的期末余额后的金额分析填列。自资产负债表日起一年内到期的长期债权投资的期末账面价值，在“一年内到期的非流动资产”项目反映。企业购入的以摊余成本计量的一年内到期的债权投资的期末账面价值，在“其他流动资产”项目反映。

（13）“其他债权投资”项目，反映资产负债表日企业分类为以公允价值计量且其变动计入其他综合收益的长期债权投资的期末账面价值。该项目应根据“其他债权投资”科目的相关明细科目期末余额分析填列。自资产负债表日起一年内到期的长期债权投资的期末账面价值，在“一年内到期的非流动资产”项目反映。企业购入的以公允价值计量且其变动计入其他综合收益的一年内到期的债权投资的期末账面价值，在“其他流动资产”项目反映。

（14）“长期应收款”项目，反映企业融资租赁产生的应收款项和采用递延方式分期收款、实质上具有融资性质的销售商品和提供劳务等经营活动产生的应收款项。该项目应根据“长期应收款”科目的期末余额，减去相应的“未实现融资收益”科目和“坏账准备”科目所属相关明细科目期末余额后的金额填列。

（15）“长期股权投资”项目，反映投资方对被投资单位实施控制、重大影响的权益性投资，以及对合营企业的权益性投资。该项目应根据“长期股权投资”科目的期末余额，减去“长期股权投资减值准备”科目的期末余额后的净额填列。

（16）“其他权益工具投资”项目，反映资产负债表日企业指定为以公允价值计量且其变动计入其他综合收益的非交易性权益工具投资的期末账面价值。该项目应根据“其他权益工具投资”科目的期末余额填列。

（17）“固定资产”项目，反映资产负债表日企业固定资产的期末账面价值和企业尚未清理完毕的固定资产清理净损益。该项目应根据“固定资产”科目的期末余额，减去“累计折旧”和“固定资产减值准备”科目的期末余额后的金额，以及“固定资产清理”科目的期末余额填列。

(18)“在建工程”项目，反映资产负债表日企业尚未达到预定可使用状态的在建工程的期末账面价值和企业为在建工程准备的各种物资的期末账面价值。该项目应根据“在建工程”科目的期末余额，减去“在建工程减值准备”科目的期末余额后的金额，以及“工程物资”科目的期末余额，减去“工程物资减值准备”科目的期末余额后的金额填列。

(19)“使用权资产”项目，反映资产负债表日承租人企业持有的使用权资产的期末账面价值。该项目应根据“使用权资产”科目的期末余额，减去“使用权资产累计折旧”和“使用权资产减值准备”科目的期末余额后的金额填列。

(20)“无形资产”项目，反映企业持有的专利权、非专利技术、商标权、著作权、土地使用权等无形资产的成本减去累计摊销和减值准备后的净值。该项目应根据“无形资产”科目的期末余额，减去“累计摊销”和“无形资产减值准备”科目期末余额后的净额填列。

(21)“开发支出”项目，反映企业开发无形资产过程中能够资本化形成无形资产成本的支出部分。该项目应当根据“研发支出”科目中所属的“资本化支出”明细科目期末余额填列。

(22)“长期待摊费用”项目，反映企业已经发生但应由本期和以后各期负担的分摊期限在一年以上的各项费用。长期待摊费用中在一年内（含一年）摊销的部分，在资产负债表“一年内到期的非流动资产”项目填列。该项目应根据“长期待摊费用”科目的期末余额，减去一年内（含一年）摊销的数额后的金额分析填列。

(23)“递延所得税资产”项目，反映企业根据所得税准则确认的可抵扣暂时性差异产生的所得税资产。该项目应根据“递延所得税资产”科目的期末余额填列。

(24)“其他非流动资产”项目，反映企业除上述非流动资产以外的其他非流动资产。该项目应根据有关科目的期末余额填列。

提示 (1) 按照《企业会计准则第 14 号——收入》(财会〔2017〕22 号) 的相关规定确认为资产的合同取得成本，应当根据“合同取得成本”科目的明细科目初始确认时摊销期限是否超过一年或一个正常营业周期，在“其他流动资产”或“其他非流动资产”项目中填列，已计提减值准备的，还应减去“合同取得成本减值准备”科目中相关的期末余额后的金额填列。

(2) 按照《企业会计准则第 14 号——收入》(财会〔2017〕22 号) 的相关规定确认为资产的应收退货成本，应当根据“应收退货成本”科目是否在一年或一个正常营业周期内出售，在“其他流动资产”或“其他非流动资产”项目中填列。

2. 负债项目的填列说明

(1)“短期借款”项目，反映企业向银行或其他金融机构等借入的期限在一年以下（含一年）的各种借款。该项目应根据“短期借款”科目的期末余额填列。

(2)“交易性金融负债”项目，反映企业资产负债表日承担的交易性金融负债，以及企业持有的直接指定为以公允价值计量且其变动计入当期损益的金融负债的期末账面价值。该项目应根据“交易性金融负债”科目的相关明细科目期末余额填列。

（3）“应付票据”项目，反映资产负债表日以摊余成本计量的，企业因购买材料、商品和接受服务等开出、承兑的商业汇票，包括银行承兑汇票和商业承兑汇票。该项目应根据“应付票据”科目的期末余额填列。

（4）“应付账款”项目，反映资产负债表日以摊余成本计量的，企业因购买材料、商品和接受服务等经营活动应支付的款项。该项目应根据“应付账款”和“预付账款”科目所属的相关明细科目的期末贷方余额合计数填列。

（5）“预收款项”项目，反映企业按照购货合同规定预收供应单位的款项。该项目应根据“预收账款”和“应收账款”科目所属各明细科目的期末贷方余额合计数填列。如“预收账款”科目所属明细科目期末为借方余额的，应在资产负债表“应收账款”项目内填列。

（6）“合同负债”项目，反映企业按照《企业会计准则第 14 号——收入》（财会〔2017〕22 号）的相关规定，根据本企业履行履约义务与客户付款之间的关系在资产负债表中列示的合同负债。“合同负债”项目应根据“合同负债”的相关明细科目期末余额分析填列。

（7）“应付职工薪酬”项目，反映企业为获得职工提供的服务或解除劳动关系而给予的各种形式的报酬或补偿。企业提供给职工配偶、子女、受赡养人、已故员工遗属及其他受益人等的福利，也属于职工薪酬。职工薪酬主要包括短期薪酬、离职后福利、辞退福利和其他长期职工福利。该项目应根据“应付职工薪酬”科目所属各明细科目的期末贷方余额分析填列。外商投资企业按规定从净利润中提取的职工奖励及福利基金，也在该项目列示。

（8）“应交税费”项目，反映企业按照税法规定计算应纳的各种税费，包括增值税、消费税、城市维护建设税、教育费附加、企业所得税、资源税、土地增值税、房产税、城镇土地使用税、车船税、矿产资源补偿费等。企业代扣代缴的个人所得税，也通过该项目列示。企业所纳的税金不需要预计应交数的，如印花税、耕地占用税等，不在该项目列示。该项目应根据“应交税费”科目的期末贷方余额填列，如“应交税费”科目期末为借方余额，应以“-”号填列。需要说明的是，“应交税费”科目下的“应交增值税”“未交增值税”“待抵扣进项税额”“待认证进项税额”“增值税留抵税额”等明细科目期末借方余额应根据情况，在资产负债表中的“其他流动资产”或“其他非流动资产”项目列示；“应交税费——待转销项税额”等科目期末贷方余额应根据情况，在资产负债表中的“其他流动负债”或“其他非流动负债”项目列示；“应交税费”科目下的“未交增值税”“简易计税”“转让金融商品应交增值税”“代扣代交增值税”等科目期末贷方余额应在资产负债表中的“应交税费”项目列示。

（9）“其他应付款”项目，反映企业除应付票据、应付账款、预收账款、应付职工薪酬、应交税费等经营活动以外的其他各项应付、暂收的款项。该项目应根据“应付利息”“应付股利”“其他应付款”科目的期末余额合计数填列。其中，“应付利息”科目仅反映相关金融工具已到期应支付但于资产负债表日尚未支付的利息。基于实际利率法计提的金融工具的利息应包含在相应金融工具的账面余额中。

（10）“持有待售负债”项目，反映资产负债表日处置组中与划分为持有待售类别的资产直接相关的负债的期末账面价值。该项目应根据“持有待售负债”科目的期末余额填列。

（11）“一年内到期的非流动负债”项目，反映企业非流动负债中将于资产负债表日后一年内到期部分的金额，如将于一年内偿还的长期借款。该项目应根据有关科目的期末余额分析填列。

（12）“长期借款”项目，反映企业向银行或其他金融机构借入的期限在一年以上（不含一年）的各项借款。该项目应根据“长期借款”科目的期末余额，扣除“长期借款”科目所属的明细科目中将在资产负债表日起一年内到期且企业不能自主将清偿义务展期的长期借款后的金额计算填列。

（13）“应付债券”项目，反映企业为筹集长期资金而发行的债券本金及应付的利息。该项目应根据“应付债券”科目的期末余额分析填列。对于资产负债表日企业发行的金融工具，分类为金融负债的，也在该项目填列，对于优先股和永续债还应在该项目下的“优先股”项目和“永续债”项目分别填列。

（14）“租赁负债”项目，反映资产负债表日承租人企业尚未支付的租赁付款额的期末账面价值。该项目应根据“租赁负债”科目的期末余额填列。自资产负债表日起一年内到期应予以清偿的租赁负债的期末账面价值，在“一年内到期的非流动负债”项目反映。

（15）“长期应付款”项目，反映资产负债表日企业除长期借款和应付债券以外的其他各种长期应付款项的期末账面价值。该项目应根据“长期应付款”科目的期末余额，减去相关的“未确认融资费用”科目的期末余额后的金额，以及“专项应付款”科目的期末余额填列。

（16）“预计负债”项目，反映企业根据或有事项等相关准则确认的各项预计负债，包括对外提供担保、未决诉讼、产品质量保证、重组义务以及固定资产和矿区权益弃置义务等产生的预计负债。该项目应艰据“预计负债”科目的期末余额填列。企业按照《企业会计准则第 22 号——金融工具确认和计量》（财会〔2017〕7 号）的相关规定，对贷款承诺等项目计提的损失准备，也应当在该项目中填列。

提示 按照《企业会计准则第 14 号——收入》（财会〔2017〕22 号）的相关规定确认为预计负债的应付退货款，应当根据“预计负债”科目下的“应付退货款”明细科目是否在一年或一个正常营业周期内清偿，在“其他流动负债”或“预计负债”项目中填列。

（17）“递延收益”项目，反映尚待确认的收入或收益。该项目核算包括企业根据政府补助准则确认的应在以后期间计入当期损益的政府补助金额、售后租回形成融资租赁的售价与资产账面价值差额等其他递延性收入。该项目应根据“递延收益”科目的期末余额填列。“递延收益”项目中摊销期限只剩一年或不足一年的，或预计在一年内（含一年）进行摊销的部分，不得归类为流动负债，仍在该项目中填列，不转入“一年内到期的非流动负债”项目。

（18）“递延所得税负债”项目，反映企业根据所得税准则确认的应纳税暂时性差异产生的所得税负债。该项目应根据“递延所得税负债”科目的期末余额填列。

（19）“其他非流动负债”项目，反映企业除以上非流动负债以外的其他非流动负债。该项目应根据有关科目期末余额，减去将于一年内（含一年）到期偿还数后的余额分析填列。非流动负债各项目中将于一年内（含一年）到期的非流动负债，应在“一年内到期的非流动负债”项目内反映。

3. 所有者权益项目的填列说明

（1）“实收资本（或股本）”项目，反映企业各投资者实际投入的资本（或股本）总额。该项目应根据“实收资本（或股本）”科目的期末余额填列。

（2）“其他权益工具”项目，反映资产负债表日企业发行在外的除普通股以外分类为权益工具的金融工具的期末账面价值。对于资产负债表日企业发行的金融工具，分类为金融负债的，应在“应付债券”项目填列，对于优先股和永续债，还应在“应付债券”项目下的“优先股”项目和“永续债”项目分别填列；分类为权益工具的，应在“其他权益工具”项目填列，对于优先股和永续债，还应在“其他权益工具”项目下的“优先股”项目和“永续债”项目分别填列。

（3）“资本公积”项目，反映企业收到投资者出资超出其在注册资本或股本中所占的份额以及直接计入所有者权益的利得和损失等。该项目应根据“资本公积”科目的期末余额填列。

（4）“其他综合收益”项目，反映企业其他综合收益的期末余额。该项目应根据“其他综合收益”科目的期末余额填列。

（5）“专项储备”项目，反映高危行业企业按国家规定提取的安全生产费的期末账面价值。该项目应根据“专项储备”科目的期末余额填列。

（6）“盈余公积”项目，反映企业盈余公积的期末余额。该项目应根据“盈余公积”科目的期末余额填列。

（7）“未分配利润”项目，反映企业尚未分配的利润。该项目应根据“本年利润”科目和“利润分配”科目的余额计算填列。未弥补的亏损在该项目内以“-”号填列。

例 9-1 淮洲公司20××年12月发生的主要经济业务及编制的会计分录如下：

（1）将成本为150 000元的交易性金融资产售出，获得价款300 000元，确认投资收益150 000元，价款已存入银行。假定未发生公允价值变动损益。

借：银行存款	300 000	
贷：交易性金融资产		150 000
投资收益		150 000

（2）购入原材料一批，取得增值税专用发票上注明的原材料价款为100 000元，增值税额为13 000元，款项以银行存款付讫，原材料验收入库。

借：原材料	100 000	
应交税费——应交增值税（进项税额）	13 000	
贷：银行存款		113 000

(3) 购入设备一台，设备价款为500 000元，增值税额为65 000元，款项已用银行存款支付，设备直接交付使用。

借：固定资产　500 000
　　应交税费——应交增值税（进项税额）　65 000
　　贷：银行存款　565 000

(4) 期末计提全年固定资产折旧225 000元，其中：生产车间的房屋及设备折旧150 000元，公司行政办公用房及设备折旧75 000元。

借：制造费用　150 000
　　管理费用　75 000
　　贷：累计折旧　225 000

(5) 以现金支付本月职工工资300 000元，并将其分配计入相关成本费用项目。其中，生产工人工资150 000元，行政管理人员工资75 000元，工程人员工资75 000元。

借：生产成本　150 000
　　管理费用　75 000
　　在建工程　75 000
　　贷：应付职工薪酬　300 000
借：应付职工薪酬　300 000
　　贷：库存现金　300 000

(6) 经汇总计算，本月生产产品耗用原材料600 000元。

借：生产成本　600 000
　　贷：原材料　600 000

(7) 期末将制造费用150 000元分配计入产品生产成本。

借：生产成本　150 000
　　贷：制造费用　150 000

(8) 期末，结转完工产品生产成本900 000元，其中直接材料600 000元，直接人工150 000元，制造费用150 000元，假设本月产成品和生产成本科目无期初余额。

借：库存商品　900 000
　　贷：生产成本　900 000

(9) 期末以银行存款偿还长期借款本金40 000元。

借：长期借款　40 000
　　贷：银行存款　40 000

(10) 本月销售产品收入1 500 000元，应收取的增值税为195 000元。其中货款750 000元、增值税97 500元为现款结算，余款尚未收取。

借：银行存款　847 500
　　应收账款　847 500
　　贷：主营业务收入　1 500 000
　　　　应交税费——应交增值税（销项税额）　195 000

（11）期末，结转该公司产品的销售成本900 000元。

借：主营业务成本　　900 000

　　贷：库存商品　　900 000

（12）本期发生分期付息的长期借款利息费用75 000元。按借款费用资本化的规定，计算出工程应负担的长期借款利息为30 000元，计入财务费用的利息费用为45 000元，利息按年支付。

借：在建工程　　30 000

　　财务费用　　45 000

　　贷：应付利息　　75 000

（13）计算利润总额，计提并缴纳所得税，适用的所得税税率为25%（资产、负债项目的账面价值与其计税基础一致，假设无其他纳税调整项目）。

利润总额＝1 500 000+150 000−(900 000+75 000+75 000+45 000)＝555 000（元）

应纳所得税＝555 000×25%＝138 750（元）

本期净利润＝555 000×(1−25%)＝416 250（元）

借：所得税费用　　138 750

　　贷：应交税费——应交所得税　　138 750

借：应交税费——应交所得税　　138 750

　　贷：银行存款　　138 750

（14）期末，将损益类科目转入"本年利润"科目。

借：主营业务收入　　1 500 000

　　投资收益　　150 000

　　贷：本年利润　　1 650 000

借：本年利润　　1 233 750

　　贷：主营业务成本　　900 000

　　　　管理费用　　150 000

　　　　财务费用　　45 000

　　　　所得税费用　　138 750

（15）期末，将"本年利润"科目的余额转入"利润分配——未分配利润"科目。1～11月份"本年利润"科目的余额为0。

借：本年利润　　416 250

　　贷：利润分配——未分配利润　　416 250

（16）分别按当年实现净利润的10%和5%提取法定盈余公积和任意盈余公积。

借：利润分配——提取法定盈余公积　　41 625

　　　　　　——提取任意盈余公积　　20 812.5

　　贷：盈余公积——法定盈余公积　　41 625

　　　　　　　　——任意盈余公积　　20 812.5

（17）将"利润分配"其他明细账科目中的已分配的利润转入"利润分配——未分配利

润”科目。

借：利润分配——未分配利润 62 437.5

贷：利润分配——提取法定盈余公积 41 625

——提取任意盈余公积 20 812.5

要求：根据上述业务编制淮洲公司20××年度资产负债表（年初余额已列示于表9－2中）。

根据总账及相关明细账，对资产负债表中的所有项目逐一进行分析、计算填列，编制资产负债表，见表9－2。

表9－2 资产负债表 会企01表

编制单位：淮洲公司 20××年12月31日 单位：元

资 产	期末余额	上年年末余额	负债及所有者权益	期末余额	上年年末余额
流动资产：			流动负债：		
货币资金	290 750	300 000	短期借款	20 000	20 000
交易性金融资产		150 000	交易性金融负债		
应收票据	60 000	60 000	应付票据		
应收账款	1 147 500	300 000	应付账款	30 000	30 000
预付款项	40 000	40 000	预收款项	35 000	35 000
其他应收款			合同负债		
存货	100 000	600 000	应付职工薪酬	5 000	5 000
合同资产			应交税费	417 000	300 000
持有待售资产			其他应付款	85 000	10 000
一年内到期的流动资产			一年内到期的流动负债		
其他流动资产			其他流动负债		
流动资产合计	1 638 250	1 450 000	流动负债合计	592 000	400 000
非流动资产：			非流动负债：		
债权投资			长期借款	1 010 000	1 050 000
其他债权投资			应付债券		
长期应收款			长期应付款		
长期股权投资			预计负债		
其他权益工具投资			递延收益		
投资性房地产			递延所得税负债		
固定资产	1 025 000	750 000	其他非流动负债		
在建工程	855 000	750 000	非流动负债合计	1 010 000	1 050 000
生产性生物资产			负债合计	1 602 000	1 450 000
油气资产			所有者权益：		

（续）

资　产	期末余额	上年年末余额	负债及所有者权益	期末余额	上年年末余额
使用权资产			实收资本	900 000	900 000
无形资产			其他收益工具		
开发支出			资本公积		
商誉			减：库存股		
长期待摊费用			其他综合收益		
递延所得税资产			盈余公积	662 437.5	600 000
其他非流动资产			未分配利润	353 812.5	
非流动资产合计	1 880 000	1 500 000	所有者权益合计	1 916 250	1 500 000
资产合计	3 518 250	2 950 000	负债及所有者权益合计	3 518 250	2 950 000

第三节 利润表

一、利润表的概念

利润表是反映企业在一定会计期间经营成果的报表，又称损益表。

利润表可以反映企业在一定会计期间收入、费用、利润（或亏损）的数额和构成情况，为财务报表使用者全面了解企业的经营成果，分析企业的获利能力及盈利增长趋势，做出经济决策提供依据。

二、利润表的结构

利润表一般由表头、表体两部分组成。表头部分应列明报表名称、编制单位名称、编制日期、报表编号和计量单位。表体部分为利润表的主体，列示了形成经营成果的各个项目和计算过程。

利润表的结构有单步式和多步式两种。单步式利润表是将当期所有的收入列在一起，所有的费用列在一起，然后将两者相减得出当期净损益。如果收大于支，为实现利润；反之，为发生亏损。单步式利润表，表式简单，易于理解，便于操作，也避免了项目分类填列上的麻烦。但它所提供的资料，无法反映营业与非营业性收益，以及主营业务与非主营业务收益对实现利润的影响，所以在满足报表不同使用者需要时，受到一定限制。

我国企业的利润表采用多步式格式，即通过对当期的收入、费用、支出项目按性质加以归类，按利润形成的主要环节列示一些中间性利润指标，分步计算当期净损益。它可以为报表的使用者提供判断企业营业性收支与非营业性收支对利润影响程度的资料，以便财务报表使用者理解企业经营成果的不同来源，分析构成损益各因素增减变动状况，有助于预测企业盈利趋势。

为了使财务报表使用者通过比较不同期间利润的实现情况，判断企业经营成果的未来发展趋势，企业需要提供比较利润表。为此，利润表金额栏分为“本期金额”和“上期金额”两栏分别填列。

我国一般企业利润表的格式见表9-3。

表9-3　利润表　　会企02表

编制单位：　　　　年　　月　　　　单位：元

项　　目	本期金额	上期金额
一、营业收入		
减：营业成本		
税金及附加		
销售费用		
管理费用		
研发费用		
财务费用		
其中：利息费用		
利息收入		
加：其他收益		
投资收益（损失以“-”号填列）		
其中：对联营企业和合营企业的投资收益		
以摊余成本计量的金融资产终止确认收益（损失以“-”号填列）		
净敞口套期收益（损失以“-”号填列）		
公允价值变动收益（损失以“-”号填列）		
信用减值损失（损失以“-”号填列）		
资产减值损失（损失以“-”号填列）		
资产处置收益（损失以“-”号填列）		
二、营业利润（亏损以“-”号填列）		
加：营业外收入		
减：营业外支出		
三、利润总额（亏损总额以“-”号填列）		
减：所得税费用		
四、净利润（净亏损以“-”号填列）		
（一）持续经营净利润（净亏损以“-”号填列）		

（续）

项　　目	本期金额	上期金额
（二）终止经营净利润（净亏损以“－”号填列）		
五、其他综合收益的税后净额		
（一）不能重分类进损益的其他综合收益		
1. 重新计量设定受益计划变动额		
2. 权益法下不能转损益的其他综合收益		
3. 其他权益工具投资公允价值变动		
4. 企业自身信用风险公允价值变动		
……		
（二）将重分类进损益的其他综合收益		
1. 权益法下可转损益的其他综合收益		
2. 其他债权投资公允价值变动		
3. 金融资产重分类计入其他综合收益的金额		
4. 其他债权投资信用减值准备		
5. 现金流量套期储备		
6. 外币财务报表折算差额		
……		
六、综合收益总额		
七、每股收益		
（一）基本每股收益		
（二）稀释每股收益		

不论是单步式利润表还是多步式利润表，分项列示了企业在一定会计期间所取得的各种收入，以及与各种收入相对应的费用、损失，并将收入与费用、损失加以对比，结出当期的净利润。这一将收入与相关的费用、损失进行对比，结出净利润的过程，会计上称为配比。其目的是衡量企业在特定时期或特定业务中所取得的成果，以及为取得这些成果所付出的代价，为考核经营效益提供数据。企业将经营成果的核单过程和结果编成报表，即利润表。

三、利润表的编制方法

我国企业利润表的主要编制步骤和内容如下：

第一步，以营业收入为基础，减去营业成本、税金及附加、销售费用、管理费用、研发费用、财务费用，加上其他收益、投资收益（ 或减去投资损失）、净敞口套期收益（或减去净敞口套期损失）、公允价值变动收益（或减去公允价值变动损失）、信用减值损失、资产减值损失、资产处置收益（或减去资产处置损失），计算出营业利润。

第二步，以营业利润为基础，加上营业外收入，减去营业外支出，计算出利润总额。

第三步，以利润总额为基础，减去所得税费用，计算出净利润（或净亏损）。

第四步，以净利润（或净亏损）为基础，计算每股收益。

第五步，以净利润（或净亏损）和其他综合收益为基础，计算综合收益总额。

利润表各项目均需填列“本期金额”和“上期金额”两栏。其中“上期金额”栏内各项数字，应根据上年该期利润表的“本期金额”栏内所列数字填列。“本期金额”栏内各期数字，除“基本每股收益”和“稀释每股收益”项目外，应当按照相关科目的发生额分析填列。例如：“营业收入”项目，根据“主营业务收入”“其他业务收入”科目的发生额分析计算填列；“营业成本”项目，根据“主营业务成本”“其他业务成本”科目的发生额分析计算填列。

四、利润表具体项目的填列说明

(1)“营业收入”项目，反映企业经营主要业务和其他业务所确认的收入总额。该项目应根据“主营业务收入”和“其他业务收入”科目的发生额分析填列。

(2)“营业成本”项目，反映企业经营主要业务和其他业务所发生的成本总额。该项目应根据“主营业务成本”和“其他业务成本”科目的发生额分析填列。

(3)“税金及附加”项目，反映企业经营业务应负担的消费税、城市维护建设税、教育费附加、资源税、土地增值税、房产税、车船税、城镇土地使用税、印花税等相关税费。该项目应根据“税金及附加”科目的发生额分析填列。

(4)“销售费用”项目，反映企业在销售商品过程中发生的包装费、广告费等费用和为销售本企业商品而专设的销售机构的职工薪酬、业务费等经营费用。该项目应根据“销售费用”科目的发生额分析填列。

(5)“管理费用”项目，反映企业为组织和管理生产经营发生的管理费用。该项目应根据“管理费用”科目的发生额分析填列。

(6)“研发费用”项目，反映企业进行研究与开发过程中发生的费用化支出，以及计入管理费用的自行开发无形资产的摊销。该项目应根据“管理费用”科目下的“研究费用”明细科目的发生额，以及“管理费用”科目下的“无形资产摊销”明细科目的发生额分析填列。

(7)“财务费用”项目，反映企业筹集生产经营所需资金等而发生的筹资费用。该项目应根据“财务费用”科目的发生额分析填列。

提示 “财务费用”项目下的“利息费用”项目，反映企业为筹集生产经营所需资金等而发生的应予费用化的利息支出。该项目应根据“财务费用”科目的相关明细科目的发生额分析填列。该项目作为“财务费用”项目的其中项，以正数填列。“财务费用”项目下的“利息收入”项目，反映企业按照相关会计准则确认的应冲减财务费用的利息收入。该项目应根据“财务费用”科目的相关明细科目的发生额分析填列。该项目作为“财务费用”项目的其中项，以正数填列。

（8）“其他收益”项目，反映计入其他收益的政府补助，以及其他与日常活动相关且计入其他收益的项目。该项目应根据“其他收益”科目的发生额分析填列。企业作为个人所得税的扣缴义务人，根据《中华人民共和国个人所得税法》收到的扣缴税款手续费，应作为其他与日常活动相关的收益在该项目中填列。

（9）“投资收益”项目，反映企业以各种方式对外投资所取得的收益。该项目应根据“投资收益”科目的发生额分析填列。如为投资损失，该项目以“-”号填列。

（10）“净敞口套期收益”项目，反映净敞口套期下被套期项目累计公允价值变动转入当期损益的金额或现金流量套期储备转入当期损益的金额。该项目应根据“净敞口套期损益”科目的发生额分析填列；如为套期损失，以“-”号填列。

（11）“公允价值变动收益”项目，反映企业应当计入当期损益的资产或负债公允价值变动收益。该项目应根据“公允价值变动损益”科目的发生额分析填列。如为净损失，该项目以“-”号填列。

（12）“信用减值损失”项目，反映企业按照《企业会计准则第22号——金融工具确认和计量》（财会〔2017〕7号）的要求计提的各项金融工具信用减值准备所确认的信用损失。该项目应根据“信用减值损失”科目的发生额分析填列。

（13）“资产减值损失”项目，反映企业各项资产发生的减值损失。该项目应根据“资产减值损失”科目的发生额分析填列。

（14）“资产处置收益”项目，反映企业出售划分为持有待售的非流动资产（金融工具、长期股权投资和投资性房地产除外）或处置组（子公司和业务除外）时确认的处置利得或损失，以及处置未划分为持有待售的固定资产、在建工程、生产性生物资产及无形资产而产生的处置利得或损失。债务重组中因处置非流动资产（金融工具、长期股权投资和投资性房地产除外）产生的利得或损失和非货币性资产交换中换出非流动资产（金融工具、长期股权投资和投资性房地产除外）产生的利得或损失也包括在该项目内。该项目应根据“资产处置损益”科目的发生额分析填列。如为处置损失，以“-”号填列。

（15）“营业利润”项目，反映企业实现的营业利润。如为亏损，该项目以“-”号填列。

（16）“营业外收入”项目，反映企业发生的除营业利润以外的收益，主要包括与企业日常活动无关的政府补助、盘盈利得、捐赠利得（企业接受股东或股东的子公司直接或间接的捐赠，经济实质属于股东对企业的资本性投入的除外）等。该项目应根据“营业外收入”科目的发生额分析填列。

（17）“营业外支出”项目，反映企业发生的除营业利润以外的支出，主要包括公益性捐赠支出、非常损失、盘亏损失、非流动资产毁损报废损失等。该项目应根据“营业外支出”科目的发生额分析填列。“非流动资产毁损报废损失”通常包括因自然灾害发生毁损、已丧失使用功能等原因而报废清理产生的损失。企业在不同交易中形成的非流动资产毁损报废利得和损失不得相互抵销，应分别在“营业外收入”项目和“营业外支出”项目进行填列。

（18）“利润总额”项目，反映企业实现的利润。如为亏损，该项目以“-”号填列。

（19）“所得税费用”项目，反映企业应从当期利润总额中扣除的所得税费用。该项目应根据“所得税费用”科目的发生额分析填列。

（20）“净利润”项目，反映企业实现的净利润。如为亏损，该项目以“-”号填列。

（21）“其他综合收益的税后净额”项目，反映企业根据企业会计准则规定未在损益中确认的各项利得和损失扣除所得税影响后的净额。该项目应根据“其他综合收益”科目及其所属明细科目的本期发生额分析填列。

（22）“综合收益总额”项目，反映企业净利润与其他综合收益的合计金额。

（23）“每股收益”项目，包括基本每股收益和稀释每股收益两项指标，反映普通股或潜在普通股已公开交易的企业，以及正处在公开发行普通股或潜在普通股过程中的企业的每股收益信息。

知识拓展：

（1）“其他权益工具投资公允价值变动”项目，反映企业指定为以公允价值计量且其变动计入其他综合收益的非交易性权益工具投资发生的公允价值变动。该项目应根据“其他综合收益”科目的相关明细科目的发生额分析填列。

（2）“其他债权投资公允价值变动”项目，反映企业分类为以公允价值计量且其变动计入其他综合收益的债权投资发生的公允价值变动。企业将一项以公允价值计量且其变动计入其他综合收益的金融资产重分类为以摊余成本计量的金融资产，或重分类为以公允价值计量且其变动计入当期损益的金融资产时，之前计入其他综合收益的累计利得或损失从其他综合收益中转出的金额作为该项目的减项。该项目应根据“其他综合收益”科目下的相关明细科目的发生额分析填列。

（3）“金融资产重分类计入其他综合收益的金额”项目，反映企业将一项以摊余成本计量的金融资产重分类为以公允价值计量且其变动计入其他综合收益的金融资产时，计入其他综合收益的原账面价值与公允价值之间的差额。该项目应根据“其他综合收益”科目下的相关明细科目的发生额分析填列。

例 9-2 淮洲公司（增值税一般纳税人）20××年5月有关科目发生额见表9-4。

表 9-4 淮洲公司 20××年5月有关科目发生额

（单位：元）

科目名称	借方发生额	贷方发生额
主营业务收入		1 224 000
其他业务收入		18 000
营业外收入		84 860
公允价值变动损益	3 000	
主营业务成本	542 000	
其他业务成本	13 200	
营业外支出	20 000	

（续）

科目名称	借方发生额	贷方发生额
税金及附加	5 814	
销售费用	2 200	
管理费用	50 970	
财务费用	7 000	
所得税费用	170 669	

备注：“管理费用”科目明细项目中有研发支出10 000元；“财务费用”科目明细项目中，利息支出8 000元，利息收入1 000元。

要求：根据表9－4的内容编制淮洲公司20××年5月的利润表。

根据利润表具体项目的填列方法，计算损益类各科目累计发生额。计算过程如下：

（1）营业收入项目＝主营业务收入总账贷方发生额+其他业务收入总账贷方发生额＝1 224 000+18 000＝1 242 000（元）

（2）营业成本项目＝主营业务成本总账借方发生额+其他业务成本总账借方发生额＝542 000+13 200＝555 200（元）

（3）税金及附加项目＝税金及附加总账借方发生额＝5 814（元）

（4）销售费用项目＝销售费用总账借方发生额＝2 200（元）

（5）管理费用项目＝管理费用总账借方发生额＝50 970（元）

（6）财务费用项目＝财务费用总账借方发生额＝7 000（元）

（7）公允价值变动收益项目＝公允价值变动损益总账发生额＝－3 000（元）

（8）营业利润项目＝营业收入－营业成本－税金及附加－销售费用－管理费用－财务费用－资产减值损失+公允价值变动收益（－公允价值变动损失）+投资收益（－投资损失）＝1 242 000－555 200－5 814－2 200－50 970－7 000+(－3 000)＝617 816（元）

（9）利润总额项目＝营业利润+营业外收入总账贷方发生额－营业外支出总账借方发生额＝617 816+84 860－20 000＝682 676（元）

（10）净利润项目＝利润总额－所得税费用总账借方发生额＝682 676－170 669＝512 007（元）

根据上月利润表的“本期金额”栏内的数字，直接填列本年利润表的“上期金额”栏内数字（略）。编制淮洲公司20××年5月利润表，见表9－5。

表9－5　利润表　　会企02表

编制单位：淮洲公司　　20××年5月　　单位：元

项　目	本期金额	上期金额
一、营业收入	1 242 000	
减：营业成本	555 200	
税金及附加	5 814	

（续）

项　　目	本期金额	上期金额
销售费用	2 200	
管理费用	40 970	
研发费用	10 000	
财务费用	7 000	
其中：利息费用	8 000	
利息收入	1 000	
加：其他收益		
投资收益（损失以“-”号填列）		
其中：对联营企业和合营企业的投资收益		
以摊余成本计量的金融资产终止确认收益（损失以“-”号填列）		
净敞口套期收益（损失以“-”号填列）		
公允价值变动收益（损失以“-”号填列）	-3 000	
信用减值损失（损失以“-”号填列）		
资产减值损失（损失以“-”号填列）		
资产处置收益（损失以“-”号填列）		
二、营业利润（亏损以“-”号填列）	617 816	
加：营业外收入	84 860	
减：营业外支出	20 000	
三、利润总额（亏损总额以“-”号填列）	682 676	
减：所得税费用	170 669	
四、净利润（净亏损以“-”号填列）	512 007	
（一）持续经营净利润（净亏损以“-”号填列）		
（二）终止经营净利润（净亏损以“-”号填列）		
五、其他综合收益的税后净额		
（一）不能重分类进损益的其他综合收益		
……		
（二）将重分类进损益的其他综合收益		
……		
六、综合收益总额		
七、每股收益		
（一）基本每股收益		
（二）稀释每股收益		

第四节 现金流量表

一、现金流量表的概念

现金流量表是指反映企业在一定会计期间现金和现金等价物流入和流出的报表。从编制原则上看，现金流量表按照收付实现制原则编制，将权责发生制下的盈利信息调整为收付实现制下的现金流量信息，便于信息使用者了解企业净利润的质量。从内容上看，现金流量表被划分为经营活动、投资活动和筹资活动三个部分。每类活动又分为各具体项目，这些项目从不同角度反映企业业务活动的现金流入与流出，弥补了资产负债表和利润表提供信息的不足。通过现金流量表，报表使用者能够了解现金流量的影响因素，评价企业的支付能力、偿债能力和周转能力，预测企业未来现金流量，为其决策提供有力依据。

注意 现金流量是指一定会计期间内企业现金和现金等价物的流入和流出。企业从银行提取现金、用现金购买短期到期的国库券等现金和现金等价物之间的转换不属于现金流量。

二、现金流量表的编制基础

现金流量表是以现金为基础编制的，这里的现金是指企业库存现金、银行存款、其他货币资金以及现金等价物。

1. 库存现金

库存现金是指企业持有的可随时用于支付的现金，即与会计核算中“库存现金”科目所包括的内容一致。

2. 银行存款

银行存款是指企业存于金融机构随时可以用于支付的存款，即与会计核算中“银行存款”科目所包括的内容基本一致，区别在于：企业存于金融机构的款项中不能随时用于支付的存款，如不能随时支取的定期存款不作为现金流量表中的现金，但提前通知金融机构便可支取的定期存款，则包括在现金流量表的现金范围内。

3. 其他货币资金

其他货币资金是指企业存于金融机构的有特定用途的资金，包括外埠存款、银行汇票存款、银行本票存款、信用证存款、信用卡存款等。

4. 现金等价物

现金等价物是指企业持有的期限短、流动性强、易于转换为已知金额现金、价值变动风险很小的投资。现金等价物虽然不是现金，但其支付能力与现金差别不大，可视为现金。将现金等价物视同现金加以报告，主要是考虑到当企业进行期限短、流动性强、易于转换为已知金额现金、价值变动风险很小的投资时，主要目的不是取得投资收益，而是将本来用于日常支付的现金暂时用于投资，待需要支付时随时变现，其安全性和变现能力与普通存款差不多，但比普通存款更为合算。

提示 企业应当根据具体情况，确定现金等价物的范围，并且一贯性地保持其划分标准，如改变划分标准，应视为会计政策的变更。企业确定现金等价物的原则及其变更，应当在会计报表附注中披露。

三、现金流量表的结构

现金流量表由表头、表体和补充资料三部分组成。

1. 表头

表头包括报表名称、编制单位、编制日期和金额单位等内容。

2. 表体

表体部分是现金流量表的核心，按照经济活动的性质分为经营活动产生的现金流量、投资活动产生的现金流量和筹资活动产生的现金流量三部分。每一类现金流量，分别按现金流入和现金流出总额反映。

（1）经营活动产生的现金流量。

经营活动是指企业投资活动和筹资活动以外的所有交易和事项。各类企业由于行业特点不同，对经营活动的认定存在一定差异。对于工商企业而言，经营活动主要包括销售商品，提供劳务、购买商品、接受劳务、支付职工薪酬、支付税费等。对于商业银行而言，经营活动主要包括吸收存款、发放贷款、同业存放、同业拆借等。对于保险公司而言，经营活动主要包括原保险业务和再保险业务等。对于证券公司而言，经营活动主要包括自营证券、代理承销证券、代理兑付证券、代理买卖证券等。

利用经营活动形成的现金流量，可以判断在不动用企业外部筹资的情况下，企业通过经营活动产生的现金流量是否足以偿还贷款，维持企业的生产经营、支付股利以及对外投资。此外，利用本期经营活动所形成的现金流量，还可以预测未来同类现金流量的变化趋势。

（2）投资活动产生的现金流量。

投资活动是指企业长期资产的购建和不包括在现金等价物范围内的投资及其处置活动。

长期资产是指固定资产、无形资产、在建工程、其他资产等持有期限在一年或一个营业周期以上的资产。这里所讲的投资活动，既包括实物资产投资，也包括金融资产投资。另外，之所以将“包括在现金等价物范围内的投资”排除在外，是因为对于工商企业而言已经将包括在现金等价物范围内的投资视同为现金。不同企业由于行业特点不同对投资活动的认定也存在差异。例如，以公允价值计量且其变动计入当期损益的金融资产所产生的现金流量，对于工商企业而言，属于投资活动现金流量，而对于证券公司而言，属于经营活动现金流量。

投资活动产生的现金流量代表着企业为了获得未来的收益和现金流量而转出资源的程度，以及以前资源转出带来的现金流入的信息。

(3) 筹资活动产生的现金流量。

筹资活动是指导致企业资本及债务规模和构成发生变化的活动，包括吸收投资、发行股票、分配利润等。

这里所说的资本，既包括实收资本（股本），也包括资本溢价（股本溢价）；这里所说的债务，指对外举债，包括向银行借款、发行债券等。通常情况下，应付账款、应付票据等属于经营活动，不属于筹资活动。

通过计算筹资活动形成的现金流量，可以分析企业筹资能力，帮助企业资本提供者预计从企业未来现金流量中索偿其产权的信息。

此外，对于企业日常活动之外特殊的、不经常发生的特殊项目，如自然灾害损失、保险赔款、捐赠等，应当归并到相关类别中，并单独反映。例如：对于自然灾害损失和保险赔款，如果能够确定属于流动资产损失，应当列入经营活动产生的现金流量；属于固定资产损失的，应当列入投资活动产生的现金流量。

补充资料本书略。

我国企业现金流量表采用报告式结构，格式见表9-6。

表9-6 现金流量表 会企03表

编制单位： 年 月 单位：

项 目	本期金额	上期金额
一、经营活动产生的现金流量：		
销售商品、提供劳务收到的现金		
收到的税费返还		
收到其他与经营活动有关的现金		
经营活动现金流入小计		
购买商品、接受劳务支付的现金		
支付给职工以及为职工支付的现金		
支付的各项税费		
支付其他与经营活动有关的现金		
经营活动现金流出小计		
经营活动产生的现金流量净额		
二、投资活动产生的现金流量：		
收回投资收到的现金		
取得投资收益收到的现金		
处置固定资产、无形资产和其他长期资产收回的现金净额		

（续）

项　　目	本期金额	上期金额
处置子公司及其他营业单位收到的现金净额		
收到其他与投资活动有关的现金		
投资活动现金流入小计		
购建固定资产、无形资产和其他长期资产支付的现金		
投资支付的现金		
取得子公司及其他营业单位支付的现金净额		
支付其他与投资活动有关的现金		
投资活动现金流出小计		
投资活动产生的现金流量净额		
三、筹资活动产生的现金流量：		
吸收投资收到的现金		
取得借款收到的现金		
收到其他与筹资活动有关的现金		
筹资活动现金流入小计		
偿还债务支付的现金		
分配股利、利润或偿付利息支付的现金		
支付其他与筹资活动有关的现金		
筹资活动现金流出小计		
筹资活动产生的现金流量净额		
四、汇率变动对现金及现金等价物的影响		
五、现金及现金等价物净增加额		
加：期初现金及现金等价物余额		
六、期末现金及现金等价物余额		

四、现金流量表的编制方法

企业一定期间的现金流量可以分成三部分，即经营活动现金流量、投资活动现金流量、筹资活动现金流量。编制现金流量表时，列报经营活动现金流量的方法有两种，一是直接法，二是间接法。这两种方法通常也称为编制现金流量表的直接法和间接法。

企业会计准则规定，企业应当采用直接法列示经营活动产生的现金流量。直接法是指通过现金收入和现金支出的主要类别列示经营活动的现金流量。采用直接法编制经营活动的现金流量时，一般以利润表中的营业收入为起算点，调整与经营活动有关项目的增减变动，然后计算出经营活动的现金流量。采用直接法具体编制现金流量表时，可以采用工作底稿法或T形账户法，也可以根据有关科目记录分析填列。

工作底稿法是以工作底稿为手段，以利润表和资产负债表数据为基础，结合有关科目的记录，对现金流量表的每一项目进行分析并编制调整分录，从而编制出现金流量表的一种方法。第一步，将资产负债表项目的年初余额和期末金额过入工作底稿中与之对应项目的期初数栏和期末数栏。第二步，对当期业务进行分析并编制调整分录。在调整分录中，有关现金及现金等价物的事项分别记入“经营活动产生的现金流量”“投资活动产生的现金流量”“筹资活动产生的现金流量”等项目，借记表明现金流入，贷记表明现金流出。第三步，将调整分录过入工作底稿中的相应部分。第四步，核对调整分录，借贷合计应当相等，资产负债表项目期初数加减调整分录中的借贷金额以后，应当等于期末数。

现金流量表各项目均需填列“本期金额”和“上期金额”两栏。现金流量表“上期金额”栏内各项数字，应根据上一期间现金流量表“本期金额”栏内所列数字填列。

五、现金流量表项目的填列说明

1. 经营活动产生的现金流量

(1)“销售商品、提供劳务收到的现金”项目，反映企业本年销售商品、提供劳务收到的现金，以及前期销售商品、提供劳务本期收到的现金（包括应向购买者收取的增值税销项税额）和本期预收的款项，减去本年销售本期退回商品和前期销售本期退回商品支付的现金。企业销售材料和代购代销业务收到的现金，也在该项目反映。

(2)“收到的税费返还”项目，反映企业收到返还的所得税、增值税、消费税、关税和教育费附加等各种税费返还款。

(3)“收到其他与经营活动有关的现金”项目，反映企业经营租赁收到的租金等其他与经营活动有关的现金流入，金额较大的应当单独列示。

(4)“购买商品、接受劳务支付的现金”项目，反映企业本期购买商品、接受劳务实际支付的现金（包括增值税进项税额），以及本期支付前期购买商品、接受劳务的未付款项和本期预付款项，减去本期发生的购货退回收到的现金。企业购买材料和代购代销业务支付的现金，也在该项目反映。

(5)“支付给职工以及为职工支付的现金”项目，反映企业实际支付给职工的工资、奖金、各种津贴和补贴等职工薪酬（包括代扣代缴的职工个人所得税）。

注意 支付给在建工程人员的工资及其他费用在“购建固定资产、无形资产和其他长期资产支付的现金”项目反映；支付给离退休人员的各项费用反映在“支付其他与经营活动有关的现金”项目反映。

(6)“支付的各项税费”项目，反映企业发生并支付、前期发生本期支付以及预缴的各项税费，包括所得税、增值税、消费税、印花税、房产税、土地增值税、车船税、教育费附加等。

(7)“支付其他与经营活动有关的现金”项目，反映企业经营租赁支付的租金，支付的差旅费、业务招待费、保险费、罚款支出等其他与经营活动有关的现金流出，金额较大的应当单独列示。

2. 投资活动产生的现金流量

（1）“收回投资收到的现金”项目，反映企业出售、转让或到期收回除现金等价物以外的对其他企业长期股权投资等收到的现金，但处置子公司及其他营业单位收到的现金净额除外。

（2）“取得投资收益收到的现金”项目，反映企业除现金等价物以外的对其他企业的长期股权投资等分回的现金股利和利息等。

（3）“处置固定资产、无形资产和其他长期资产收回的现金净额”项目，反映企业出售、报废固定资产、无形资产和其他长期资产所取得的现金（包括因资产毁损而收到的保险赔偿收入），减去为处置这些资产而支付的有关费用后的净额。

（4）“处置子公司及其他营业单位收到的现金净额”项目，反映企业处置子公司及其他营业单位所取得的现金，减去相关处置费用以及子公司及其他营业单位持有的现金和现金等价物后的净额。

（5）“购建固定资产、无形资产和其他长期资产支付的现金”项目，反映企业购买、建造固定资产、取得无形资产和其他长期资产所支付的现金（含增值税税款等），以及用现金支付的应由在建工程和无形资产负担的职工薪酬。

注意 为购建固定资产而发生的借款利息资本化部分，以及融资租入固定资产支付的租赁费在筹资活动产生的现金流量中反映。

（6）“投资支付的现金”项目，反映企业取得除现金等价物以外的对其他企业的长期股权投资等所支付的现金以及支付的佣金、手续费等附加费用，但取得子公司及其他营业单位支付的现金净额除外。

（7）“取得子公司及其他营业单位支付的现金净额”项目，反映企业购买子公司及其他营业单位购买出价中以现金支付的部分，减去子公司及其他营业单位持有的现金和现金等价物后的净额。

（8）“收到其他与投资活动有关的现金”项目，反映企业除上述（1）~（7）项目外收到或支付的其他与投资活动有关的现金，金额较大的应当单独列示。

3. 筹资活动产生的现金流量

（1）“吸收投资收到的现金”项目，反映企业以发行股票、债券等方式筹集资金实际收到的款项（发行收入减去支付的佣金等发行费用后的净额）。

（2）“取得借款收到的现金”项目，反映企业举借各种短期、长期借款而收到的现金。

（3）“偿还债务支付的现金”项目，反映企业为偿还债务本金而支付的现金。

注意 企业支付的借款利息和债券利息在“分配股利、利润或偿付利息支付的现金”项目反映。

（4）“分配股利、利润和偿付利息支付的现金”项目，反映企业实际支付的现金股利、支付给其他投资单位的利润或用现金支付的借款利息、债券利息。

（5）“收到其他与筹资活动有关的现金”“支付其他与筹资活动有关的现金”项目，反映企业除上述（1）～（4）项目外收到或支付的其他与筹资活动有关的现金，金额较大的应当单独列示。

4. 汇率变动对现金及现金等价物的影响

“汇率变动对现金及现金等价物的影响”项目，反映下列项目之间的差额：

（1）企业外币现金流量折算为记账本位币时，采用现金流量发生日的即期汇率或按照系统合理的方法确定的、与现金流量发生日即期汇率近似的汇率折算的金额（编制合并现金流量表时折算境外子公司的现金流量，应当比照处理）。

（2）企业外币现金及现金等价物净增加额按资产负债表日即期汇率折算的金额。

例 9-3 淮洲公司20××年度发生的经济业务及有关资料整理如下：

（1）本期商品销售收入为1 862 840元，其他业务收入19 600元；应收票据期初余额为246 000元，期末余额为46 000元，本期减少200 000元；应收账款期初余额为400 000元，期末余额为800 000元，本期增加400 000元；预收账款期初余额为100 000元，期末余额为96 000元，本期减少4 000元。

（2）本期销售商品、提供劳务应收增值税销项税额为320 015元。

（3）本期收到罚款收入6 400元；收到增值税返还款12 000元。

（4）本期购买原材料、接受劳务等实际支付的现金为641 970元（不含增值税进项税额）；应付账款期初余额953 000元，期末余额835 500元，本期减少117 500元；应付票据期初余额200 000元，期末余额100 000元，本期减少100 000元；预付账款期初余额90 000元，期末无余额，本期减少90 000元（说明本期没有发生预付款项，没有现金流出）。

（5）本期购入原材料等实际支付增值税进项税额109 135元。

（6）本期共用现金发放职工工资296 000元，其中生产工人工资196 000元，管理人员工资100 000元；上缴职工养老保险金64 000元，支付离退休人员费用10 000元；现金支付其他费用6 874元。

（7）本期上缴给税务部门增值税211 142元，所得税65 000元，城市维护建设税15 000元，教育费附加10 600元，其他税费2 258元。

（8）本期支付差旅费8 500元，业务招待费13 000元，保险费3 500元。

（9）本期收回短期投资（不属于现金等价物）现金4 200元。

（10）本期从联营企业分得投资利润26 580元。

（11）企业出售旧设备一台，原价8 000元，已提折旧6 500元，出售所得收入1 000元，已存入银行，发生清理费用200元，已用现金支付，设备已清理完毕。企业盘亏的固定资产，报经批准后转营业外支出的数额为7 500元。企业盘盈的固定资产，重置价值9 000元，估计折旧3 600元，报经批准后转营业外收入的数额为5 400元。

（12）本期用银行存款购入新固定资产328 800元；购入旧固定资产原值262 000元，已提折旧 66 400 元，支付银行存款 195 600 元。用于在建工程支出现金 50 000 元。

(13) 本期向银行借入 5 年期的长期借款 560 000 元。企业自行发行 2 年期企业债券 206 950元，实际收到款项 204 844 元。

(14) 本期以现金偿还短期借款本金 250 000 元、长期借款本金 1 000 000 元。

(15) 本期共支付利息费用 12 800 元。

要求：编制淮洲公司 20××年度现金流量表。

采用直接法，根据有关科目记录，分析计算经营活动、投资活动和筹资活动产生的现金流量各项目数字。

1. 经营活动产生的现金流量

(1)“销售商品、提供劳务收到的现金”项目，根据“库存现金”“银行存款”“应收账款”“应收票据”“预收账款”“主营业务收入”“其他业务收入”等科目的记录分析填列。该项目金额＝1 862 840+19 600+200 000−400 000−4 000+320 015＝1 998 455（元）。

(2)“收到的税费返还”项目，根据“库存现金”“银行存款”“税金及附加”“补贴收入”“应收补贴款”等科目的记录分析填列，为 12 000 元。

(3)“收到其他与经营活动有关的现金”项目，根据“库存现金”“银行存款”“营业外收入”等科目的记录分析填列，为 6 400 元。

(4)“经营活动现金流入小计”项目金额＝1 998 455+12 000+6 400＝2 016 855（元）。

(5)“购买商品、接受劳务支付的现金”项目，根据“库存现金”“银行存款”“应付账款”“应付票据”“主营业务成本”等科目的记录分析填列。该项目金额＝641 970+117 500+100 000+109 135＝968 605（元）。

(6)“支付给职工以及为职工支付的现金”项目，根据“应付职工薪酬”“库存现金”“银行存款”等科目的记录分析填列。该项目金额＝296 000+64 000+6 874＝366 874（元）。

提示 支付离退休人员费用 10 000 元应记入“支付其他与经营活动有关的现金”项目中。

(7)“支付的各项税费”项目，根据“应交税费”“库存现金”“银行存款”等科目的记录分析填列。该项目金额＝211 142+65 000+15 000+10 600+2 258＝304 000（元）。

(8)“支付其他与经营活动有关的现金”项目金额＝10 000+8 500+13 000+3 500＝35 000(元)。

(9)“经营活动现金流出小计”项目金额＝968 605+366 874+304 000+35 000＝1 674 479(元)。

(10)“经营活动产生的现金流量净额”项目金额＝2 016 855−1 674 479＝342 376(元)。

2. 投资活动产生的现金流量

(1)“收回投资所收到的现金”项目，根据“长期股权投资”“库存现金”“银行存款”

等科目的记录分析填列。该项目金额为 4 200 元。

（2）“取得投资收益收到的现金”项目，根据“库存现金”“银行存款”“投资收益”等科目的记录分析填列。该项目金额为 26 580 元。

（3）“处置固定资产、无形资产和其他长期资产收回的现金净额”项目，根据“固定资产清理”“库存现金”“银行存款”等科目的记录分析填列。该项目金额 = 1 000−200 = 800（元）。

（4）“收到其他与投资活动有关的现金”项目本期发生额为 0。

（5）“投资活动现金流入小计”项目金额 = 4 200+26 580+800 = 31 580（元）。

（6）“购建固定资产、无形资产和其他长期资产支付的现金”项目根据“固定资产”“在建工程”“无形资产”“库存现金”“银行存款”等科目的记录分析填列。该项目金额 = 328 800+195 600+50 000 = 574 400（元）。

（7）“投资支付的现金”项目本期发生额为 0。

（8）“支付其他与投资活动有关的现金”项目本期发生额为 0。

（9）“投资活动现金流出小计”项目金额为 574 400 元。

（10）“投资活动产生的现金流量净额”项目金额 = 31 580−574 400 = −542 820（元）。

3. 筹资活动产生的现金流量

（1）“吸收投资收到的现金”项目，根据“实收资本（或股本）”“库存现金”“银行存款”等科目的记录分析填列。该项目金额为 204 844 元。

（2）“取得借款收到的现金”项目，根据“短期借款”“长期借款”“库存现金”“银行存款”等科目的记录分析填列。该项目金额为 560 000 元。

（3）“收到其他与筹资活动有关的现金”项目本期发生额为 0。

（4）“筹资活动现金流入小计”项目金额 = 204 844+560 000 = 764 844（元）。

（5）“偿还债务支付的现金”项目根据“短期借款”“长期借款”“库存现金”“银行存款”等科目的记录分析填列。该项目金额 = 250 000+1 000 000 = 1 250 000（元）。

（6）“分配股利、利润或偿付利息支付的现金”项目根据“应付股利”“财务费用”“长期借款”“库存现金”“银行存款”等科目的记录分析填列。该项目金额为 12 800 元。

（7）“支付其他与筹资活动有关的现金”项目本期发生额为 0。

（8）“筹资活动现金流出小计”项目金额 = 1 250 000+12 800 = 1 262 800（元）。

（9）“筹资活动产生的现金流量净额”项目金额 = 764 844−1 262 800 = −497 956（元）。

4.“现金及现金等价物净增加额”项目

该项目金额 = 342 376−542 820−497 956 = −698 400（元）。

汇率变动对现金的影响和现金流量表补充资料的编制方法略。

根据计算结果编制现金流量表各项目本期金额（见表 9−7），期初现金及现金等价物余额为 712 600 元，其余上期金额略。

表 9－7　现金流量表　　会企 03 表

编制单位：淮洲公司　　20××年度　　单位：元

项　　目	本期金额	上期金额
一、经营活动产生的现金流量：		（略）
销售商品、提供劳务收到的现金	1 998 455	
收到税费返还	12 000	
收到其他与经营活动有关的现金	6 400	
经营活动现金流入小计	2 016 855	
购买商品、接受劳务支付的现金	968 605	
支付给职工以及为职工支付的现金	366 874	
支付的各项税费	304 000	
支付其他与经营活动有关的现金	35 000	
经营活动现金流出小计	1 674 479	
经营活动产生的现金流量净额	342 376	
二、投资活动产生的现金流量：		
收回投资所收到的现金	4 200	
取得投资收益收到的现金	26 580	
处置固定资产、无形资产和其他长期资产收回的现金净额	800	
收到其他与投资活动有关的现金		
投资活动现金流入小计	31 580	
购建固定资产、无形资产和其他长期资产支付的现金	574 400	
投资支付的现金		
支付其他与投资活动有关的现金		
投资活动现金流出小计	574 400	
投资活动产生的现金流量净额	−542 820	
三、筹资活动产生的现金流量：		
吸收投资收到的现金	204 844	
取得借款收到的现金	560 000	
收到其他与筹资活动有关的现金		
筹资活动现金流入小计	764 844	
偿还债务支付的现金	1 250 000	
分配股利、利润或偿付利息支付的现金	12 800	
支付其他与筹资活动有关的现金		
筹资活动现金流出小计	1 262 800	
筹资活动产生的现金流量净额	−497 956	
四、汇率变动对现金的影响		
五、现金及现金等价物净增加额	−698 400	
加：期初现金及现金等价物余额	712 600	
六、期末现金及现金等价物余额	14 200	

第五节 所有者权益变动表

一、所有者权益变动表概述

所有者权益变动表是指反映构成所有者权益各组成部分当期增减变动情况的报表。

所有者权益变动表既可以为报表使用者提供所有者权益总量增减变动的信息，也能为其提供所有者权益增减变动的结构性信息，特别是能够让报表使用者理解所有者权益增减变动的根源。

二、所有者权益变动表的结构

所有者权益变动表上，企业至少应当单独列示反映下列信息的项目：综合收益总额；会计政策变更和差错更正的累积影响金额；所有者投入资本和向所有者分配利润等；提取的盈余公积；实收资本、其他权益工具、资本公积、其他综合收益、专项储备、盈余公积、未分配利润的期初和期末余额及其调节情况。

所有者权益变动表以矩阵的形式列示：一方面，列示导致所有者权益变动的交易或事项，即所有者权益变动的来源，对一定时期所有者权益的变动情况进行全面反映；另一方面，按照所有者权益的各组成部分（即实收资本、其他权益工具、资本公积、其他综合收益、盈余公积、未分配利润和库存股）列示交易或事项对所有者权益各部分的影响。

我国企业所有者权益变动表的格式见表9－8。

三、所有者权益变动表的编制

1. 所有者权益变动表项目的填列方法

所有者权益变动表各项目均需填列“本年金额”和“上年金额”两栏。

所有者权益表变动表“上年金额”栏内各项数字，应根据上年度所有者权益变动表“本年金额”内所列数字填列。上年度所有者权益变动表规定的各个项目的名称和内容同本年度不一致的，应对上年度所有者权益变动表各项目的名称和数字按照本年度的规定进行调整，填入所有者权益变动表的“上年金额”栏内。

所有者权益变动表“本年金额”栏内各项数字一般应根据“实收资本（或股本）”其他权益工具、“资本公积”“库存股”“其他综合收益”“盈余公积”“利润分配”“以前年度损益调整”科目的发生额分析填列。

企业的净利润及其分配情况作为所有者权益变动的组成部分，不需要单独编制利润分配表列示。

2. 所有者权益变动表主要项目列报说明

(1)“上年年末余额”项目，反映企业上年资产负债表中实收资本（或股本）、其他权益工具、资本公积、库存股、其他综合收益、专项储备、盈余公积、未分配利润的年末余额。

表 9-8　所有者权益变动表

会企 04 表

编制单位：　　　　　　　　　　年度　　　　　　　　　　单位：元

项目	本年金额											上年金额										
	实收资本（或股本）	其他权益工具			资本公积	减：库存股	其他综合收益	专项储备	盈余公积	未分配利润	所有者权益合计	实收资本（或股本）	其他权益工具			资本公积	减：库存股	其他综合收益	专项储备	盈余公积	未分配利润	所有者权益合计
		优先股	永续债	其他									优先股	永续债	其他							
一、上年年末余额																						
加：会计政策变更																						
前期差错更正																						
其他																						
二、本年年初余额																						
三、本年增减变动金额（减少以“-”号填列）																						
（一）综合收益总额																						
（二）所有者投入和减少资本																						
1. 所有者投入的普通股																						
2. 其他权益工具持有者投入资本																						
3. 股份支付计入所有者权益的金额																						
4. 其他																						
（三）利润分配																						
1. 提取盈余公积																						

（续）

项目	本年金额												上年金额											
	实收资本（或股本）	其他权益工具			资本公积	减：库存股	其他综合收益	专项储备	盈余公积	未分配利润	所有者权益合计	实收资本（或股本）	其他权益工具			资本公积	减：库存股	其他综合收益	专项储备	盈余公积	未分配利润	所有者权益合计
		优先股	永续债	其他									优先股	永续债	其他							
2. 对所有者（或股东）的分配																						
3. 其他																						
（四）所有者权益内部结转																						
1. 资本公积转增资本（或股本）																						
2. 盈余公积转增资本（或股本）																						
3. 盈余公积弥补亏损																						
4. 设定受益计划变动额结转留存收益																						
5. 其他综合收益结转留存收益																						
6. 其他																						
四、本年年末余额																						

（2）“会计政策变更”和“前期差错更正”项目，分别反映企业采用追溯调整法处理的会计政策变更的累积影响金额和采用追溯重述法处理的会计差错更正的累积影响金额。

（3）“本年增减变动额”项目：

1）“综合收益总额”项目，反映净利润和其他综合收益扣除所得税影响后的净额相加后的合计金额。

2）“所有者投入和减少资本”项目，反映企业当年所有者投入的资本和减少的资本。其中：

①“所有者投入的普通股”项目，反映企业接受投资者投入的实收资本（或股本）和资本溢价（或股本溢价）。

②“其他权益工具持有者投入资本”项目，反映企业发行的除普通股以外分类为权益工具的金融工具的持有者投入资本的金额。

③“股份支付计入所有者权益的金额”项目，反映企业处于等待期中的权益结算的股份支付当年计入资本公积的金额。

3）“利润分配”项目，反映企业当年的利润分配金额。其中：

①“提取盈余公积”项目，反映企业按照规定提取的盈余公积。

②“对所有者（或股东）的分配”项目，反映对所有者（或股东）分配的利润（或股利）金额。

4）“所有者权益内部结转”项目，反映企业当年构成所有者权益的组成部分之间的增减变动情况。其中：

①“资本公积转增资本（或股本）”项目，反映企业当年以资本公积转增资本或股本的金额。

②“盈余公积转增资本（或股本）”项目，反映企业当年以盈余公积转增资本或股本的金额。

③“盈余公积弥补亏损”项目，反映企业以盈余公积弥补亏损的金额。

④“设定受益计划变动额结转留存收益”项目，反映企业因重新计量设定受益计划净负债或净资产所产生的变动计入其他综合收益，结转至留存收益的金额。

⑤“其他综合收益结转留存收益”项目，主要反映：①企业指定为以公允价值计量且其变动计入其他综合收益的非交易性权益工具投资终止确认时，之前计入其他综合收益的累计利得或损失从其他综合收益中转入留存收益的金额；②企业指定为以公允价值计量且其变动计入当期损益的金融负债终止确认时，之前由企业自身信用风险变动引起而计入其他综合收益的累计利得或损失从其他综合收益中转入留存收益的金额等。

例 9－4　江淮公司 20×1 年年末所有者权益总额为 6 000 000 元，其中实收资本1 000 000 元，资本公积 5 000 000 元。假设 20×2 年度发生的跟所有者权益变动有关的资料如下：

（1）本年所有者投入资本 2 000 000 元，资本公积转增资本 3 000 000 元。

（2）本年其他综合收益增加 2 000 000 元。

（3）本年实现净利润 8 000 000 元。

（4）本年提取法定盈余公积 800 000 元，向投资者分配利润 200 000 元。

要求：根据上述资料编制江淮公司 20×2 年度所有者权益变动表。

根据上述资料编制所有者权益变动表各项目本年金额（见表 9－9），上年金额略。

表 9-9 所有者权益变动表

会企 04 表

编制单位：江淮公司　　20×2 年度　　单位：元

项目	本年金额											上年金额（略）
	实收资本（或股本）	其他权益工具			资本公积	减：库存股	其他综合收益	专项储备	盈余公积	未分配利润	所有者权益合计	
		优先股	永续债	其他								
一、上年年末余额	1000 000				5000 000						6000 000	
加：会计政策变更												
前期差错更正												
其他												
二、本年年初余额	1 000 000				5 000 000						6 000 000	
三、本年增减变动金额（减少以“-”号填列）												
（一）综合收益总额							2 000 000			8 000 000	10 000 000	
（二）所有者投入和减少资本												
1. 所有者投入的普通股	2 000 000										2 000 000	
2. 其他权益工具持有者投入资本												
3. 股份支付计入所有者权益的金额												
4. 其他												

（三）利润分配												
1. 提取盈余公积								800 000	−800 000	0		
2. 对所有者（或股东）的分配									−200 000	−200 000		
3. 其他												
（四）所有者权益内部结转												
1. 资本公积转增资本（或股本）	3 000 000			−3 000 000								
2. 盈余公积转增资本（或股本）												
3. 盈余公积弥补亏损												
4. 设定受益计划变动额结转留存收益												
5. 其他综合收益结转留存收益												
6. 其他												
四、本年年末余额	6 000 000			2 000 000		2 000 000		800 000	7 000 000	17 800 000		

本章习题

一、单项选择题（下列答案中有一个答案是正确的，请将正确答案前的英文字母填入括号内）

1. 企业用于在建工程购入的材料，如果期末尚有结余，应在资产负债表“（　　）”项目下列示。

A. 在建工程　　B. 固定资产　　C. 存货　　D. 工程物资

2. 以下企业的固定资产在资产负债表中填列方法正确的是（　　）。

A. 固定资产期末余额-累计折旧-固定资产减值准备期末余额+固定资产清理的期末余额

B. 固定资产期末余额+固定资产清理期末余额

C. 固定资产+在建工程期末余额

D. 固定资产+工程物资期末余额

3. 企业在填列资产负债表“预付款项”项目时，假设不考虑计提的坏账准备，以下表达正确的是（　　）。

A. 根据预付账款明细账的期末余额填列

B. 根据预付账款借方余额合计数，加上应付账款借方余额合计数填列

C. 根据预付账款贷方余额合计数，加上应付账款贷方余额合计数填列

D. 根据预付账款借方余额合计数，加上应付账款贷方余额合计数填列

4. 如果企业有一年内到期的长期待摊费用，则应当在资产负债表“（　　）”项目下列示。

A. 长期待摊费用　　B. 其他流动资产

C. 一年内到期的非流动资产　　D. 一年内到期的非流动负债

5. 以下现金流量表列示的项目中，属于投资活动产生的现金流量的是（　　）。

A. 支付给生产工人的工资　　B. 收到的税费返还

C. 取得的投资收益　　D. 收到的投资款

6. 某企业某年营业收入 1 000 万元，增值税销项税额为 170 万元，“应收账款”科目年初余额为 100 万元，年末余额为 120 万元，无其他事项，企业当年现金流量表中销售商品提供劳务收到的现金应为（　　）万元。

A. 1 000　　B. 1 150　　C. 1 500　　D. 1 750

7. W 公司某年度营业成本 800 万元，存货年初数 200 万元，期末数 260 万元，购入存货增值税进项税额 85 万元，该企业当年购买商品、接受劳务支付的现金是（　　）万元。

A. 800　　B. 850　　C. 945　　D. 1050

8. W 公司某年年末“应收账款”科目的借方余额为 500 万元，其中，应收账款明细账有借方余额 600 万元，贷方余额 100 万元，年末与应收账款相关的“坏账准备”科目的贷方余额为 50 万元，假设不考虑其他事项，W 公司当年资产负债表中“应收账款”项目的金额为（　　）万元。

A. 400　　B. 450　　C. 550　　D. 600

9. 以下关于财务报表的说法中，不恰当的是（　　）。

A. 一套完整的财务报表至少应当包括资产负债表、利润表、现金流量表和所有者权益变动表及附注

B. 资产负债表反映企业在某一特定日期的财务状况

C. 利润表反映企业在一定会计期间的经营成果

D. 现金流量表反映企业在一定会计期间的现金和现金等价物流入和流出情况

10. 在填列资产负债表时，根据总账科目余额进行填列的是（　　）。

A. 应收账款　　B. 短期借款　　C. 应收票据　　D. 固定资产

11. 企业银行本票存款 10 万元，商业承兑汇票 8 万元，库存现金 15 万元，银行结算账户存款 40 万元，则企业资产负债表中“货币资金”项目的金额为（　　）万元。

A. 18　　B. 65　　C. 55　　D. 50

12. W 公司于 2019 年 2 月从商业银行借入一笔款项 500 万元，期限 4 年；2020 年 5 月从工商银行借入一笔款项 200 万元，期限 3 年。两笔借款均属于分期付息。W 公司无其他借款。2022 年 12 月 31 日，W 公司资产负债表中长期借款的金额应列示为（　　）万元。

A. 0　　B. 300　　C. 500　　D. 550

13. 下列各项中，应该作为现金流量表中筹资活动产生的现金流量的是（　　）。

A. 销售商品收到的现金　　B. 购入固定资产支付的现金

C. 用现金购买持有 2 个月内到期的国债　　D. 清偿长期借款支付的现金

14. 下列各项中，不影响利润表中的营业利润的是（　　）。

A. 企业销售商品发生的现金折扣　　B. 行政管理部门的办公费

C. 出售固定资产的净收益　　D. 出售原材料的成本

15. 下列各项中，期末不在资产负债表“存货”项目反映的是（　　）。

A. 周转材料　　B. 委托加工物资　　C. 工程物资　　D. 在途物资

16. 甲公司某年提供劳务收到现金 500 万元，销售商品收到现金 1 200 万元，购买商品支付现金 800 万元，支付各项税费 50 万元，购置固定资产 200 万元，对外投资支付现金 150 万元。假设不考虑其他条件，甲公司当年现金流量表中经营活动产生的现金流量净额为（　　）万元。

A. 800　　B. 950　　C. 850　　D. 1 200

17.“应付账款”科目明细账中若有借方余额，应将其记入资产负债表的“(　　)”项目中。

A. 应收账款　　B. 预付款项　　C. 其他应付款　　D. 预收款项

18. 甲公司某年税前会计利润为600万元，其中国债利息收入10万元，其他权益工具投资公允价值上升200万元计入其他综合收益，甲公司适用的所得税税率为25%，不考虑其他因素，甲公司应确认的综合收益总额为（　　）万元。

A. 602.5　　B. 452.5　　C. 200　　D. 175

二、多项选择题（下列答案中有多个答案是正确的，请将正确答案前的英文字母填入括号内）

1. 以下项目需要在资产负债表长期负债中列示的有“(　　)”。

A. 长期借款　　B. 应付债券　　C. 应付票据　　D. 其他应付款

2. 以下资产负债表中的项目需要根据其账面价值列示的有“(　　)”。

A. 应收账款　　B. 其他应收款　　C. 预付账款　　D. 固定资产

3. 以下项目属于非流动资产的有“(　　)”。

A. 长期股权投资　　B. 短期借款　　C. 无形资产　　D. 开发支出

4. 资产负债表中“货币资金”项目，需要根据“(　　)”科目填列。

A. 库存现金　　B. 银行存款　　C. 其他货币资金　　D. 交易性金融资产

5. 在填列资产负债表时，以下表达正确的有（　　）。

A.“应付账款”项目=应付账款所属明细账贷方余额合计+预付账款所属明细账贷方余额

B.“预付账款”项目=应付账款所属明细账借方余额合计+预付账款所属明细账借方余额−和预付账款相关的坏账准备期末余额

C.“应收账款”项目=应收账款所属明细账借方余额合计+预收账款所属明细账借方余额−有关的坏账准备余额

D.“预收账款”项目=应收账款所属明细账贷方余额合计+预收账款所属明细账贷方余额

6.“应交税费”项目核算的税金包括（　　）。

A. 所得税　　B. 资源税　　C. 土地增值税　　D. 耕地占用税

7. 利润表中的期间费用指的是（　　）。

A. 制造费用　　B. 财务费用　　C. 销售费用　　D. 管理费用

8. 现金流量表中的现金等价物的特点有（　　）。

A. 期限短　　B. 易于转换成已知金额的现金

C. 价值变动风险很小　　D. 流动性强

9. 以下情况需要在现金流量表中反映的有（　　）。

A. 现金的流入　　B. 现金和现金等价物的转换

C. 现金等价物的流出　　D. 现金的流出

10. 以下项目中不属于现金或现金等价物的有（　　）。
A. 银行汇票存款　　B. 3 个月内到期的商业承兑汇票
C. 3 个月内到期的国库券　　D. 长期股权投资

11. 企业的现金流量通常分为（　　）。
A. 筹资活动产生的现金流量　　B. 经营活动产生的现金流量
C. 投资活动产生的现金流量　　D. 管理活动产生的现金流量

12. 企业在编制现金流量表时，以下项目应列示在筹资活动产生的现金流量中的有（　　）。
A. 取得借款收到的现金　　B. 偿还债务支付的现金
C. 收到的现金股利　　D. 向股东分配利润支付的现金

13. 以下针对“库存股”科目，表述正确的有（　　）。
A. 库存股属于所有者权益类科目
B. 该科目核算企业收购、转让或注销的本公司的股份金额
C. 期末借方余额，反映企业持有尚未转让或者注销的本公司股份金额
D. 该科目属于所有者权益变动表的抵减项

14. 下列各项中，应该作为现金流量表中经营活动产生的现金流量的有（　　）。
A. 收到的税费返还　　B. 支付给在建工程人员的工资
C. 购建固定资产支付的现金　　D. 销售商品收到的现金

15. 以下资产可以计提减值准备的有（　　）。
A. 货币资金　　B. 库存商品　　C. 交易性金融资产　　D. 长期股权投资

三、判断题（正确的在括号内打“✓”，错误的打“×”）

1. 一年内到期的长期借款需要列示在资产负债表中“短期借款”项目下。（　　）
2. 如果企业研发的无形资产在资产负债表日尚未达到预定用途，其中符合资本化条件支出的部分，记入资产负债表“开发支出”项目下。（　　）
3. 资产负债表中列示的是企业各项资产的本期发生额，利润表列示的是企业各项损益类科目的期初余额和期末余额。（　　）
4. 企业期末各项原材料、低值易耗品、包装物、在途物资、周转材料、工程物资都需要记入“存货”项目下。（　　）
5. 如果生产成本、制造费用科目存在期末余额，则应在资产负债表“存货”项目下列示。（　　）
6. 企业缴纳的印花税通过“应交税费”科目核算。（　　）
7. 资产负债表中“应付债券”项目包括应付债券本金和应付债券利息。（　　）
8. 利润表中“营业收入”项目是根据主营业务收入本年发生额和其他业务收入本年发生额的合计数填列的。（　　）

9. 企业购建固定资产支付的现金应列示在现金流量表“经营活动产生的现金流量”项目中。（ ）

10. 企业的低值易耗品应当在资产负债表“固定资产”项目下列示。（ ）

11. 企业处置固定资产产生的现金净额应在现金流量表经营活动产生的现金流量净额中列示。（ ）

12. 企业出售的固定资产应通过“固定资产清理”科目核算。（ ）

13. 利润表是反映企业在某一特定日期的财务状况的报表。（ ）

14. 交易性金融资产、其他权益工具投资和债权投资属于企业的流动资产。（ ）

15. 资产负债表中“应收股利”项目根据总账科目余额填列。（ ）

16. “开发支出”项目反映企业开发无形资产过程中能够资本化形成无形资产成本的支出部分。（ ）

17. 自然灾害造成的存货损失影响利润表中营业利润。（ ）

18. 资产负债表中“短期借款”项目根据总账科目余额填列。（ ）

四、计算及账务处理题

1. A公司某年8月31日有关账户的余额资料见表9－10。

表9－10 淮洲公司有关账户余额

账户名称	借方金额	账户名称	贷方金额
库存现金	1 000	短期借款	40 000
银行存款	30 740	应付账款	64 800
应收账款	53 400	应交税费	16 400
原材料	56 000	实收资本	454 000
库存商品	72 460	本年利润	248 000
生产成本	12 800	累计折旧	143 200
固定资产	650 000		
利润分配	90 000		

其中：“应收账款”明细账户金额：甲公司借方余额81 900元；乙公司贷方余额25 300元；丙公司贷方余额3 200元。“应付账款”明细账户金额：丁公司贷方余额102 000元；戊公司借方余额37 200元。

要求：根据上述资料，计算下列资产负债表中各项目的金额，列出必要的计算过程。

(1) 货币资金。

(2) 存货。

(3) 应收账款。

(4) 预付款项。

(5) 固定资产。

（6）应付账款。
（7）预收款项。
（8）未分配利润。
（9）短期借款。
（10）实收资本。

2. 甲有限责任公司（简称甲公司）为增值税一般纳税人，适用的增值税税率为13%，原材料等存货按实际成本进行日常核算。当年1月1日有关账户余额见表9－11。

表9－11　甲公司有关账户余额表

（单位：万元）

科目名称	借方余额	贷方余额
银行存款	450	
应收票据	32	
应收账款	300	
原材料	350	
库存商品	300	
低值易耗品	100	
生产成本——A产品	110	
长期股权投资——丁公司	550	
其他权益工具投资	500	
坏账准备		30
存货跌价准备		76
长期股权投资减值准备		0

当年甲公司发生的交易或事项如下：

（1）收到已作为坏账核销的应收乙公司账款50万元并存入银行。

（2）收到丙公司作为资本投入的原材料并验收入库。投资合同约定该批原材料价值840万元（不含允许抵扣的增值税进项税额109.2万元），丙公司已开具增值税专用发票。假设合同约定的价值与公允价值相等，未发生资本溢价。

（3）行政管理部门领用低值易耗品一批，实际成本2万元，采用一次转销法进行摊销。

（4）因某公司破产，应收该公司账款80万元不能收回，经批准确认为坏账并予以核销。

（5）因管理不善毁损原材料一批，其实际成本100万元，应负担的增值税进项税额13万元。该毁损材料未计提存货跌价准备，尚未经有关部门批准处理。

（6）甲公司采用权益法核算对丁公司的长期股权投资，其投资占丁公司有表决权股份的20%。丁公司宣告分派上年度现金股利1 000万元。

（7）收到丁公司发放的上年度现金股利并存入银行。

（8）丁公司当年度实现净利润1 500万元，甲公司确认为实现的投资收益。

（9）将持有的面值为32万元的未到期、不带息银行承兑汇票背书转让，取得一批材料并验收入库，增值税专用发票上注明的价款为30万元，增值税进项税额为3.9万元。其余款项以银行存款支付。

（10）年末，甲公司经减值测试，确认对丁公司的长期股权投资可收回金额为560万元；存货的可变现净值为1 800万元；决定按年末应收账款余额的10%计提坏账准备。

（11）期末作为其他权益工具投资的股权类投资公允价值严重下跌，公允价值为250万元，该项股权类投资期初成本明细科目为450万元，公允价值变动明细科目（借方）为50万元。

假定除上述资料外，不考虑其他因素。

要求：

（1）根据上述资料编制相关会计分录。

（2）填列资产负债表中的下列项目：货币资金、存货、应收账款、长期股权投资。

3. A企业为增值税一般纳税人，某年12月份发生下列经济业务：

（1）企业销售材料一批，价款10 000元，增值税销项税额1 300元，货款及税款均已收到并存入银行。

（2）结转已售材料的成本5 000元。

（3）企业按合同发出产品一批，价款130 000元，增值税销项税额16 900元，该货款已于上月预收，该企业单独设置“预收账款”账户。

（4）结转已售产品的成本85 000元。

（5）企业用银行存款支付专设销售机构固定资产修理费5 000元，向希望工程捐款6 000元。

（6）计提本月短期借款利息1 000元。

（7）结算本月应付行政管理部门人员的工资12 000元。

（8）按规定计算本月销售产品的城市维护建设税等销售税金2 500元。

（9）月末，经批准处理盘盈存货的价值500元。

（10）月末，无法支付的应付账款1 000元转作营业外收入。

（11）假设企业按月计算所得税费用，本月没有任何纳税调整事项，企业根据利润总额计算出企业本月应缴纳的所得税（所得税税率为25%）。

要求：

（1）根据上述材料编制会计分录。

（2）填制该公司该年12月份利润表本期金额（见表9－12）。

表 9－12　利润表

会企 02 表

编制单位：　　20××年 12 月　　单位：元

项　　目	本期金额	上期金额
一、营业收入		
减：营业成本		
税金及附加		
销售费用		
管理费用		
研发费用		
财务费用		
其中：利息费用		
利息收入		
加：其他收益		
投资收益（损失以“－”号填列）		
其中：对联营企业和合营企业的投资收益		
以摊余成本计量的金融资产终止确认收益（损失以“－”号填列）		
净敞口套期收益（损失以“－”号填列）		
公允价值变动收益（损失以“－”号填列）		
信用减值损失（损失以“－”号填列）		
资产减值损失（损失以“－”号填列）		
资产处置收益（损失以“－”号填列）		
二、营业利润（亏损以“－”号填列）		
加：营业外收入		
减：营业外支出		
三、利润总额（亏损总额以“－”号填列）		
减：所得税费用		
四、净利润（净亏损以“－”号填列）		
（一）持续经营净利润（净亏损以“－”号填列）		
（二）终止经营净利润（净亏损以“－”号填列）		
五、其他综合收益的税后净额		
（一）不能重分类进损益的其他综合收益		
……		
（二）将重分类进损益的其他综合收益		
……		

（续）

项　目	本期金额	上期金额
六、综合收益总额		
七、每股收益		
（一）基本每股收益		
（二）稀释每股收益		

4. 大宇股份有限公司系增值税一般纳税人，所得税核算采用资产负债表债务法，所得税率为25%，增值税税率为13%。库存材料采用计划成本法核算，材料成本差异率为1%，该公司某年年初未分配利润为3 350万元。该公司当年度内发生如下有关经济业务：

（1）销售产品一批，销售价款为1 000万元，销售成本为600万元，款项尚未收到。

（2）取得罚款收入30万元，存入银行。

（3）结转固定资产报废净损失34万元。

（4）以银行存款支付违反税收规定的罚款15万元，非公益性捐赠支出25万元。

（5）以银行存款支付广告费35万元。

（6）销售材料一批，该批材料计划成本为35万元，销售价格为50万元，款项已经收到并存入银行。

（7）计提本期应负担的城市维护建设税150万元。

（8）计提本年销售应负担的教育费附加5万元。

（9）计提短期借款利息25万元。

（10）拥有A企业的60%股权，A企业本年度宣告分派现金股利55万元（假设分回的利润均是投资后产生的）。该被投资企业适用的所得税税率为25%。

（11）计提管理部门使用的固定资产年折旧，该固定资产系上一年12月购入并投入使用，其原价为252.5万元，折旧年限为4年，预计净残值为2.5万元，采用直线法计提折旧。

（12）公司本年度发生其他管理费用15万元，已用银行存款支付。

（13）计算本年所得税费用和应纳所得税（本题目不考虑纳税调整事项）。

要求：

（1）编制当年度有关经济业务的会计分录。

（2）编制当年度利润表。

5. 某公司某年有关资料如下：

（1）本年销售商品收到货款2 200万元，以前年度销售商品本年收回货款200万元，本年预收下年度款项100万元，本年销售本年退回商品支付退货款200万元，以前年度销售本年退回商品支付退货款60万元。

（2）本年购买商品支付1 500万元，本年支付以前年度购买商品的所欠款项60万元和预付下年度货款200万元，本年发生购货退回收到40万元。

（3）本年确认生产人员的职工薪酬400万元、管理人员的职工薪酬200万元，“应付职工薪酬”年初余额和年末余额分别为 30 万元和 200 万元，假定应付职工薪酬本期减少数均为本年支付的现金。

(4) 本年度利润表中的所得税费用为 250 万元（均为当期应纳所得税产生的所得税费用），“应交税费——应交所得税”科目年初数为 10 万元，年末数为 60 万元。本期实际缴纳消费税 70 万元、增值税 120 万元。假定不考虑其他税费。

要求：

根据上述资料，不考虑其他因素，填列现金流量表中下列项目：

(1) 销售商品、提供劳务收到的现金。

(2) 购买商品、接受劳务支付的现金。

(3) 支付给职工以及为职工支付的现金。

(4) 支付的各项税费。

附　录

主要参考法规

[1]《企业会计准则解释第 1 号》(2007 年 11 月 16 日财政部发布)
[2]《企业会计准则解释第 2 号》(2008 年 8 月 7 日财政部发布)
[3]《企业会计准则解释第 3 号》(2009 年 6 月 11 日财政部发布)
[4]《企业会计准则解释第 4 号》(2010 年 7 月 14 日财政部发布)
[5]《企业会计准则解释第 5 号》(2012 年 11 月 5 日财政部发布)
[6]《增值税会计处理规定》(财会〔2016〕22 号文，财政部 2016 年 12 月 3 日发布)
[7]《企业会计准则第 16 号——政府补助》(财会〔2017〕15 号文，财政部 2017 年 5 月 10 日发布)
[8]《企业会计准则第 14 号——收入》(财会〔2017〕22 号文，财政部 2017 年 7 月 5 日发布)
[9]《企业会计准则第 14 号——收入》应用指南 (2018)
[10]《企业会计准则第 22 号——金融工具确认和计量》(财会〔2017〕7 号文，财政部 2017 年 3 月 31 日发布)
[11]《关于修订印发 2019 年度一般企业财务报告格式的通知》(财会〔2019〕6 号文，财政部 2019 年 4 月 30 日发布)
[12]《企业会计准则第 7 号——非货币性资产交换》(财会〔2019〕8 号文，财政部 2019 年 5 月 9 日发布)

参考文献

[1] 中华人民共和国财政部. 企业会计准则：2019 年版［M］. 上海：立信会计出版社，2019.

[2] 财政部会计资格评价中心. 初级会计实务［M］. 北京：经济科学出版社，2020.

[3] 财政部会计资格评价中心. 中级会计实务［M］. 北京：经济科学出版社，2019.

[4] 中国注册会计师协会. 会计［M］. 北京：中国财政经济出版社，2019.